# 한국 민중 · 민주화
# 운동의 한가운데서

# 한국 민중·민주화 운동의 한가운데서

YMCA 활동가 5인의 증언과 기록

김준식 · 박병종
전점석 · 이상점
정찬용 지 음

한국학술정보

# 이 회고록을, YMCA를 새롭게 만드는 교본으로 삼자

이 책은 YMCA 선배 다섯 분이 은퇴하고 나서 남긴 회고록이다.

Y 독수리 5형제가 종횡무진 활약했던 무용담 같은 이야기야말로 흥미롭다. 우선 어린 시절의 이야기부터가 다채롭다. 가정환경이 어려워 고학하며 역경을 이겨낸 이야기는 우리를 숙연하게 만든다. 친구 따라 교회에 다니다가 신학교를 졸업하고 목사가 되었다는 이야기는 하나님의 섭리가 어떤 것인지를 깨닫게 한다. 학창 시절에 유도선수로 이름을 날린 이야기, 연애 이야기, 군대 생활 이야기, 취직한 이야기 등등은 5인 5색을 잘 드러내고 있다.

대학 생활도 다채롭다. 전공 분야를 선택하면서 고민하던 이야기, 이념 서클에 가입해서 학습하던 이야기, 한국기독학생회총연맹(KSCF)의 학생사회개발단(학사단) 활동 이야기, Paulo Freire의 저서를 통한 의식화 공부 이야기, Saul D. Alinsky? 란 책의 핵심인 지역 조직론 등은 모두의 마음을 뜨겁게 만든다. 부광석(Gerhart Breidenstein)의 저서 〈학생과 사회정의〉는 당시 학생들에게 필독서로 인기를 끌었다. 막상 공부보다는 독재정권에 저항하다가 옥고를 치른 이야기, 5인 선배 가운데 한 선배가 나서서 직계 후배에게 자기 여동생과 결혼시킨 이야기 등도 우리의 마음을 따뜻하게 만든다.

이렇게 훈련된 5형제는 서로 다른 지역 YMCA의 실무자로 첫발을 내딛게 된다. 하지만 현지의 상황은 생각했던 것보다 녹녹지 않았다. Y가 전통적으로 해오던 〈아기 스포츠단〉 활동, 〈시민논단〉과 〈시민중계실〉 같은 간판 프로그램을 활성화하는 데 힘을 쏟게 된다. 지역의 유지 지도자들 가운데 목사, 변호사, 교수, 시민운동가 등을 시민중계실 사원봉사자로 도움을 받게 된다. 그중에는 이름만 대더라도 놀랄 만한 인물들이 Y의 시민운동에 힘을 보태주었다. 하지만 이것만으로는 충분치 않다고 판단한다. 그래서 〈농촌운동〉의 전개, 〈빈민 운동〉의 전개, 〈노동운동〉 전개 등 클러스터로 묶어 서로 협력하여 배우고, 교류하면서 Y운동의 활성화와 특성화를 이루었다. 이런 과정을 통해 〈바닥 신앙공동체〉를 다지고, 〈바닥 지역공동체〉를 넓히고, 〈바닥 생활공동체〉를 활성화하는 데 전력을 쏟게 된다.

5형제는 지역 Y를 섬기는 동안 어려움도 겪어야 했다. 어이없는 송사에 걸려들어 법정을 들락거려야 했다. 이사들과의 불편한 일로 힘든 경험을 하였다. 무고한 일인데도 막무가내로 고집을 피우는 일로 안쓰러웠다. 동료 실무자로부터 배신을 당하는 아픔도 겪었다. 세상사 어디 시끄럽지 않은 때가 있으랴? 하지만 잘 참아낸 결과 Y에서 영예로운 은퇴를 한 이야기는 우리에게 커다란 감동을 안겨준다. Y에 봉직하는 동안 Y 회관을 건축한 일도 자랑스러운 성과라 하겠다. 또한 지역 Y를 새롭게 창설한 것도 역사에 길이 남을 일이라 하겠다. Y가 그리스도의 몸에 한 지체임으로 열정을 다해 일했다는 고백은 귀감이 되고도 남는다.

'수고하고 무거운 짐을 진 사람은 모두 내게로 오너라.

내가 너희를 쉬게 하리라(마태복음서 11장 28절).' 이 말씀과 함께 5형제로 하여금 위로의 경구가 되었으면 한다. Y 후배들에게 귀한 경험과 삶의 지혜를 남겨준 다섯 형제님께 존경과 감사의 마음을 담아 이 회고록을, Y를 새롭게 만드는 교본으로 삼고자 다짐해 볼 만하다.

칠순을 훌쩍 넘긴 5형제는 보람된 일을 하면서 지내고 있다. "외국인 근로자와 한국다문화학회 및 세종 시니어 시민포럼 회장으로"(김준식), "동북아 생명 누리 협동조합을 통한 러시아선교 사역을"(이상점), 대구 "교남 YMCA회관의 역사와 기미년 3 · 8 독립만세운동관의 명예관장 겸 해설사로"(박병종), "창원지역 신문과 여러 매체에 주기적으로 칼럼을 기고하면서"(전점석), 광주에 "인재 육성 아카데미를 설립해서 후진양성에 주력하고 있다."(정찬용) 참으로 귀감이 되는 노후를 보내고 있다.

**안재웅** 목사

(한국 YMCA 전국연맹유지재단 이사장)

# 한국 사회 변화를 꿈꾸었던 한국 YMCA 풀뿌리 운동의 기록

지난 백여 년간 한국 사회는 격변의 위기를 겪으며 오늘에 이르렀습니다. 몇백 년을 유지해 오던 조선왕조는 안으로는 지배층의 가렴주구와 학정에 시달린 민중들의 저항에 시달리고 있었고, 밖으로는 신식 무기와 군대를 앞세운 주변 강대국들의 침략 야욕 앞에서 국권 유지가 위태로웠습니다.

그때 민중들은 나라를 구하기 위해 '척양척왜 보국안민'의 기치를 걸고 동학혁명을 일으키기도 하였고 일제의 침략에 맞서 의병 투쟁을 일으키기도 하였습니다.

한편으로는 서구 신문물을 받아들이며 개화된 시민의 힘을 키워 근대국가를 만들어보려는 만민공동회 같은 시민운동이 일어나기도 하였습니다.

구한말, 그런 시대에 새롭게 들어온 기독교와 함께 '기독교청년회(YMCA)' 운동이 시작되었습니다. 배재학당 학생 YMCA에서 출발하여 1903년 황성 YMCA가 창립되었습니다. 이후 일제 강점기에는 기독교 청년들을 중심으로 3 · 1 만세운동, 농민야학, 체육 보급 등에 참여하며 청년 문화, 계몽운동 등을 통해 자강운동을 이어왔습니다.

해방 이후 1970년대 한국 YMCA 운동은 "이 땅에 하느님 나라를 만들자"라는 기독교 선교 운동체로서의 목적문을 만들고 한국 사회 개혁을 이끌어갈 풀뿌리 시민 세력을 만드는 운동으로 전개되었습니다. 산업화 과정에서 소외받던 노동자, 농민들의 권익향상을 위한 교육, 지역사회 변화발전을 위한 지방자치 개혁, 생명 · 평화 지향의 어린이, 청소년 사회교육, 각종 시민강좌, 강연회 등 다양한 활동이 전국 60여 개 지역 YMCA 중심으로 실시되었습니다. 오늘날처럼 다양한 시민단체들이 없던 시절이라 자연스럽게 건강한 시민사회를 꿈꾸는 사람들이 지역 YMCA 회원으로 참여하게 되었습니다.

그러한 운동의 결실이었던지, 87년 6월 민주화 대투쟁 당시 그동안 서울 중심으로만 이루어지던 민주화 투쟁은 전국으로 확산하였고, 지역 YMCA와 거기서 훈련되었던 대학생, 청년 지도자들이 적극적으로 참여하였습니다.

이번에 발간된 이 책에는 1970년대부터 최근에 이르기까지 전국 곳곳에서 YMCA 운동을 통해 어떻게 시민역량을 키우고 어떻게 시민 사회운동을 펼쳐왔는가를 생생하게 보여주는 한국 YMCA 운동가 다섯 분의 삶이 기록되어 있습니다.

식민지 강점기와 6 · 25 전쟁의 폐허 위에서 오늘의 경제성장과 민주주의를 꽃피우기까지 지난 100여 년 대한민국 역사에는 이렇듯 수많은 사람, 지도자들의 피와 땀과 눈물, 노력이 쌓여있었습니다.

이 책을 집필해 주신 정찬용, 박병종, 전점석, 이상점, 김준식 YMCA 선배님들은 지난 반세기 동안 한국 YMCA 한가운데 서서 치열하게 운동을 이끌어주신 분들입니다. 그분들의 삶이야말로 YMCA는 물론 오늘의 한국 사회를 만들어 준 소중한 씨알이었습니다. 다섯 선배님의 삶에 존경과 감사를 드립니다.

오늘을 살아가는 사람 하나하나가 소중한 역사적 존재입니다. 한 분 한 분의 삶의 기록을 남기는 것이 얼마나 소중한 것인가를 새삼 깨닫게 됩니다.

이 책은 대한민국의 산업화와 민주화 시대에 지역사회 시민운동, 기독교 사회문화 운동이 어떻게 진행되었던가를 직접 수행했던 운동가들의 삶을 통해서 들여다볼 수 있게 해주는 소중한 기록입니다. 이 책을 써주신 선배님들께 다시 한번 감사드립니다.

아울러 구한말부터 청년들의 기독교 운동 단체인 YMCA를 만들고 3 · 1 만세운동, 87년 민주화 대투쟁, 12 · 3 내란 극복 등 백년의 굽이굽이 과정마다 적극적으로 참여하며 한국 사회 변화의 밑거름 역할을 했던 수많은 한국 YMCA 회원님과 지도자들께 이 자리를 빌려 다시 한번 감사를 드립니다.

**이학영**

(국회부의장, 전 한국 YMCA 연맹 사무총장)

# 다섯 명의 한국 현대사의 증언자들

지난 50년간 한국 현대사의 격동 속에서 치열하게 살아온 다섯 명의 활동가가 있습니다. 학창 시절에는 학생운동에 몸담았고, 졸업 후에는 노동운동, 농민운동, 기독교 민주화운동, 환경운동, 그리고 지구촌 빈곤 퇴치운동에 이르기까지, 그들은 삶 전체를 던져 헌신해 왔습니다.

이들 중에는 공직 생활을 시작으로 민주화 운동가의 길을 걸은 이도 있고, 민주화 운동가에서 공직자로 전환해 일한 이도 있습니다. 처음부터 민중과 함께 바닥에서 활동한 이도 있으며, 그 바닥에서 시작해 대통령실 수석비서관으로 일한 이도 있습니다. 성직자의 길을 걸으며 민중과 함께한 이도 있습니다.

그러나 이 다섯 명 모두, 사랑과 정의, 평화의 실현을 위해 헌신했고, 민중의 복지 향상과 민족의 통일, 그리고 새로운 문화 창조를 위해 열정적으로 살아왔습니다. 이는 한국 YMCA의 목적문에도 담긴 정신입니다.

이제 이들의 삶을 엮어 한 권의 책으로 묶어냅니다. 이 책은 한국 현대 민중사이자 민주화운동사이며, 시민운동사입니다. 한국 YMCA에는 곧 YMCA 현대사이기도 할 것입니다.

독자들은 이 책을 통해 파란만장한 한국 현대사의 굴곡을 이해하고, 감옥을 넘나들며 펼쳐진 민주화운동의 역사도 살펴볼 수 있을 것입니다. 또한 이 땅에서 살아온 민중들의 고단한 삶의 모습도 엿볼 수 있을 것입니다.

노년기에 접어든 활동가들이 글을 쓰는 일이 절대 쉽지 않았을 텐데도, 남겨야 할 이야기가 있기에 마지막 투혼을 발휘해 자서전을 집필해 주신 데 대해 기획자로서 깊은 감사의 마음을 전합니다. 아울러 한국 YMCA 퇴직 간사회 강영일 회장님과 회원 여러분께도 감사드리며, 이 자서전을 출판해 주신 한국학술정보㈜ 채종준 대표이사님과 편집진 여러분께도 진심으로 감사의 말씀을 드립니다.

저자를 대표하여

**김준식**

| 목차 |

## 제2장 빛무루에서 세상 보기

박병종

## 제3장 푯대를 향한 달음질

이상점



## 제4장 꿈이 세상을 바꾼다는 생각

전점석

제1장

# 내 삶의 화두는 '인간화'였다

김준식

2023년 11월에 세종시 종합사회복지관 오수진 복지사에게서 '자서전 쓰기 지도 강사'로 초청을 받았다. 웰다잉 상담사, 대한 노인회 '인문학 강사'로 활동하고 있었던 터라 선뜻 강의 허락을 하였다.

11월 초부터 12월 말까지 약 40시간의 강의를 했다. 참가자들은 60대 초반에서 80대 중반에 이르는 10명의 평범한 노인들이었다. 첫 20시간은 주로 '노년의 삶과 웰다잉'을 주제로 토론 형식의 강의를 진행했고, 나머지 20시간은 집단 상담 형식의 인터뷰를 진행했다. 한 사람당 약 2시간 정도 인터뷰를 하면서 그분들 삶의 전 과정을 녹음으로 기록했고, 네이버의 '클로버 노트 애플리케이션'을 사용해 문자로 전환하였다. 그렇게 정리한 7분의 노인들의 자서전이 완성되었고 드디어 12월 말 가족들과 복지관 직원들 30여 명이 참석한 가운데 출판기념회를 열었다.

출판기념식에서 자서전 저자들은 한결같이 "자신은 자서전을 쓰면서 그동안 가슴에 묻어 두었던 '한'을 다 풀어냈고, 드디어 이제 남은 인생을 어떻게 살아야 할지를 알았다'라고 고백하였다. 그분들의 고백에 큰 감동을 했다. 그들 대다수는 6 · 25전쟁 전후에 세계에서 가장 가난한 나라 한국에서 태어나 70여 년을 모질게 살아온 분들이다. 이들의 자서전이야말로 진짜 한국의 현대사요, 민중사이고 그분들이 살아온 연기군 · 세종시의 향토사라는 생각을 하였다.

이렇게 세종시(옛 연기군) 보통 사람들의 자서전을 쓴 경험을 한국 YMCA 퇴직 간사회(OB-AOS)에서 이야기했더니 그럼 우리도 한번 자서전을 써 보자고 하였다.

나도 자서전을 쓰기 시작했다. 약 두 달에 걸쳐 조금씩 기억을 살려 쓰기 시작한 자서전을 마무리하면서 큰 감회에 젖는다. 우선 '자서전을 지금 안 썼으면 내 인생 전체가 송두리째 사라졌겠구나'라는 생각을 하게 되었다. 올해 75세인 나는 점점 기억이 희미해져 가는 것을 알았다. 둘째는 나도 '꽤 괜찮은 삶을 살았구나' 하는 자부심이 살아났다. 다 잃어버릴 뻔한 기억을 살려 자서전을 쓰면서 살아온 내 인생의 가치를 다시 알게 되었다. 셋째는 '내 자서전은 나 개인의 자서전이기도 하지만 어쩌면 한국 YMCA 역사이고, 한국 시민운동의 역사이며, 내가 살아온 지난 75년의 한국 민중들의 현대사가 될 수도 있겠구나' 하는 생각도 하게 되었다. 마지막으로는 연기군 노인들처럼 나도 '자서전을 쓰면서 가슴의 '한'들이 다 풀어지고, 동시에 여생을 어떻게 살아야 하는지를 깨달았다.

이번에 함께 자서전을 쓴 우리 한국 YMCA 퇴직간사회(OB-AOS) 회원들도 나와 비슷한 생각을 하였을 것 같다. 아무튼 이 자서전을 쓴 회원들, 읽는 YMCA 선 · 후배들 모두가 보다 인생을 '건강하고, 품위 있고, 행복하게' 살아가길 기원한다.

## 1. 내가 태어났을 때, 그곳은 전쟁터였다

### 미군 전투기 폭격 중에도 극적으로 살아나다

내가 태어난 곳은 강원도 영월군 주천면이다. 8남 2녀 중 5번째로 태어났는데 내 위로 형님 한 분, 누님 한 분은 어린 시절 일찍 돌아가셨다. 그래서 나는 6남매 중 3번째이다. 1950년대 대한민국은 1인당 연간 국민소득이 70달러 정도였으니 세계에서 몹시 가난한 나라였다. 그래서 자녀들을 많이 낳았으나 대개 절반 정도만 살아남았다.

내가 태어난 주천면은 서면, 수주면(지금은 무릉도원면) 중에 유일하게 장날이 서는 영월군 서쪽 삼면의 중심지였다. 내 생일은 1950년 12월 18일(음력 11월 10일)이고 그때는 한참 6 · 25 전쟁 중이었다.

1950년 12월에는 북한군이 미군에 밀려 후퇴하고 있었고, 우리 동네는 북한군이 후퇴하면서 잠시 머물렀던 곳이었다. 미군은 후퇴하는 북한군을 섬멸하기 위해 전투기를 동원해 북한군이 숨어 있을 만한 집들을 하나하나 폭격했다. 나는 폭탄 터지는 소리, 비행기 소리, 총탄 소리를 들으며 세상을 처음 맞이한 셈이다.

1910년생인 아버지와 1914년생 어머니는 내가 자라서 성인이 될 때까지 내가 태어난 이야기, 미군 전투기가 폭격하는 이야기, 내가 그 속에서 구사일생으로 살아난 이야기를 1000번도 더 반복해서 하셨다. 그 이야기를 반복해서 하시는 부모님께 나는 늘 '아버지, 그 이야기 한 번만 더 하시면 만 번째에요' 하고 놀렸지만, 그래도 아버지는 85세 돌아가실 때까지 그 이야기를 계속 반복해서 들려주셨다. 부모님이 나에게 수없이 들려주셨던 이야기의 줄거리는 다음과 같다.

그때 우리 가족은 아버지와 어머니 그리고 친정살이하는 아버지보다 10살 위인 고모님, 나보다 12살 위 형님, 10살 위 누님 그리고 갓 태어난 나, 이렇게 6식구였다.

1950년 12월 18일 나는 태어났고 바로 그때 북한군이 우리 마을에 들이닥쳤다. 그러니 온 식구가 집에 머물다가는 한꺼번에 죽을 판이었다. 아버지는 금방 태어난 핏덩이(나)를 데리고 피난길에 나설 수는 없었다. 고심 끝에 죽을 사람은 죽더라도 산 사람을 살려야겠다는 결심을 하고 이웃에 살던 큰아버지네 식구들과 피난길을 떠났다. 그때 아버지보다 10살 위인 고모님께서 '나는 내가 죽더라도 핏덩이 조카를 두고 피난을 갈 수 없다'라고 하시면서 피난길에 나서지 않겠다고 하셨다. 아버지는 할 수 없이 나와 어머니, 고모만 두고 다른 식구들을 데리고 피난을 떠났다.

피난을 떠난 후 우리 동네는 온통 전쟁판이었다. 매일 폭탄 터지는 소리와 총소리가 났고, 급기야는 미군 폭격기가 우리 마을을 폭격하기 시작하였다. 그리고 이웃집에 떨어진 폭탄 파편이 고모님의 허벅지에 꽂혔다. 고모님은 피를 흘리며 신음하고 있을 때 때마침 인근을 지나던 북한군 위생병이 고모님의 허벅지를 치료해 주고 감싸주어 간신히 살아나셨다고 한다. 밤에는 조금이라도 불빛이 보이면 미군 전투기가 폭격을 가하니 집에 불도 켤 수 없어 밤마다 암흑세계에서 버텼다. 집에서 먹을 거라고는 쌀과 잡곡 몇 톨밖에 없었고 어머니는 산후 몸조리를 할 수 없는 데다 홍역까지 걸려서 아기에게 먹일 젖이 나오지 않았다. 할 수 없이 고모님은 매일 쌀을 입으로 씹어서 죽을 끓여 나에게 먹였다. 그래도 생명줄은 질긴 모양이다. 나는 죽지 않고 살았고, 어머니도 조금씩 회복하셨다.

아버지와 식구들은 몇 날 며칠 피난을 가시다가 문뜩 내 생각이 나셨다고 한다. 그때야 비로소 아버지는 남겨두고 온 나와 식구들이 생각나서 도저히 발길이 떨어지지 않았다. 그래서 아버지와 큰아버지 둘은 북한군 진영을 피해 산길 숲길로만 걸어서 며칠 후 집으로 돌아오셨다. 오는 길에 북한군에게 잡혀 탄약을 등에 지고 나르기도 하고, 북한군 부상자를 메고 그들의 후퇴 길에 합류하시기도 하였다. 그러다가 북한군이 잠시 쉬는 동안 진영을 도망 나와 걷고 또 걸어서 마침내 우리 마을에 도착하셨다. 집 부근까지 오긴 왔는데 바로 그 시간 하늘에서는 미군 전투기가 우리 동네 집들을 하나하나 폭격하고 있었다. 아버지와 큰아버지는 폭격을 피해 담장 밑에 숨어 있다가 폭격기가 지나간 잠깐 시간에 잽싸게 집으로 들어가 누워있던 어머니와 나를 안고 뛰어나왔다. 그리고 산길을 따라 막 도망가는데, 바로 그때 뒤에서 꽝! 하는 엄청난 폭음이 들렸고, 아버지가 뒤를 돌아보니 우리 집이 폭격에 폭삭 주저앉았다. 순식간에 일어난 일이었다. 아마도 1분만 늦게 나를 안고 나왔다면 아버지와 어머니 그리고 나는 죽었을 것이다. 그 후 국군이 우리 동네를 점령한 후에 가보니 그때 우리 집을 폭격하던 미군기가 조종을 잘못해서 우리 집에 통째로 추락했었다고 하였다. 정말 나와 우리 가족은 극적으로 죽음의 늪에서 살아난 것이다.

내가 태어났던 마을 이름은 주천면사무소에서 약 1km 떨어진 '구누터'라는 마을이다. 그때 우리 집은 작은 산밑에 있는 조그만 기와집이었는데 1953년 휴전협정 후 아버지는 무너진 원래 집터 조금 아래에 초가집을 다시 짓고 거기서 살았다.

나는 그 집에서 7살까지 살았다. 지금도 기억나는 것은 어릴 때 내 장

80세 노년의 아버지와 어머니

난감은 온통 비행기 부속품 조각들이었다. 지남철, 코일, 비행기 유리 파편, M1 총 탄피나 탄창 등이었다. 당시 우리 집에 추락한 비행기 동체 큰 덩어리들은 미군들이 회수해 갔지만 폭발로 수백 미터에 걸쳐 흩어진 작은 파편들은 그대로 남아 어린 시절 나의 장난감이 되었다.

아버지는 이렇게 극적으로 나를 살려내셨으니 그 후 평생 내 얼굴만 보면 그 순간이 생각나셨던 것 같다. 그래서 잠시라도 나와 함께 있을 때면 그 이야기를 백번 천번 반복하셨다. 나는 40살이 넘어서야 아버지를 이해하게 되었고, 그 뒤로는 아버지가 그때 이야기를 아무리 반복하시더라도 열심히 호응하며 들어 드렸다. 그게 내가 아버지께 하는 작은 효도라는 걸 깨달았기 때문이다.

어머니는 내가 크는 동안 늘 나에게 '너는 젖배를 굶어서 밥을 많이 먹지 못하는구나!' 하시며 안쓰러워하셨다. 그래서 그런지 나는 대학생 시절 식당에 가면 친구들이 '아줌마, 밥 좀 많이 주세요'라고 할 때 나는 '아줌마, 제 밥은 적게 주세요.'라고 하였고, 지금도 먹는 양이 적어서 누구에게 대접받을 때면 늘 미안한 맘을 갖는다. 아무튼 70대 중반을 살아가는 나는 이제는 모두가 소식(小食)이 몸에 좋다고 하니 오히려 다행이고, 소식(小食)을 해서 그런지 친구들보다 조금 더 건강하게 살고 있다.

## 3개 국어를 하시는 우리 아버지

나는 태어난 집에서 7살까지 살았고 그 후 아버지는 '구누터'에서 한 1km 떨어진 주천면 장터에 꽤 큰 집으로 이사를 하셨다. 집터만 한 500평쯤 되는 집이었고 방도 7개나 되었다. 우리 집터에는 인근 초등학교 교장 선생님 가족이 사셨고, 그 옆집에는 빵을 맛있게 만들어 파시는 할머니 한 분이(우리는 늘 빵할머니라고 불렀다) 사셨다.

아버지는 가난한 시골에서 태어나 공식 학교에는 가신 적이 없으나 소년 시절 동네 한문 서당에서 한문 공부를 하셨다. 아버지는 공부를 잘해서 사서삼경을 줄줄 외우셨다고 늘 자랑하셨다. 그래서 내가 크는 동안 밥상머리에서는 늘 한학을 기본으로 하는 교훈을 많이 들려주셨다. 아버지가 글공부하셨던 동네 서당은 양반들이 공부하던 '서원'이 아니라 서민 자녀들이 공부하는 비인가 사립 공부방이었다. 그 당시는 동네마다 그런 '서당'이 있어 서민 자녀들이 천자문 등 최소한의 글자를 터득할 수 있었다.

우리 아버지는 1910년생이다. 아버지는 17살에 결혼을 하시고 곧바로 집을 떠나 전국 각지에 다니시면서 보부상으로 장사를 하셨다. 한때는 만주까지 다니셨다. 당시가 일본 강점기이기 때문에 한인과 일본인을 상대로 장사를 해야 하니까 자연스럽게 일본어를 배우셨고, 만주에서 중국인들을 상대하느라 중국어도 배우셨다.

내가 중등학교에 다닐 때 아버지는 늘 '나는 학교에 안 다녔어도 한국어, 중국어, 일본어 3개 국어를 하는데 너희는 영어 하나도 제대로 못하느냐?'라고 농담을 하셨다.

## 주천장에서 장사를 시작하신 아버지

아무튼 아버지는 젊었을 때 경험으로 주천면 소재지로 이사를 하고 나서 농기구, 생활필수품들, 담배를 주로 파는 가게를 열었다. 앞에서도 언급했듯이 주천면은 영월군 서쪽 3개 면의 중심지여서 장날이면 한 500m쯤 되는 거리가 사람들로 꽉 찰 정도로 붐비는 시골장이 섰다. 장날에는 주위 도시에서 장사하는 상인들이 트럭에 팔 물건을 싣고 와 난장을 펼쳤다. 난장에는 계절마다 입을 옷, 생선, 그릇, 그리고 잡화가 펼쳐졌다. 봄에서 가을까지는 시골 아낙들이 자연산 두릅, 더덕, 머루, 다래 등을 소쿠리에 가득 담아 머리에 이고 와서 장을 펼쳤다. 우리 아버지는 장날이면 으레 더덕이나 산 과일을 한 소쿠리 사 오셨고 어머니는 그 더덕 껍질을 벗겨 고추장에 묻어 장아찌를 담그셨다. 그래서 내 도시락 반찬은 사계절 늘 더덕장아찌였다. 지금 생각하면 정말 귀하고 맛있는 더덕장아찌지만 그때 나는 좀 잘사는 친구 도시락에 들어있는 달걀부침이 제일 부러웠다.

그 후 우리 집 가게는 장사가 아주 잘 되어 재산이 날마다 늘어났다. 아버지는 장사해서 번 돈으로 땅도 사고, 자동차(트럭)도 사서 운수업도 하셨다. 그러니 나는 6 · 25 전쟁 직후 모두가 가난했던 시절 의식주 어려움 없이 풍족하게 자란 편이다. 당시는 이승만 대통령 시절이었고, 우리 남한은 북한보다 가난한 나라였다. 나중에 안 사실이지만 6 · 25 직후 우리 남한의 1인당 국민소득은 70달러 정도였고, 이런 빈곤은 내가 대학교에 다니던 1970년대 중반까지 이어졌다. 1973년 기준으로 한국 남성의 대학 진학률은 10.2%, 여성은 4.0%였다고 하니 나는 세계에서 가장 가난한 빈곤국에서 태어나 대학교까지 다니는 행운아였다.

그래도 이승만 정부 시절에는 읍 · 면 지역 자치제를 시행했다. 어린 시절 기억이지만 우리 주천면 주민들은 면의원, 군의원 선거를 했고, 면의원들이 면장을 뽑았던 것 같다.

## 2. 청소년기에 나는 하늘을 날고 싶었다

### 나는 공부 잘하는 학생이었다

이런 풍족한 가정에서 자란 나는 학교에서 공부를 꽤 잘했다. 우리 학교는 일제 강점기인 1911년 11월 1일 주천 공립보통학교라는 이름으로 개교한 학교였고 내가 입학할 때 학생이 600명쯤 되는 영월군에서는 꽤 전통 있고 규모 있는 학교였다.

나는 초등학교 1학년부터 중학교 3학년까지는 매년 전 학급에서 학업성적 1등을 했다. 초등학교 6학년 때는 전교 학생회장이었고, 중학교 3학년, 고등학교 3학년 때도 계속 전교 학생회장을 했다. 게다가 강원도 체육대회 우승팀인 주천농업고등학교 유도부 부장 선수이니 내가 세상에서 제일 잘나가는 줄 알았다. 지금 생각하면 참 철부지 소년이었던 것 같다.

나의 청소년기 꿈은 하늘을 나는 비행기 조종사였다. 내가 자란 강원도 영월군 주천면은 당시만 해도 첩첩 산골이었고, 가끔 하늘을 날아가는 비행기가 신기했다. 그때 나는 비행기 조종사가 되려고 공군사관학교에 진학하려고 했다.

중학교를 졸업하고 주천농업고등학교에 입학했다. 당시 주천중학교를 졸업하고 주천농업고등학교에 진학한 학생들은 농업을 선택했다기보다 그 동네 고등학교가 하나밖에 없으니 모두 농업고등학교에 들어갈 수밖에 없었다.

## 중 · 고등학교 시절 나는 유도부 선수였다

그런데 고등학교 시절에는 1등을 못 했다. 그 이유는 유도부 훈련 때문이었다. 우리 학교가 강원도에서 유도를 꽤 잘하는 학교여서 매 학기 강원도 체육대회나 강원도 학생체육대회에 출전하였는데 그런 대회를 준비하려면 방학도 없이 아침부터 저녁까지 빡빡한 훈련을 해야 했다. 매 방학 때면 합숙 훈련까지 했다. 그러니 공부할 시간이 없었다. 그 덕분에 내가 고등학교 2학년 때는 드디어 강원도 체육대회에서 학생부 우승을 했다. 물론 그 대회에 나가기 위해 우리는 몇 달간 피땀 나는 연

주천농고 유도부 강원도 체육대회 우승패

습을 했다.

당시 중 · 고등 학생부는 체급 구별 없이 7명이 한 조를 이루어 1대 1로 겨루는 단체경기였다. 7명 중 4명이 이기면 그 조가 이긴다. 내 차례가 되어 나는 춘천고등학교 유도부 선수와 겨뤘다. 나보다 덩치도 컸고 경륜이 있는 선수였다. 그는 강원도 학생 개인전 순위 2위였다. 나는 최선을 다해 그와 겨뤘고 멋진 업어치기 기술로 한판승을 했다. 정말 기분이 하늘을 나는 듯 좋았다.

지금 생각해 보면 그는 나보다 여러 가지로 우세한 선수였는데 아마도 나를 좀 깔보다 당한 것 같다. 아무튼 우리는 우승했다. 당시 우리 학교는 아주 산골에 있는 이름 없는 학교였는데 감히 강원도 단위에서 우승한 것이다.

우리 유도부가 우승하고 버스를 타고 돌아오는데, 주천면 입구에는 면장님, 지서장님, 교장 선생님을 비롯한 모든 선생님, 동네 사람들 그리고 전교생이 환영 플래카드를 들고 나와 우리를 환영해 주었다. 그날 우리가 버스에서 내려 우리 학교로 돌아오는 길에 나온 환영 인파의 모습은 지금 생각하면 올림픽 금메달을 따고 돌아오는 선수 못지않은 환영 분위기였다. 지금 생각해도 그때 그 장면은 늘 나를 설레게 하고, 웃게 만드는 신나는 추억이다. 감히 비교할 수는 없지만 지금도 가끔 뉴스에서 올림픽 금메달을 딴 한국 선수들이 공항에서 기자들과 국민의 환영을 받는 장면이 나오면 나도 한때 저랬는데 하고 옆 사람들에게 자랑하곤 한다.

지금 생각해 보면 나의 이런 어린 시절이 그 후 내 삶에서 자신감과 넉넉함을 심어 주었던 것 같다. 사실 나는 중학교 3학년 말 서울에 있는 사립 명문고인 배재고등학교 입학시험에 도전하였으나 낙방했다. 그래서 할 수 없이 시골 학교에 다닌다는 약간의 열등감이 있었는데, 그런 열등감이 학생회 활동과 유도부 활동을 하면서 다소 극복되었다.

## 주천(酒泉)은 술이 샘솟아 나왔다는 전설의 고장이다

내 고향 주천면은 충북 제천에서 동쪽으로 20km, 원주시에서 남쪽으로 40km, 영월 읍내에서도 북쪽으로 30km 정도 떨어져 있다. 주천면은 500여 가구가 사는 마을이었고, 영월 서쪽 세 면의 중심지였다. 마을 앞으로는 오대산에서 흘러내리는 맑은 주천강이 흐르고, 그 강이 수천 만 년 만들어 놓은 넓은 논, 밭이 있다.

우리는 봄가을 소풍을 갈 때면 항상 학교에서 한 4km 정도 떨어져 있는 '요선정'으로 갔다. 요선정은 무릉도원면(당시에는 수주면)의 문화 유적지인 동시에 자연 유산이다. 그리고 요선정에서 4km 정도 계곡을 따라 올라가면 '법흥사'라는 유서 깊은 절이 있다. 그 절에는 적멸보궁(寂滅寶宮)이 있다. 당시는 몰랐지만, 지금은 전 국민에게 알려진 명승지가 된 아름다운 곳이다.

요선정 계곡의 바위들

요선정 정자와 미륵불-영월군 홈페이지 사진

나의 고향 주천(酒泉)은 '술이 샘처럼 솟는다'라는 전설을 간직한 마을이다. 장터 마을에서 주천강 다리를 건너가면 '망산'이라는 예쁜 바위산이 있고, 망산 밑에는 샘물이 고이는 지름과 깊이가 약 50cm 정도 되는 바위 웅덩이가 있는데, 옛날에 바로 이 샘에서 술이 솟아났다고 한다. 그래서 우리 마을 이름이 술 주(酒) 자에 샘 천(泉)인 주천(酒泉)이다.

술이 샘솟았다는 주천 술샘 터

전설에 의하면 옛날 옛적, 이 술샘에서는 양반이 오면 맑은 약주가 솟았고, 천민(賤民)이 오면 혼탁한 막걸리가 나왔다고 한다. 그런데 어느 날 한 천민이 양반 옷을 입고 양반 행세를 하면서 이 샘에 왔다. 그는 자신이 양반 옷을 입고 왔으니, 약주가 나올 줄 알았는데, 역시 막걸리가 나왔다. 그래서 화가 난 천민은 샘에 똥을 쌌다고 한다. 그래서 그 후로는 이 샘에서 술이 나오지 않았다고 한다. 어린 시절 나는 이 이야기를 사실로 믿고 참 신기한 샘물이라고 생각했다. 지금 생각해 보면 그 샘은 계급 차별(階級差別, Classism)을 한 나쁜 술샘이었던 것 같다.

내가 어렸을 때는 여름이면 늘 주전자를 들고 이 샘에 가서 물을 떠왔다. 전설처럼 술이 나오지는 않았지만, 그 샘물은 맑고 차가워서 여름날 더위를 식힐 수는 있었다.

내가 다녔던 주천농고는 남녀공학이었다. 그래서 한 교실에서 남학생 여학생이 함께 공부하였다. 사춘기 때라 서로 부끄러움도 있었지만, 남녀학생이 어울려 잘 놀기도 하였다. 휴일이나 방학 때는 부모님에게 쌀과 반찬을 싸달라고 하고, 냄비 등 그릇을 짊어지고 친한 남 · 여학생 대여섯 명이 인근 강변이나 계곡으로 천렵(소풍, 나들이)을 자주 갔다.

중학교 시절 정다운 친구들

남학생들은 고기를 잡고, 여학생들은 밥과 매운탕을 끓여서 함께 이야기 나누면서 먹고 놀면 정말 즐거웠다. 그러다 보면 가끔은 서로 좋아하는 사이도 생기고, 헤어지기도 하면서 어깨동무 연예 같은 것도 이루어지곤 한다. 참 아름다운 시절이었다. 70대인 지금도 그 친구들을 만나면 그때 이야기를 하면서 깔깔 웃는다.

## 3. 1971년 4월 베트남 전쟁 중 나는 군대에 갔다

### 베트남 전쟁에 맹호부대 청룡부대가 파병되다

내가 중 · 고등학교에 다닌 기간이 1963년~1969년이다. 그 시대는 박정희 대통령 시절이었고, 베트남 전쟁 중(1960년~1975년)이었다. 1964년 9월부터 한국은 베트남 전쟁에 맹호부대, 청룡부대를 파병하기 시작했다. 우리 주천면에서도 베트남 전쟁에 파병된 선배들이 있었다. 그때는 내가 어려서 전쟁의 이유도, 전쟁의 끔찍함도 모르고 그저 얼룩무늬 군복을 입고 베트남에 파송되는 군인들이 멋있어 보였다. 베트남에서 군복무를 마치고 돌아올 때면 멋진 해병대 군복에 카메라와 큼직한 카세트 라디오를 메고 돌아오는 군인 형들이 그저 멋지게만 보였다. 또 박정희 정부는 매일 베트남 전쟁에 관한 긍정적인 뉴스만 내보냈다.

그러다 내가 서울에서 대학교에 다니던 70년대 초 어느 날 고향에 갔더니 초 · 중등학교 동창생 중 한 명이 베트남 전쟁에 참전한 후 몸이 만신창이가 되어 고향으로 돌아왔다. 한쪽 눈과 한쪽 팔을 잃었고 몸은

쇠약할 대로 쇠약해진 상태였다. 그 친구를 만나고 나서야 나는 '월남에서 훈장 달고 돌아온 멋진 김 상사'에 대한 환상이 깨졌다. 그러나 베트남 전쟁은 그때도 계속되었고 1971년 내가 군대에 입대할 때도 계속되었다.

당시 박정희 정부는 1963년 9월부터 1973년 완전히 철수할 때까지 연인원 32만 명을 파병했고 상시 거주 한국군이 5만 명에 달했다. 이 기간 한국군 사상자만도 5,000여 명이었다. 이 한국 청년들 피의 대가로 한국은 그 기간 10억 달러를 벌어들였고 이 돈은 한국경제발전에 쓰였다. 그러니 우리는 우리 선배들 피의 대가로 지금의 부를 누리고 있다.

## 나는 대학 입학 후 바로 군에 입대한다

내가 군대에 입대한 날이 1971년 3월이었고 1974년 4월에 제대했으니 내 군복무 기간은 베트남 전쟁과 겹친다. 다행히 나는 베트남 전쟁에는 안 갔으나 우리 소대 30명 중 절반은 항상 베트남 참전병이었다. 일과 후 그들은 늘 베트남 전쟁 영웅담을 들려주었고, 그 영웅담 속에는 베트남군 사살 내용과 베트남 여인(당시 꽁까이라고 부름)들과의 연애담이었다. 지금 생각해 보면 영웅담이라기보다 엄청난 전쟁 범죄를 저지른 끔찍한 이야기들이다.

## 재수 삼수 끝에 대학에 진학하다

나의 10대는 그런대로 괜찮은 기간이었다. 초 · 중학교 시절은 공부 잘하는 모범생이었으니 늘 칭찬받고 자랐고, 고등학교 시절에는 잘나가는 유도부 부장이었으니 인기 있는 학생이었다. 그런데 고등학교 2학년 말이 되니 정신이 번쩍 들었다. 시골에서 농사를 짓기도 싫었고, 아버지 가업을 받아 장사하기도 싫으니 결국 대학에 가야 하겠다고 생각했다. 그러나 강원도 산골에 있는 농업고등학교 성적으로는 서울에 있는 대학에 진학한다는 것은 하늘의 별 따기였다.

우선 농업고등학교 수업과목 절반은 논밭 농사, 축산, 양계 등 농업 과목이었고 수업 시간의 절반은 실습지에 나가서 농사일을 직접 해보는 실습 과정이니 대학입시 공부하고는 거리가 멀었다. 게다가 국어·영어·수학 등 주요 대학입시 과목은 주 1시간 정도 구색 맞추기로 배정되었고, 그 시간마저도 비전공 교사에게 대충 배우는 수준이었다.

주천농고 동문 중 몇 년에 한 명씩 대학에 진학하였는데 그들 대다수는 춘천농대나 춘천교육대학에 진학하는 정도이다. 나는 농대도 교육대학도 가기 싫었기 때문에 대안은 서울에 있는 대학교를 선택해야 하는데 내 성적 수준으로는 거의 불가능하다는 걸 알았다. 이제부터 독학하거나, 과외 공부를 하거나, 서울에 가서 학원에 다니는 방법뿐이었다.

그때 한국외국어대학교 영어과에 다니는 6살쯤 위 선배가 방학 때면 고향에 내려와 지냈다. 그래서 부모님과 상의해서 그 선배에게서 방학 기간에 과외 공부를 하기로 하였다. 친구 3명이 방을 하나 빌려서 과외 공부를 하였다. 그래도 단기간 성적은 오르지 않았다. 방학이 끝나면 선배는 곧 학교로 돌아가야 하기 때문이다.

그래서 고등학교 졸업 첫해는 결국 대학 진학을 포기하고, 그다음 해 초에 서울에 가서 학원에 다니기로 하였다. 친구와 둘이 방을 얻어서 자취하면서 종로 정일학원에 몇 달 다니다가 정릉에 있는 기숙학원인 세운학원으로 옮겨 공부하였다. 아무튼 그때에는 기필코 대학에 들어

가겠다는 결심으로 아침부터 밤늦게까지 공부했다. 하루 잠자는 시간을 4시간 정도로 줄이고, 죽기 살기로 공부했다. 성적이 조금씩 오르기 시작하였다.

마침내 입시일이 다가왔고, 나는 서강대 신문방송학과에 원서를 넣었다. 입시 날 시험을 보러 갔다. 그런데 학교 앞마당에 몇 사람의 호위를 받으며 시험을 치러 온 여학생이 있었다. 학생들은 수군대며 바로 저 학생이 박정희 대통령 딸 박근혜 학생이라고 했다. 나는 촌놈의 신기한 눈으로 그 학생을 바라보았던 기억이 난다. 나는 불행하게도 서강대 입시에서 낙방하였고 그 뒤 할 수 없이 고향 선배가 다니던 서대문에 있는 국제대학에 입학해 놓고 바로 군에 입대하였다. 당시 대학교 등록금이 약 9만 원 정도였다. 국제대학은 야간 대학이었고, 당시 야간 대학 중에는 괜찮은 평을 받는 대학이었다.

나는 만 3년의 군대 생활을 마치고 국제대학교에 복학해서 1학년을 다녔다. 나는 더 좋은 주간 대학에 편입하기로 하고 1년 동안 열심히 공부하였고, 다음 해에 한국외국어대학교 경제학과에 들어갈 수 있었다. 서울에서 외국어대학은 중위권 대학으로 평가받지만, 강원도 산골 농고 출신인 내가 그 정도 대학에 들어간 것은 대단한 성과였고, 우리 고향에서는 엄청난 부러움의 대상이었다.

## 군대에서 강제 입영 당한 황주석을 만나다

약간 시간을 돌이켜 보자면 내 인생에 중요한 일은 바로 군대 생활 3년 동안 일어났다. 내가 입대한 해가 1971년이었다. 바로 1971년에 박정희 정부는 소위 반정부 학생운동에 가담한 학생들을 모두 잡아다가 강제로 군대에 입대시키는 소위 '강제징집 위수령'을 발동한 해이다.

당시 박정희 정권은 학생운동 탄압을 위해 1971년 10월 각 대학에 위수령을 내려 학생 1,800명을 연행하고 그중 160명을 제적했다. 그리고 그 해 10월 26일 제적 학생 30여 명을 강제로 징집해서 군대에 강제로 입대시켰다. 그리고 그 학생 중 상당수를 프락치로 이용해 운동권 조직을 색출하는 데 이용하는 만행을 진행하였다(출처: 진실화해 위원회 자료).

바로 그 시기에 군대 생활을 하던 나는 내가 속한 부대에서 강제 징집된 2명의 운동권 학생을 만난다. 한 병사는 한국신학대학 학생 황주석이었고 또 한 병사는 서울대학교생 장상환이었다. 황주석이는 바로 내가 속한 소대에 배치되었다. 나는 당시 일등병이었고 그는 나보다 4개월 정도 늦게 입대한 이등병이었다. 군대에서 병사 간 한 계급, 4개월은 그 위계가 엄격했다. 그래서 나는 늘 '황 이병!' 하고 불렀고 그는 내게 '김 일병님!' 하고 깍듯이 존칭을 썼다. 사실 그는 49년생이었고 나는 50년생이니 그가 나보다 나이는 한 살 위였다. 군대 서열은 철저히 직책과 계급이었다.

우리 소대원 대다수가 시골에서 입대한 저학력자였고, 오직 우리 둘만 대학생 출신이었으니 약간 동질감이 생겼고 그래서 둘은 늘 이런저런 대화를 나누었다. 보초를 서는 시간이면 우리는 일부러 둘이 한 조에 들어갔고 보초를 서는 한두 시간 참 많은 대화를 나누었다. 그러다 보니 그가 위수령으로 입대한 사실도 알게 되었고 군대라 깊은 이야기는 나눌 수 없었지만, 세상 이야기도 나누고 개인 이야기도 나누면서 우정을 쌓았다.

세월이 지나 우리 둘은 1974년 봄에 제대하였고, 둘은 복학해서 학생이 되었다. 어느 날 그는 나를 찾아왔다. 우리 둘은 찻집에서 반갑게 만나 묶은 이야기들을 나누었다. 그는 내게 그때도 김 병장님(제대할 때 내 계급)이라고 불렀고, 나는 여전히 그의 이름을 불렀다. 그는 내게 이제는 제대했으니, 친구가 되고 싶다고 하면서 말도 트고 지내자고 제안했다. 나는 웃으면서 그러자고 했다.

이런저런 이야기를 나누다가 그는 나에게 교회에 같이 다니지 않겠냐는 제안을 해 왔다. 나는 어렸을 때 시골에서 교회에 다녔던 경험도 있고, 서울에서 다양한 친구들도 사귀고 싶었던 터라 흔쾌히 '그렇게 하자'라고 대답하고 몇 주 후부터 그를 따라 서울역 건너편 동자동에 있는 서울성남교회에 다니기 시작했다.

차차 알게 된 사실은 주석이는 이미 군대에 가기 전부터 기독 학생운동권(KSCF) 지도자급 학생이었고 그런 연유로 강제징집까지 당했었다. 소위 의식 수준이 대단히 높은 운동권 학생이었다. 그러니 그의 입장에서 보면 나는 새로운 운동권 영입 대상이었다. 나는 그렇게 그와 함께 성남교회에 다니기 시작했고 그 후 나의 인생 항로를 정하는 데 결정적인 전환점을 맞이한다.

## 4. 성남교회 대학생부 활동은 나에게 역사의식을 깨우쳤다

### 주제용, 황성규 교수 등 훌륭한 민중 신학자들을 만나다

황주석이는 제대 후 그가 다니던 창현교회를 그만두고 서울성남교회에 다니기 시작했다. 당시 성남교회는 신종선 목사님이 시무하고 계셨다. 신 목사님은 후덕한 성품을 지닌 목사님이셨고 대학생들과 청년들에게 무척 잘해 주셨다. 우리는 성남교회 대학생부 활동을 하면서 교회 생활을 시작하였다. 기독교장로회 소속 성남교회는 초대 송창근 목사님이 세우셨고, 한국신학대학을 운영하는 기독교장로회라는 새로운 교단을 시작한 비교적 진보적 교회였다. 기독교장로회는 바로 문익환, 문동환 형제 목사가 소속되어 있는 교단이고 서남동, 박형규, 안병무 등 세계 진보 신학계 기라성 같은 신학자들이 소속된 교단이었다.

당시 성남교회는 대학생부에 지도교수를 한 명 두어 대학생들을 지도하고 있었다. 나는 교회 다닌 지 얼마 지나 성남교회 대학생부 회장이 되었다. 회장이란 직책은 초등학교 1학년 때부터 고등학교 3학년까지 늘 붙어 다니었던 직책이라 어색하지 않게 받아들였던 것 같다. 그때 내가 회장으로 일하던 우리 대학생부 지도교수는 후에 한국신학대학교 총장이 된 주재용 교수님, 황성규 교수(프린스턴 대학교 출신 한국신학대학 교수)님이었고 그들은 미국 프린스턴 대학에서 공부하고 돌아온 젊은 교수들이었다.

우리 대학생부는 매주 토요일 모여서 지도교수와 신학 공부를 하였다. 내가 처음 접한 신학 서적은 '인간화'(부광석-브라이덴슈타인, 연세대학교 교수, 독일인)라는 책이었다. 이 책은 기독교에 대한 신학적 기본 지식과 더불어 소위 신신학이라고 불리던 진보적 신학-민중신학, 희망신학, 해방신학-들을 소개하고 있다. 그리고 한국의 정치 현실과 사회현실을 신학적으로 설명해 놓은 책이다. 나는 주재용 목사님과 1년에 걸쳐 매주 토요일 신학 공부를 하면서 가슴 뛰는 경험을 한다.

당시는 제3공화국 박정희 대통령의 폭압적인 군부 통치 시절이었고, 일반 백성들은 너무도 힘든 삶을 살아가고 있었다. 박정희 대통령은 조

서울성남교회 청년부 회원들

국 근대화, 경제발전을 최우선 정책으로 내 새우면서 저곡가, 저임금 정책을 시행하고 있었다. 즉 노동자, 농민들을 수탈하여 경제발전을 위한 자본을 축적하는 방식이었다. 그 결과 농민들과 노동자들은 최저 생계비도 안 되는 저소득으로 살아갔다.

농사를 지어서는 끼니를 잇기도 힘들고 자식들에게 공부도 시킬 수 없었다. 대부분 농민의 자녀는 초등학교나 중학교를 졸업하면 진학을 포기해야 했고, 집에는 먹을 것도, 입을 것도 없으니, 도시로 나가 식모살이를 하거나 공장에서 저임금을 받고 일을 할 수밖에 없었다. 심지어 많은 농민은 아예 온 가족이 보따리를 싸 들고 도시로 이주했다. 그들은 도시로 이주했으나 돈도, 살 집도 없으니 도시 변두리 산비탈이나 개천 둑방에 판잣집을 짓고 살았다. 그들이 바로 하루 벌어 하루를 살아가는 도시 빈민들이었다. 그들이 사는 동네를 우리는 달동네라고 불렀다. '달동네'란 판잣집 지붕이 뚫려 밤에는 달과 별이 보이는 집들이 다닥다닥 붙어 있는 동네라는 뜻이다.

나는 교회에서 민중신학을 접하면서 이 땅의 민중들이란 바로 노동자, 농민, 도시 빈민이라는 것을 알았다. 그리고 기독교 사랑의 대상자도 바로 그들이라는 신앙심이 생겨나기 시작한다. 나는 부광석의 '인간화'란 책의 제목 '인간화'란 인간답게 살지 못하는 민중들을 가난과 핍박에서 구원하는 일이고, 기독교인들이 해야 할 시대의 소명은 바로 인간화 운동이라는 신념을 갖게 된다.

당시는 많은 기독 학생이 바로 민주화운동, 민중 해방운동에 나서고 있었다. 그리고 '박정희 독재정권 타도' '노동자 · 농민 해방' '민주인사 석방'이 학생운동의 핵심 구호였다.

## 아버지, 나는 소인(小人)이 되기보다 대인(大人)의 길을 가고 싶습니다

대학교 3학년이 된 나는 심각한 고민을 하게 된다. 몇 달에 걸쳐 '나는 대학 졸업 후 어떻게 살아야 하나?'라는 고민을 하다가 결국 "내가 가야 할 길은 바로 '인간화 운동'이다"라는 결심을 하게 된다. 이는 나의 신앙고백이기도 했다. 그렇게 결심한 나는 이제 두 개 산을 넘어야 했다. 한 개의 산은 나를 키워주신 부모님께 허락받는 일이고, 두 번째 산은 내가 구체적으로 할 수 있는 일감을 찾는 일이다.

4학년이 된 나는 어느 날 부모님을 뵈러 갔다. 하룻밤을 자고 난 후 아버지에게 심각한 자세로 '아버지, 나는 이제 대학을 졸업한 후 소인(小人)이 되기보다 대인(大人)의 길을 가고 싶습니다'라고 말씀을 드렸다. 그렇게 표현한 것은 한문 공부를 하신 아버님을 설득하기 위해서는 그렇게 말씀드리는 것이 좋을 것 같아서였다. 그렇게 말씀드리고 아버지의 답변을 기다리는 나에게 아버지는 뜻밖의 답변을 하셨다. '예로부터 대인은 부모 자식보다 큰 뜻을 세워 사는 사람이니, 네가 그렇게 살고 싶다는 결심이 섰으면 그렇게 살아라.'라고 말씀하셨다.

나는 아버지께서 형제자매 중에 유일하게 대학에 다닌 내가 세속적인 출세를 하거나 공직을 갖기를 바라실 것 같았는데 오히려 나의 뜻을 선뜻 이해해 주신 데 대해 한없이 감사했다. 아마도 늘 신문을 읽으시며 세상사를 다 알고 계셨던 아버님은 내가 살아갈 길을 미리 알고 계셨던 것 같다. 그 후 아버님은 나에게 아무런 기대나 요구를 하시지 않았고, 그저 몸 성히 살기만을 바라셨다. 지금 생각해 보면 내가 대인(大人)이 아니라 바로 우리 아버지가 대인(大人)이셨다.

아버지는 강원도 시골 장터에서 장사를 하셨지만 참 경륜이 있는 분이었고, 정의감이 있었던 분이었다. 동네 사람들에게는 늘 상담자이셨고, 생활력도 강하셨다. 그리고 늘 우리에게 정세를 말씀해 주셨고, 이승만 대통령의 독재 정치에 대해서도 항상 비판적이셨다. 그래서 선거 때만 되면 늘 자유당보다 민주당 편에 섰고, 그래서 면장과 지서장의 감시 대상자였다. 그렇게 올곧게 살아오신 아버지셨기에 나의 삶을 선뜻 이해하셨고 허락해 주셨던 것 같다. 그 후로 나는 부모님께 더 잘 효도했어야 하는데 내 형편이 어렵다는 핑계로 효도를 게을리한 것이 지금도 늘 죄송스럽다.

## 5. 하나님의 선교(Missio-dei) 일선에 나서다

### 안병무 교수님을 찾아가다

1977년 졸업을 앞둔 나는 삶의 큰길은 정했으나 어디서 어떻게 일을 시작해야 하는지가 또 넘어야 할 산이었다. 당시 내게는 두 길이 있었다. 하나는 노동 현장에 가서 직접 노동자가 되어 노동운동을 하는 길과 또 하나의 길은 노동운동을 비롯한 민중운동을 지원하는 기독교 단체에서 일하는 길이었다.

나는 고민을 하다가 당시 우리 성남교회 대학생부 지도교수였던 황성규 목사님(한국신학대학 교수)을 찾아뵙고 상담하였다. 이런저런 상담을 해주시고 나서 목사님은 나에게 서대문에 있는 기독교 사회교육원 원장인 안병무(당시 해직 교수) 교수를 만나 상담을 해보면 어떻겠냐고 하셨다.

나는 전화로 안병무 교수님과 약속하고 기독교 사회교육원으로 교수님을 찾아갔다. 친절히 나를 맞아주신 안 교수님에게 내 생각과 고민을 털어놓았다. 내 말을 다 듣고 난 안병무 교수님은 "그래, 자네나 나는 이미 대학까지 나온 지식인일세. 지식인은 노동운동을 하려고 노동 현장에 들어가도 '노동자 그 자체'는 될 수 없다네. 그럼, 노동자를 지원하는 사람이 되겠지, 그러니 노동 현장에 들어가기보다는 노동운동을 지원하는 단체에서 일하는 게 좋을 것 같네"라고 답변해 주셨다. 아마도 안병무 교수님은 샌님처럼 생긴 나에게 거친 노동 현장보다는 노동운동 지원단체에서 일하는 것이 알맞다고 생각하셨던 것 같다.

70년대 학생운동권에는 큰 바람(이념, 가치관)이 있었다. 그 바람은 '역사의 주인공은 민중-노동자, 농민, 도시 빈민 등-이고, 민주화는 그런 민중과 함께할 때 쟁취할 수 있다'라는 신념이었다. 그래서 운동권 학생들은 누구나 민중들 삶의 현장(노동 현장, 도시빈민가, 농촌)으로 들어가야 한다고 생각했다.

운동권 지식인들과 학생들은 이런 신념을 특정 이념을 떠나 당연한

서울성남교회 대리석 건물과 교우들

역사의 순리로 받아들였다. 그래서 많은 학생운동권 출신(학출이라고 불렀음)이 용접, 선반 등을 가르치는 기술학원을 나와 노동 현장으로 몰래 들어갔다. 나중에 정부는 이들을 위장 취업자라고 불렀다. 그리고 일부는 농촌으로 들어가 농민운동(가톨릭농민회, YMCA 농촌부 간사 등)을 하거나 도시빈민가-청계천 판자촌, 서울역 해방촌 등-로 들어가 민중운동 조직가가 되었다. 지금은 극과 극으로 갈렸지만, 김근태(김대중 대통령 시절 국회의원, 보건복지부 장관), 김문수(윤석열 대통령 시절 노사정 위원장, 21대 대통령 후보) 등이 상징적 인물이다.

나는 안병무 교수님과 상담 후 내내 고민을 하고 있었다. 하루는 서울성남교회 신종선 목사님이 날 부르셨다. 목사님은 나에게 성남교회 사회관 총무 일을 맡아보라고 제안하셨다. 당시 성남교회는 서울역 건너편 도시 빈민촌인 동자동과 후암동 사이에 있었다. 성남교회는 6 · 25 직후 북한에서 월남한 기독교인들이 많았는데 교회를 설립한 교인들은 대개 사업과 직업에 성공한 중산층들이었다.

그런데 교회가 빈민가에 대리석으로 번듯하게 지어지고 주일 날이면 교인들이 좋은 자가용차를 타고 오는 것을 보면서, 이웃 빈민들이 밤에 자꾸 교회에 돌을 던지기 시작하였다. 빈민들의 기득권층에 대한 일종의 질투와 반감이었던 것 같다.

성남교회에서는 이런 현상을 어떻게 극복할 수 있을까를 고민한 끝에 이들을 고발하여 처벌하기보다는 사랑으로 보살피기로 하고, 연간 교회 예산 총액의 10%(상당한 금액)를 뚝 떼어 복지관을 설립하여 운영하기로 하였다. 일종의 빈민 구제 사업이었다. 이렇게 설립한 성남교회 사회관(복지관)은 빈민가 어린이들을 대상으로 하는 어린이집(정식 인가를 받은) 한 반(40명 정원, 교사 2명)을 운영했고, 서울 도심에서 떠도는 거리의 아이들(구두닦기, 껌팔이 등 미취학 어린이, 청소년)을 불러 모아 초등학교 과정을 가르치는 지역사회학교(정원 70명 정도, 교사 2명)를 운영하고 있었다. 이 일을 전담하는 직원이 총무 포함 5명 정도 되었다.

신종선 목사님의 제안을 받고 며칠 고민하던 나는 '그래 여기가 내가 일할 자리이구나'라는 결론을 내리고 77년 9월쯤에서부터 사회관 총무 일을 시작하였다. 대학 졸업 후 나의 첫 직장이었다. 나는 학부에서 경제학을 전공(부전공 정치외교학)했다. 그러니 지금 내가 일을 시작한 사회관 총무 일은 내 전공과는 거리가 먼 사회복지나 신학을 전공한 사람이 해야 하는 일이었다.

나는 학창 시절, 이 교회에서 대학생부 회장, 교회학교 반사 등을 역임했던 터라 함께 활동했던 많은 선후배가 사회관 일을 도와주었다. 그때 함께했던 성남교회 선후배들은 지금도 '성남 늘푸른회(회원 수 35명)'라는 카톡방을 만들어 서로 소통하고 만나고 있다. 그 친구들은 지

서울성남교회 어린이집 졸업식, 왼쪽 끝 이영수 장로, 오른쪽 끝 신종선 목사)

금 모두 각계 훌륭한 인물들로 성장해서 나와 함께 노년을 보내고 있다. 그들 중에는 나중에 기독장로회 총회장 목사도 있고, 대학교수도 있고, 사업가들도 있다. 그때 나와 함께 성남교회에서 봉사했던 선후배들은 윤인석 교수, 한규만 교수, 육순종 목사, 정호진 목사, 반병률 교수, 김보희 교수, 김윤찬 선생, 이태영 목사, 조남훈 교수, 윤인중 목사, 한혜주 전도사, 고순애 선생, 장민석 선생, 김혜선 선생, 유재두 선생, 이기영 목사, 이상숙 선생, 이진원 교수, 한호영 선생, 이영재 목사, 이영재 장로, 김현주 원장, 김형순 선생, 남상성 선생, 문성은 목사, 문성우 선생, 배명순 선생, 오석환 선생 등등이다. 여기에 기록하지 못하는 많은 선·후배들이 있는 것은 내 기억력의 한계 때문이다.

성남교회 사회관 건물은 교회와 같은 부지에 있고, 나운영 장로(연세대학교 음대 교수, 당시 성남교회 성가대 지휘자)님이 살던 평면적이 약 40평인 2층 건물이었는데, 교회가 사들여서 아래층은 사무실과 어린이집으로 사용하고, 2층은 지역사회학교로 사용했다. 내가 총무로 일을 시작할 때 성남교회는 사회관운영위원회를 두고 운영에 관한 중요한 결정을 하였다. 당시 운영위원장은 이영수 장로(하동근 집사 남편)님이었는데 그는 청주에 있는 세광고등학교(고교 야구로 유명한) 이사장이셨고, 사업가였다. 두 부부는 정말 따뜻한 마음으로 사회관 운영을 지원하셨다. 지금도 그분들과 만나고 있다.

사회관 총무 일을 시작한 나는 기존에 하던 사업 외 두 가지 사업을 새로 시작한다. 하나는 노동야학이었고 또 하나는 교회 인근에 사는 빈민, 윤락여성 등을 위한 진료사업이었다.

당시 서울지역 여러 곳에서는 학교에 다니지 못하고 공장에서 일하는 청소년 · 청년 노동자들을 위한 야학 활동이 진행되고 있었다. 야학은 대개 두 종류였는데, 하나는 초등학교 이하 학력 노동자(당시는 공돌이 공순이라고 불렀다)들을 대상으로 하는 '검정고시 준비 과정'이었고, 또 다른 형식의 야학은 노동자의 권익과 인권을 쟁취하기 위한 노동운동 지도자를 양성하는 '노동야학'이었다. 우리 '성남교회 사회관' 야학은 이 둘의 과정을 병행하는 야학이었다. 당시 야학에서 교사로 봉사하는 선생님들은 주로 대학생들이었다. 장민석(한양대 학생) 김성재 등이 주축이 된 10여 명의 자원봉사 교사들이 매일 밤에 나와 노동자들을 가르쳤다. 그리고 교사들은 수시로 모여 노동문제에 대해 토론회, 연구회 활동을 하면서 나름대로 교재도 만들고 가르치는 방법도 논의했다.

성남교회 사회관 사업 중 '지역사회학교'는 당시 서울시를 떠돌던 '거리의 아이들'에게 학업의 길을 터주는 사업이었다. 70년 중반만 하더라도 우리 한국은 가난한 나라였다. 그 당시 우리 한국의 경제 규모는 북한과 거의 같은 수준이었다. 한국의 1인당 연 국민소득은 1970년 254달러, 1975년 606달러, 1979년 1,589달러(2023년 35,569달러)였다. 그 당시 가난한 나라 한국의 서울 거리에는 학교를 가지 못하는 10대 어린이 · 청소년이 구걸하거나 구두닦이, 껌팔이 등을 하면서 비참한 삶을 살고 있었다.

우리 성남교회 사회관 지역사회 학교(약 70명 정원)는 거리의 어린이 · 청소년들을 모아 초등학교 저학년 과정을 가르쳐서 용산국민(초등)학교, 후암국민(초등)학교에 입학을 시켰다. 학습은 전담 교사 1인과 자원봉사 교사 10여 명(주로 교회 대학생부, 청년회 회원들)이 담당하였다.

성남교회 지역사회학교는 매년 성탄절이 다가오면 어린이 연극공연을 하였다. 연극의 소재는 늘 가난한 마을, 가난한 어린이였다. 어린이들은 매년 12월 24일 저녁에 교인들을 대상으로 공연하였다. 아이들은 자신들의 실재 삶처럼 울면서 진지하게 연기를 했고, 관객들도 함께 울면서 공감해 주었다.

사회관 진료 봉사는 주로 서울대학교 의대생, 연세대학교 의대생들이 주 1회 토요일 혹은 일요일에 진행했다. 당시에는 의료보험제도가 없었기 때문에 도시 빈민들이나 노동자들은 병원에 가기가 어려웠다. 그래서 우리 사회관에서 하는 진료 봉사에 꽤 많은 빈민가 주민이 찾아왔고 우리가 진행하는 진료 봉사활동에 매우 고마워했다.

성남교회 사회관은 기독교장로회 교단에서도 '지역사회 선교활동' 분야에 모범기관으로도 평가받고 있었다. 당시에 교회 1년 예산의 10%를 뚝 떼어 교회 인근 빈민 · 노동자들을 대상으로 복지사업을 하는 교회는 거의 없었다. 그래서 각 교단 목사님이 서울에서 회의나 세미나를 할 때면 으레 우리 교회 사회관을 견학하러 왔다. 당시 나는 서른 살도 안 된 앳된 사회관 총무였지만 나름대로 견학 온 목사님들을 대상으로 우리 사회관 사업을 소개하면서 '모든 교회는 인근 지역 주민들 특히 가난한 주민들을 보살피는 게 바로 하나님의 사랑을 실천하는 일이다'라고 힘주어 설명해 주었다.

아무튼 나는 사회관 총무 일에 큰 보람을 느꼈다. 그 일을 시작한 지 3년 차가 되었을 때 나는 이영수 장로님과 사회관 운영위원님들에게 성남교회 사회관을 새로 건축하고 거기에 '교회 지역사회복지사업연구소'를 설립하자고 제안했다. 나름대로 사업계획을 세우고 복지관 건축 계획도 만들어 운영위원회에 보고하였다. 우리 운영위원회에서도 긍정적으로 받아들이고 교회 당회와 논의해 보겠다고 하였다.

## 크리스천 아카데미 중간 집단교육에 참여하다

어느 날 목사님은 나에게 크리스천 아카데미(원장 강원용 목사)에서 '중간집단교육'이라는 것을 하는 데 참석해 보라고 하셨다. 나는 크리스천 아카데미는 평소 내가 일하고 싶었던 기관이라 선뜻 가겠다고 하였다. 교육은 수원에 있는 '내일을 위한 집'에서 2박 3일간 진행되었다.

첫날 강원용 목사님의 강의가 있었다. 목사님은 당시 시국 상황을 정리해 주신 후 우리 기독교는 사회 선교활동(민주화운동)에 나서야 한다고 하였다. 특별히 보수 기독교계를 향해서 비유의 말씀을 하였는데 '서울 하늘이 공해로 꽉 찼는데 내 집 문만 꼭 닫는다고 집안 공기가 맑겠느냐? 우리는 사회 전체 공기를 맑게 해야 내 집안 공기도 맑아진다'라고 말씀하셨다. 나는 그 말씀이 무척 가슴에 와닿았고, 지금도 생생하게 기억하고 있다. 그 당시 한국 교계에서는 '개인 구원이냐? 사회 구원이냐?'가 중요한 선교 논쟁이었고 강원용 목사님의 그 말씀은 바로 교

크리스천 아카데미 중간집단교육(교회사회)

회가 '사회 구원에 나서야 한다'라는 것을 의미하였다.

이튿날에는 크리스천 아카데미 노동 사회 간사인 신인령 선생(나중에 이화여대 총장 역임)이 '한국 노동자의 현실과 노동운동'을 주제로 강의하였다. 그의 강의 내용은 한국의 비참한 노동 현장에 관한 이야기와 우리 기독교 운동권이 이들을 지원해야 한다는 주장이었다. 그런데 그는 본 강의 전에 그가 방금 다녀온 인천에 있는 「반도상사 부평공장 노동조합 지부」 총회 분위기를 전해 주었다.

당시 한국노총 조직체계는 한국노총 산하에 산업별 노조가 있고, 산별노조 산하에 지부가 있고, 지부 산하에 분회가 있었다. 반도상사 부평공장 노동조합은 조합원이 약 3,000명이나 되는 큰 노동조합이었기 때문에 지부의 지위를 갖는 노동조합이었다. 그날이 바로 1년에 한 번씩 하는 노동조합 총회 날이었다. 총회는 연중 가장 큰 행사이기도 했다.

그런데 당시 반도상사 노동조합 장현자 지부장은 사회석에서 총회 개회를 하기 전에 먼저 "지금 우리 총회도 중요하지만, 인천 '동일방직 노동조합의 똥물 사건'을 우리가 어떻게 지원하고 대처할 것인지를 먼저 논의합시다"라는 제안을 했다. 신인령 선생은 그런 장면이 무척 감동적이었다고 전했다. 나는 그때부터 장현자 지부장이 어떤 사람인가가 궁금했다.

그 시기 우리 성남교회에 강남훈이라는 후배가 있었다. 그는 기타도 잘 쳤고 노래도 잘해서 우리 교회 행사뿐 아니라 각종 단체 행사에 출연해서 노래 지도(싱어롱)를 했다. 그즈음 강남훈은 인천 반도상사 노동조합 지부에 가서 노래 지도 봉사를 하고 있었다. 나는 어느 날 남훈이에게 크리스천 아카데미에서 교육받은 이야기를 하면서 장현자 지부장을 만나보고 싶다고 하였더니 그는 자기가 소개해 주겠다고 했다.

## 6. 반도상사 노동조합 장현자 지부장을 만나다

얼마 후 강남훈의 소개로 우리는 서울역 근처 어느 다방에서 만났다. 나는 노동조합 지부장이라고 해서 좀 우락부락 생긴 억센 여성일 거로 생각했는데 막상 만나고 보니 예쁘고 참하게 생긴 여성이었다. 첫눈에 친근감도 들었고 호기심도 생겼다.

우리는 그 뒤에도 몇 번 만나 세상 돌아가는 이야기, 노동운동 이야기 등을 나누었다. 어느 날 내가 그녀에게 소양강으로 놀러 가자고 제안했고 그녀도 선뜻 좋다고 하였다. 날짜를 잡고 그날이 와서 우리는 아무도 몰래 둘만 춘천행 열차를 타고 소양강으로 놀러 갔다. 오붓한 하루 데이트를 했다. 가고 오면서 우리는 많은 이야기를 나누었고, 그녀는 종일 내 잡담에 즐거워했다.

그 후 우리는 사귀게 되어 연인관계로 발전했다. 그녀는 지금 내 아내가 되었다. 어려운 시절 우리는 연애했고, 서로가 바쁘게 살아가다 보니 4년 후 결혼하기까지 한 달에 한 번 만나기도 어려웠다. 그리고 그 4

장민석, 오미령 후배와 기념사진

년 동안 그녀는 무려 네 번이나 체포되어 경찰서, 교도소에 감금되었다. 급기야 1980년 12월 장현자 지부장은 바로 박정희를 총살한 김재규, 박선호 등이 수사받던 무시무시한 보안사령부 남산 지하 벙커(서빙고)로 잡혀갔다. 다행히 그녀는 12월 말쯤 석방되어 나왔고 그 이듬해 2월 22일 우리는 결혼식을 올렸다.

박정희 정부는 유신헌법에 반대하는 정치인과 재야인사들을 탄압하기 위해 1974년 1월 8일 긴급조치 1호를 발령한 후 1975년 긴급조치 9호까지 무려 9차례 긴급조치를 발령하였다. 긴급조치의 내용은 대개 집회금지, 시위금지, 반정부 활동 금지, 정치활동 금지 등 정치인과 재야인사, 대학생들의 일체 저항 행위를 금지하는 내용이었다. 박정희 군사정권은 그동안 재야인사와 학생들을 무자비하게 체포, 구금, 고문하였다.

■ 긴급조치 주 내용

- 대한민국 헌법을 부정, 반대, 왜곡 또는 비방하는 일체 행위를 금한다.
- 대한민국 헌법의 개정 또는 폐지를 주장, 발의, 제안 또는 청원하는 일체 행위를 금한다.

- 유언비어를 날조, 유포하는 일체 행위를 금한다.
- 전 1, 2, 3호에서 금한 행위를 권유, 선동, 선전하거나 방송, 보도, 출판, 기타 방법으로 이를 타인에게 알리는 일체 언동을 금한다.
- 이 조치에 위반한 자와 이 조치를 비방한 자는 법관의 영장 없이 체포, 구속, 압수, 수색하며 15년 이하의 징역에 처한다. 이 경우에는 15년 이하의 자격정지를 병과할 수 있다.
- 이 조치에 위반한 자와 이 조치를 비방한 자는 비상군법회의에서 심판, 처단한다.
- 이 조치는 1974년 1월 8일 17시부터 시행한다.

1974년 4월 3일 유신정권은 전국민주청년학생총연맹(민청학련) 사건을 명분으로 학생운동권 모두를 반정부 용공 분자로 조작하여 무려 180명을 구속하였다. 그 학생 중에는 후에 성남교회나 한국 YMCA에서 활동하게 될 이해찬, 정찬용 등도 있었다.

나는 사회관 총무로 일하면서 교회 청년회 회장 일도 하였다. 그 시절 성남교회 대학생부와 청년회는 학생운동권 학생들과 청년들이 여러 명 들어와 활동하였다. 황주석(한국 YMCA 간사), 장상환(후에 경상대 교수), 이해찬(후에 국무총리), 윤문로, 정진성(서울대 사회학과 교수, 유엔인권위원), 홍미영(후에 국회의원) 등이 그들이었다. 이들은 대개 황주석을 통해 우리 성남교회에서 대학생부나 청년회 활동을 하였다.

당시 우리 교회 청년 학생 중 일부는 스터디 그룹을 만들어 '해방 전후사의 인식(송건호)' '이성과 혁명(마르쿠제)' '8억 인과의 대화' 등 사회과학서적을 읽었으며, 매주 토요일은 신학 공부와 노동자, 농민들의 현실, 민주화운동 관련 주제 등을 공부했다. 가끔은 현장 노동운동가들을 초청해서 노동운동 현장 이야기도 들었다. 그때 우리가 초대했던 노동운동가들은 동일방직 이총각 지부장, YH 최순영 지부장과 박태연 부지부장 등이었다.

## 7. 성남교회 사회관이 YH사건의 대책본부가 되다

### 성남교회 사회관이 YH 사건 지원 본부가 된다

어느 날 YH 사건이 터졌다. YH 사건이란 1979년 8월 가발업체였던 YH무역의 여성 노동자들이 회사폐업에 반대해서 농성하던 중 190명의 노동자가 김영삼 총재가 있는 마포구 도화동 신민당사로 가서 노동자 생존권을 외치며 농성을 한 사건이었다. 이렇게 노동운동과 야당이 결합하면서 이 사건은 한국 최대의 반정부, 반독재 운동으로 커졌고 당시 모든 국내외 언론의 토픽 뉴스로 주목받았다.

YH 사건이 터지자, 사건에 대응하는 투쟁본부가 설치되었는데, 하나는 YH 회사 내 노동자 농성장이었고, 또 하나의 지원 사무실이 바로 성남교회 사회관이었다. 당시 사회관에서는 YH 노동조합 부 지부장 권순갑, 한국신학대학 황주석, 서울대 신대균, 장민석 등이 머무르면서 시시각각 벌어지는 사건에 대해 대응 전략을 논의하고 실행하였다. 우리 사무실은 서울시 용산구 동자동이었고 남대문경찰서에서 불과 500m 이내에 있었지만 우리는 용케 들키지 않고 계속 활동할 수 있었다.

YH 사건은 결국 김경숙 열사 사망, 김영삼 신민당 총재의 국회의원 제명, 부마항쟁으로 이어졌고 10 · 26 박정희 암살 사건의 도화선이 되어 한국 현대사에 남는 중요 사건이 되었다.

## 1979년 10 · 26 사건이 일어나다

1979년 10월 27일 아침, 나는 잠에서 막 깨어날 무렵 라디오를 듣고 지난밤에 박정희 대통령이 암살당했다는 뉴스를 들었다. 그 당시 나는 청와대 부근 적선동에 있는 교회 선배네 집에서 하숙하고 있었고, 그날은 마침 경찰 수배를 받고 도망 다니던 서울대 박석운, 한국신학대 이영재와 같이 잠을 자고 있었다. 우리는 잠에서 깨어 라디오를 들으면서 아무튼 박정희라는 독재자가 죽었다는 소식에 반신반의하면서도 참 다행이라고 생각했다.

그 시절 나는 성남교회 청년회장이었고 우리는 함석헌, 문동환, 문익환, 박형규, 서남동 등 민중 신학자들의 강연회도 자주 열었다. 당시 성남교회 교우였던 박세경 변호사(전 국회의원, 인권변호사)는 우리 성남교회 청년들에게 당시 정치 현실과 정통성 없는 박정희 군부정권의 난맥상을 자세히 설명해 주시곤 하였다.

그렇게 분주히 보내고 있던 어느 날 우리 성남교회 신종선 목사님이 미국 유학을 떠나셨다. 지금 생각하면 현장 목회에 한계를 좀 느끼셨던 것 같다. 목사님이 미국으로 유학을 떠나니 교회에서는 새 목사님을 영입하는 절차에 들어갔다. 조향록 목사님 등 기장의 거목 목사님들이 대상에 올랐었고, 마침내 1981년 3월 박찬섭 목사님이 새로 부임하였다. 박찬섭 목사님은 당시 유행을 탔던 성풍회(교회를 부흥시켜야 한다는 보수적 시각을 가진 목사들의 모임) 목사님이었다. 아마도 교우들은 전임 신종선 목사님이 좀 잔잔한 성격의 신학에 바탕을 둔 논리적인 설교를 하였다고 보고 신임 목사님은 더욱 활력이 넘치는 성령 충만한 부흥회 성향의 목사님을 원하셨던 것 같다.

새로 부임한 박찬섭 목사님은 어느 날 나를 불러 직설적으로 사회관 총무직을 사임해 달라고 부탁해 왔다. 좀 당황스럽긴 했지만, 목사님의 보수적인 성향이 진보적 성향의 나와 많이 달랐기 때문이라고 생각했다. 나는 미련 없이 성남교회 사회관 총무직을 사직하였다. 그때가 내가 사회관 총무직을 수행한 지 만 3년이 되던 해였다. 나는 내가 일하는 사회관은 어차피 교회가 직접 운영하는 기관이기에 목사님의 신학적 입장과 개인 성향에 따라갈 수밖에 없다는 한계를 깨닫고 미련 없이 떠났다.

## 8. 한국YMCA와 함께 민중의 복지향상과 새문화 창조의 역군으로

성남교회 사회관을 그만둔 후 나는 기독교장로회청년협의회(기청)와 한국기독청년협의회(EYC) 활동을 하면서 만난 이창식 선배와 황주석 친구의 소개로 한국 YMCA 간사로 들어갔다. 당시 한국 YMCA전국연맹 강문규 총무는 한국 YMCA의 이념과 목적을 다시 정립하고 새로운 YMCA에서 일할 진보성향의 청년 간사들을 모아들이고 있었다. 그러니 그 주 영입 대상자들은 한국기독청년협의회(KSCF) 등 기독교 청년 운동권 학생들과 일반 학생운동권 출신 기독 청년들이었고, 나도 그런 사례로 YMCA 간사 일을 하게 되었다.

나는 처음에는 YMCA 간사직 제안을 받고 좀 망설였다. 그때까지 내가 본 YMCA는 단순한 레저, 스포츠단체였다. 그런데 막상 한국

### 한국YMCA 목적문

기독교청년회는 젊은이들이 그리스도의 뒤를 따라 함께 배우고 훈련하며 역사적 책임 의식을 계발하고, 사랑과 정의의 실현을 위하여 일하며 민중의 복지 향상과 새 문화 창조에 이바지함으로써 이 땅에 하느님 나라를 이룩하려는 것을 목적으로 한다.

– 1976년 1월 23일 제23차
대한기독교청년회 연맹 전국대회에서 채택

YMCA 목적문을 보니 YMCA는 역사와 전통이 있는 기독교 단체였다. 목적문 중에서도 '역사적 책임 의식을 계발하고, 사랑과 정의의 실현을 위하여 일하며 민중의 복지 향상'이란 구절이 가슴에 와닿았다.

나는 서울성남교회 대학생부와 청년회 활동을 하면서 이 땅의 역사 주인공은 민중(노동자, 농민, 도시 빈민)이고 이들의 조직된 힘만이 대한민국을 사랑과 정의가 실현되는 '하느님의 나라(민주주의 국가)'로 만들 수 있다는 굳은 신념을 갖고 있었다.

나는 YMCA 간사 일을 하기로 하고 소공동에 있는 한국 YMCA전국연맹 사무실로 갔다. 송정한 YMCA 연맹 지방 부장이 나를 맞아주었다. 그는 매우 친절하고 따듯하게 대해 주었다. 그는 한국 YMCA에 관해 설명해 주고는 YMCA 간사가 되면 두 가지 일을 동시에 해야 한다고 일러 주었다. 한 가지 일은 YMCA를 경영하는 일이었고, 두 번째 일은 YMCA 운동을 잘하는 일이라고 하였다. 즉 YMCA 간사는 Business와 Movement를 동시에 해야 하고, 특별히 Business를 잘해서 자신의 월급도 벌고, 후배의 월급도 주고, 시민운동도 해야 한다고 했다. 퍽 의미 있는 당부였고 그 후 내가 YMCA 간사로 일하는 동안 내내 명심했던 조언이기도 했다.

## 인천 YMCA에서 일을 시작하다

나는 1980년 4월부터 인천 YMCA에서 일을 시작했다. 당시 인천 YMCA는 역사는 오래됐으나 자립이 어려운 지방 YMCA였다. 이면주 목사님이 인천 YMCA 총무였다. 그는 성격이 밝고 좋은 선배였다. 지금 생각하면 좋은 선배에게 내가 너무 버릇없게 굴었던 것 같아 늘 미안한 마음이 있다. 아무튼 인천 YMCA 간사로 부임해서 내가 첫 번째 진행했던 사업은 양초 공예 강습이었다. YMCA 연맹에 송정한 지방 부장이 YMCA 간사는 경영을 잘해야 한다는 조언을 해주었고 막상 인천 YMCA에 와보니 기본 운영도 어려운 영세한 YMCA였다. 마침 내가 다니는 서울성남교회 교우 중에 미국에서 양초 공예를 배워 온 교우가 있었고, 그에게서 양초 공예를 배운 후배도 있어 강사 초청은 문제가 없었다. 그 당시 한국 여성들에게 양초 공예는 꽤 인기 있는 취미 강좌이고 유행이어서 양초 공예 강습은 상당히 성황리에 진행되었다. 덕분에 인천 YMCA 운영에 상당히 도움이 되었다. 그때까지 한국 YMCA는 급진적인 사회단체는 아니지만 늘 정권에 비판적인 태도를 보여 왔기 때문에 정부나 지방자치단체로부터 1원 한 푼 지원이 없었다. 그래서 지방 YMCA 운영에 필요한 재정은 순전히 회원 회비와 프로그램 수입에 의존할 수밖에 없었다.

양초 공예를 하면서 나는 내가 하고 싶은 노동자 클럽을 만드는 일

인천 YMCA '노동자 클럽 회원들, 1980

을 시작했다. 그래서 반도상사 장현자 지부장의 소개로 노동조합원들을 몇 명 소개받아 '한마음 클럽'이라는 노동자 클럽(동아리)을 창립했다. 당시 회장은 이미영(반도상사 노동자)이 했고 오미령(노동조합 분회장) 등이 함께하여 20여 명의 노동자 클럽이 만들어졌다. 우리는 매월 모여 강연회도 하였고 취미활동도 하고, 수련회도 하면서 일종의 노동운동을 지원하는 교육 활동을 하였다.

그러던 어느 날 어수룩한 어떤 선배가 자신도 한마음 클럽에 함께할 수 없겠냐고 찾아왔다. 그가 김근태 선배(민청련 회장, 국회의원, 보건복지부 장관)였다. 우리는 김 선배와 성남교회 장민석 군 등과 같이 한마음 클럽 활동을 활발하게 진행하였다. 그때 활동이 인연이 되어 김근태, 인재근 부부와 가깝게 지냈고, 장민석 오미령 부부와도 평생을 가까운 선후배로 살아오고 있다. 내가 인천 YMCA에서 일한 기간은 불과 1년밖에 안 되었지만, 그때 인천에서 처음 만났던 후배 중에는 나중에 YMCA에서 같이 일하게 되는 김성수, 이민우(현 인천민주화운동 계승사업회 이사장) 등이 있다.

## 성남 YMCA 창립 총무 일을 시작하다

내가 인천 YMCA에서 한 1년쯤 일하고 있을 때 YMCA 연맹의 이창식 선배에게서 연락이 왔다. 나에게 경기도 성남 YMCA에 가서 일하면 좋겠다는 제안이었다. 당시 성남 YMCA는 막 창립총회를 마치고 일을 시작하기 전이었다. 이창식 선배는 창립총회까지는 본인이 실무 일을 했지만, 그 후는 Y 연맹 간사로서 할 일이 많으니, 성남 YMCA를 전담할 총무가 필요하다고 하였다.

성남 YMCA를 창립하는 일은 당시 한국 대표 민중교회인 주민교회 이해학 목사님과 박전동 장로, 그리고 성남동에 있는 성남교회 박진하 장로가 중심이 되어서 하였다. 실무 일은 이창식 연맹 간사가 도왔다.

나는 성남시처럼 가난한 도시야말로 바로 민중들의 도시라는 생각을 하고 기꺼이 가겠다고 하였다. 그리고 3월 어느 날 처음으로 출근하였다. 당시 성남시는 1970년대에 서울 주변부 판잣집에 살던 달동네 사람들을 강제로 철거해서 이주시킨 전국에서 몹시 가난한 작은 도시였다.

내가 처음 출근한 곳은 성남문화원 지하에 있는 문화다방이었다. 당시 성남 YMCA는 창립총회만 마쳤지, 사무실도 직원도 없는 이름만 있는 YMCA였다. 지금 생각해 보면 그런 곳으로 나보고 가라고 한 이창식 선배나 아무것도 없는 곳으로 무조건 가겠다고 한 나나 무모하기는 마찬가지였다. 그런 무모한 두 사람의 마음에는 1981년 엄혹한 한국 정치 · 사회 현실 속에서는 우리에게는 이것저것 따질 새가 없고 오직 민중이 있는 곳이면 하늘 끝까지라도 가야 한다는 기독교 청년의 소명감이 있었기 때문이었다.

성남 YMCA가 창립총회를 한 날 1980년 2월 22일은 마침 우리 결혼식 날이었다. 나는 결혼식 후 곧바로 성남 YMCA 일을 시작했고 우리 부부는 성남시 은행동 변두리 다세대 주택 2층의 전세방에서 신혼살림을 시작했다.

## '한국 YMCA 중등교육자협의회'를 창립하다

그해 2월은 한국 YMCA 중등교사협의회가 창립된 해이기도 하다. 나는 결혼식 이틀 뒤에 수유리에 있는 크리스천 아카데미에서 중등교육자협의회 창립을 준비하는 모임에 참석하였다. 이 모임에는 윤영규, 이수호, 유상덕 등과 YMCA 연맹 이창식, 황주석, 김준식 등이 참석하였고, 우리는 '한국 YMCA 중등교육자협의회'를 창립하기로 하였다. 우리의 목적은 '참교육의 실현'이었다.

이후 한국 YMCA 중등교육자협의회는 창립총회(회장 윤영규, 총무 이창식)를 했고 공개적인 참교육 운동을 시작했다. 그 후 한국 YMCA 중등교육자협의회는 1986년 5 · 10 교육민주화선언을 하면서 YMCA 산하에서 독립해 '민주교육 추진 전국교사협의회'로 전환하였고, 1989년 5월에는 '전국교직원노동조합'으로 발전하였다.

## 성남문화원 사무실에서 성남 YMCA 일을 시작하다

내가 성남 YMCA 총무로 부임하였을 때 성남 YMCA는 창립 기금 120만 원 정도 되는 통장 하나가 전 재산이었다. 나는 성남문화원장을 찾아가서 당시 문화원장 개인 건물이었던 문화원 사무실에 책상 하나를 사용하기로 하고, 전화 한 대를 신청하였다. 그리고 그날부터 성남문화원으로 출근하기 시작했다.

성남 YMCA의 첫 과제는 YMCA 사무실과 사업 공간을 마련하는 일이었다. 나는 성남 YMCA 이사님들과 협의를 시작했고 결국 900만 원을 모금하여 성남시청 앞에 50평 정도의 사업 공간을 전세로 얻었다. 중고 책상 두 개와 칸막이 몇 개를 설치하고 YMCA 사업을 시작하였다. 당시 YMCA 이사 한 분이 다니던 교회 청년 김명숙 선생을 사무직원으로 채용하였다. 마침 김명숙 선생은 교회학교 교사 경험이 있었고 착하고 성실한 사람이었다.

성남 YMCA에서의 첫 사업은 YMCA 유아 교실, 에어로빅 강습회였다. 나는 우선 회비를 받을 수 있는 사업을 시작하여 기본 운영비를 마련하고자 하였다. 다행히 나는 YMCA 간사가 되기 전 서울성남교회 사회관 총무 일을 하면서 사립 어린이집 원장을 겸직했던 경험이 있었고, 기관 운영 경험이 있어서 성남 YMCA 일을 시작하는 데 많은 도움이 되었다. 일을 시작하자 유아 교실 어린이들이 약 20명 모집되었고 에어로빅 강습생들도 모집이 잘되어 우리는 기본 운영비를 조달할 수 있었다.

그러고 나서 나는 내가 정말 하고 싶은 일 노동자 클럽, 대학생 클럽, 청년클럽, 고교 Y 클럽 등 회원 조직을 만드는 일이었다. 성남 주민교회 청년들을 중심으로 1,884클럽, 지게클럽이 창립되었고, 대화공단 노동자들을 중심으로 노동자 클럽도 창립하였다.

그 후 나는 성남 YMCA 시민중계실을 개설하고 내가 직접 상담 간사를 맡았다. 당시만 해도 성남시에는 시민들이 소비자피해, 부당노동행위, 부동산 사기 등 피해를 봐도 마땅히 도와주는 단체나 기관이 없었다. 그러던 차에 YMCA 시민중계실이 개설되니까 소비자피해 고발, 부당노동행위(부당해고, 임금 체납, 노동조합 활동 방해, 사업장 폭력 등)

성남 YMCA 노동자 클럽, 청년클럽 회원들

를 당한 노동자들의 상담이 들어오기 시작했다. 대기업 제품에 대한 소비자들의 피해는 각 기업에 소비자피해 상담실이 있어 오히려 쉽게 해결이 잘되는 데 반해 작은 기업이나 난장에서 사들인 소비재들은 해결하기가 어려웠다. 부당노동행위 고발 건은 다행히 노동부 성남시 소장이 많이 해결해 주었다. 그러나 첨예한 노사분쟁은 성남지역 교계와 시민단체들과 연합해서 싸워야 하였기에 좀 힘든 고발 건들이었다. 어려운 노동문제 상담이 들어오면 항상 황영한(노동상담소장) 선배에게 전화를 걸어 물어보았다.

성남 YMCA 시민중계실에 가장 많이 찾아오는 사람들은 중소기업 노동자들이었다. 고발 내용은 주로 임금 체불, 강제해고, 부당노동행위, 노동조합 방해, 사용자들의 폭력 · 폭언 등이었다. 어지간한 사안들은 성남시 노동부 사무소에 의뢰해서 해결했다. 사실 노동문제를 해결해야 할 국가 기관은 노동부였는데 노동부가 그 일을 잘하지 못했고, 노동자들도 노동부를 신뢰하지 못했다. 그런데 제일 어려운 건은 부당해고와 사용자 폭력이었다. 우선은 노동부 사무소에 고발 접수하지만 그래도 해결이 안 될 때는 나는 성남시 민중교회 목회자, 천주교 신부님들과 함께 회사 정문 앞에 가서 시위를 하기도 하였다. 소위 그렇게 출근 투쟁을 통해 부당노동행위를 해결해 준 적이 종종 있었다.

그 외에 성남 YMCA가 새로 개설한 사업은 아기 스포츠단, 어린이 합창단, 에어로빅 교실 등이었다. 그리고 어린이 합창단, 고교-Y 클럽을 조직하였다. 고교-Y 클럽 청소년들은 매년 말 성남시민회관을 대여하여 아주 큰 문화 잔치를 개최했다. 그 당시 가난한 성남 Y 형편으로 예산지원도 변변히 해주지 못했지만, 시민회관 1,000여 석을 꽉 채울 정도로 청소년문화잔치는 늘 성황을 이루었다.

## 남영동 대공분실 형사들이 성남 YMCA 사무실에 들이닥치다

1984년 어느 날 남영동 대공분실에서 나왔다며 형사 3명이 내 사무실에 들이닥쳤다. 그들은 내 허락도 없이 내 책상의 서류를 집어 살펴보았다. 나는 너무 화가 나서 '당신들 누구야 깡패들이야!'라고 소리치면서 사무실에서 당장 나가라고 호통을 쳤다. 그러니까 그들도 주춤하며 공손하게 자초지종을 얘기했다. 그들은 지금 노동야학 교사들을 수사하는 중이고 교사 중 한 명이 성남 YMCA 이용원 간사라고 하면서 이 간사를 데리러 왔다고 하였다. 나는 좀 허풍이 있는 말투로 '당신들, YMCA는 세계적인 조직이야. YMCA 간사를 영장 없이 함부로 체포하면 한국 YMCA와 세계 YMCA가 들고 일어날 것이다'라고 큰소리로 엄포를 놓았다. 당시는 무시무시한 전두환 군부정권 시절이었고, 남영동 대공분실은 정통성 없는 군부정권을 지키기 위한 특수한 수사 기관이었다. 그러니 나도 용기를 내어 큰소리로 그들을 윽박지를 수밖에 없었다. 그랬더니 그들도 주춤하면서 하루만 조사하고 돌려보내겠다고 나에게 약속하였다. 나는 할 수 없이 이용원 간사의 임의동행을 받아들일 수밖에 없었다. 사실은 내 허락 따위는 그들에게 아무 소용이 없었다. 다행히 이용원 간사는 며칠 후 무사히 돌아왔다. 남영동 대공분실은 1986년 바로 박종철 열사를 물고문해서 돌아가시게 한 바로 그곳이다.

## 성남지역사회연구회(시민단체 연합)를 창립하다

내가 성남 YMCA에서 일한 경험 중에 빼놓을 수 없는 일은 '성남지역사회연구회'를 창립하여 활동하던 일이다. 당시 성남시 주민교회 이해학 목사님, 신구전문대학교 김준기 교수님, 분도수녀원의 소피아 수녀님을 지역사회 어른으로 모시고, 중간 집단으로는 나, 주민교회 이춘섭 전도사, 분도수녀회 정인숙 선생, 이상락(나중에 국회의원), 하동근 그리고 성남동 천주교회 이충렬 신부, 수진동 천주교회 신부님이 중심이 되어 우리는 거의 매주 모여 성남지역 민주화운동, 노동운동, 빈민운동의 현안들을 논의하면서, 기층 민중들의 삶에 관련된 지역 운동을 주도했다.

그러다 보니 3 · 1절 기념행사, 4 · 19혁명 기념일, 8 · 15행사 등 민중운동 관련 기념일이 다가오면 우리는 당국 몰래 기념행사를 준비했고, 각종 정보기관(성남경찰서 정보과, 보안대 성남분소, 중앙정보부 성남시 주재자 등) 요원들은 우리 개인 집 앞에 와서 감시하는 일이 계속되었다. 지금 생각하면 거의 숨바꼭질하듯 했다.

당시 성남시 상대원에는 분도수녀회 소피아 수녀님이 설립한 분도수녀원이 있었다. 소피아 수녀님은 여기서 여러 가지 복지사업을 하고 있었고 특별히 수도권 노동운동 지도자 육성 과정을 진행했다. 나는 이 과정에서 민중 조직론(알렌스키 저)을 교재로 강의했다. 그때 강사로 같이했던 사람 중에 김문수(국회의원, 경기 도지사, 21대 국민의 힘 대통령 후보)도 있었다. 우리 둘은 강의를 마치고 작은 방에서 가끔 시국 토론을 했다. 그때 나는, 노동자의 권리는 결국 노동조합운동을 통해 노동자들 스스로 투쟁해야 보장될 수 있다고 하였다. 그러면 김문수는 아니다, 노동운동보다 정치투쟁이 먼저고, 노동자의 권리는 정치투쟁을 통해서만 확보된다고 했다. 그 당시에도 김문수는 매우 선동적인 강의를 하였기에 나는 그때부터 '김문수는 정치적 야망이 있는 것 같다'라는 이야기를 내 아내 장현자와 나누었던 기억이 있다.

## 우리 부부가 빨갱이 부부가 되다

1986년 초 나는 성남 YMCA에서 여러 가지로 힘든 일들을 겪는다. 우선은 지역 사정기관장(성남시장, 경찰서장, 지역보안대장, 중앙정보부 요원, 노동부 세종시 사무소장 등)들의 압력이었다. 당시 독실한 기독교인이었고, 내가 인간적으로 만났던 성남시 노동부 사무소장이 내게 전한 말에 의하면 그들은 매주 모여 시국 대책 회의를 하는데 한 번도 내 이야기(요주의 인물)가 빠진 적이 없었다고 한다. 그런 압력이 평범한 사업가였던 성남 YMCA 이사들에게는 큰 위협이었다. 그래서 나는 이사님들과 조금 불편한 관계가 될 수밖에 없었다.

당시 법무사 일을 하는 한 이사님은 성남 YMCA 이사회의 도중 '단대동 주공 아파트에는 빨갱이 부부가 사는데 그들이 그 아파트에서 큰 사달을 일으키고 있다'라고 말했다. 당시 내 아내 장현자는 바로 그 아파트 부녀회장이었고 아파트에 사는 몇 명의 보수적인 주부들과 다툼이 있을 때였다. 그런데 그 말을 하는 이사는 그 부부가 바로 옆에 앉아 있는 성남 YMCA 총무(나) 부부라는 것을 모르고 있었다. 졸지에 우리 부부는 빨갱이 부부가 되었다. 겉으로는 모르는 척했지만, 속으로는 참 어이가 없었다.

다른 하나는 성남 YMCA 운영의 어려움과 그로 인해 직원들의 월급을 제때 챙겨 주지 못한 나에 대한 직원들의 불만이었다. 어려운 시기 우리 성남 YMCA 직원(대개 학생운동권 출신 대학교에서 제적당한 학생들)들의 생활도 매우 어려웠다. 결국 내가 책임을 질 수밖에 없었고, 나는 그해 초 성남 YMCA 총무직을 사직하였다.

그래도 나는 성남 YMCA에서 일하는 동안, 아라, 에와 예쁜 두 딸을 낳았고, 내 아내도 분도수녀원에서 어린이집 교사, 학부모 상담교사를 하면서 많은 성과와 보람을 느꼈던 소중한 시간이었다.

## 9. 미8군 대전이전 반대운동으로 대전YMCA일을 시작하다

1986년 중반 한국 YMCA 연맹은 나에게 대전 YMCA 간사직을 제안하였다. 나는 며칠 생각 끝에 가겠다고 하고 6월에 대전 YMCA 사회부장직을 맡아 대전 YMCA 일을 시작하였다.

1947년 창립된 대전 YMCA는 당시 대전역에서 한 500m 떨어진 골목길에 연건평 600평쯤 되는 10층 건물을 소유하고 있었다. 대전 YMCA는 자기 건물을 갖고는 있었지만 6층 건물 중 3층 100평만을 사용하고 있었고, 나머지 공간은 임대하고 있었다. 3층에는 총무실, 사무실, 회의실, 그리고 강당 겸 유치원(20명), 아기 스포츠단(30명) 교실이 있었다. 직원은 문영준 총무님과 나, 문철봉 간사, 그리고 유치원, 아기 스포츠단 교사 2명, 총무 직원 1명, 건물관리인 1명이었다.

당시 대전 YMCA는 연중 간헐적으로 하는 어린이 캠프 사업과 취미 강좌 한두 개 정도였고, 유치원, 아기 스포츠단은 그 자체 운영하기도 벅찼다. 그래서 간신히 임대료로 운영하는 아주 열악한 재정 상태였다.

## 대전 YMCA 아기 스포츠단을 확장하다

나는 대전 YMCA에서 일을 시작하면서 두 가지 사업을 새로 시작하였다. 하나는 명분 있는 사업으로 대전 YMCA 시민중계실을 개설하는 일이고, 다른 하나는 운영과 회원확보를 위해 아기 스포츠단을 확장하는 사업이었다.

그 당시 대전시에는 배재대학교에 4년제 유아교육학과가 있었다. 문영준 총무님과 상의하고 86년 말 박미애, 김미숙, 김미애, 염혜경 등 배재대학교 유아교육학과를 졸업한 우수한 4명의 신임 교사를 동시에 채용하였다. 당시만 해도 대부분 유치원은 2년제 보육학과를 졸업한 교사가 일할 때였다. 나는 그들과 대전 YMCA 아기 스포츠단 교육목표와 연간 교육계획안을 만들고 그 계획안을 기본으로 모집 홍보지를 만들었다. 그리고 우리 교사들과 봉고차로 대전시 전 주거지역-주로 아파트 단지-을 돌면서 홍보지를 돌리기 시작하였다.

그 결과 약 120명의 어린이가 모집되었고 대전 YMCA 아기 스포츠단은 단박에 대전시에서 유명한 유아 교육기관으로 떠올랐다. 당시 아기 스포츠단 학부모들의 직업 분포를 보면 절반 정도의 학부모들이 대덕연구단지 연구원들이거나 대전지역 대학교수들이었다. 그 후로도 대전 YMCA 아기 스포츠단은 학부모들에게 좋은 유아 교육기관으로 인정받았고 1996년에는 어린이가 400명으로 늘어났다. 아기 스포츠단 학부모들은 거의 대전지역 중산층들이라 교육비도 꽤 받았고, 학부모들은 거의 의무적으로 대전 YMCA 회원 가입을 하였기에 대전 YMCA 재정 규모도 많이 늘어났고, 동시에 YMCA 회원 수도 많이 늘어났다. 그리고 그 이듬해 나는 문영준 총무님의 사임으로 대전 YMCA 총무직을 맡았다.

## 일본 YMCA AOS 연수회에 참여하다

내가 대전 YMCA에서 일하는 동안 한국 YMCA 간사회(AOS) 총무 일을 했었다. 당시는 한국 YMCA 간사회와 일본 YMCA 간사회 간에 교류가 활발했다. 양국 YMCA 간사회는 연중 간사회 수련회를 할 때 서로 초청하는 교류사업을 했다. 나는 한국 YMCA 간사회 김영호 회장과 함께 일본 YMCA 간사회 수련회에 참가했다. 수련회는 후지산 부근에 있는 YMCA 연수원에서 열렸고, 수련회가 끝난 후 일본 YMCA는 우리를 일본에 있는 여러 도시 YMCA로 초청하는 여행을 주선해 주었다. 그때 우리는 동경에서 오사카, 요코하마, 히로시마, 후쿠야마 등의 YMCA를 방문하였다. 각 지역 YMCA 총무(일본은 총간사)들은 우리를 반갑게 맞아주었고 YMCA 시설뿐만 아니라 지역에 있는 중요한 문화 유적지들을 보여주었다. 1990년대까지 일본과 우리의 경제 규모, 1인당 국민소득은 큰 차이가 있었기에 일본의 경제 규모와 각종 시설,

신칸센 철도의 속도(약 시속 200km) 등이 무척 새롭고 부러웠다.

일본을 방문하는 동안 나에게 큰 자극을 주었던 두 가지는 YMCA마다, 공공 기관마다 개인용 컴퓨터를 사용하고 있었다. 그때까지 한국에서는 수동 타자기나 전동 타자기를 사용하고 있었다. 또 하나 신선한 충격은 어느 기관, 어느 YMCA를 가나 사무실에 '국제사업부'라는 부서 간판이 눈에 띄었다. 당시 일본은 선진국답게 국제사회에 눈을 돌리고 있었다.

## 대전 YMCA에 국제사업부를 설치하다

일본에 다녀온 나는 대전 YMCA에 당장 컴퓨터(당시 하드 40메가 용량)를 사들였고, 영어를 잘하는 최영미 선생을 채용해서 대전 YMCA에 국제사업부를 설치했다. 그 후 대전 YMCA는 고베 YMCA와 자매결연을 하였고, 대전 YMCA 청소년들을 대상으로 일본 Y, 호주 Y와 소통해서 국제캠프를 진행했다. 그리고 대전 YMCA 어머니회와 일본 동경도 한 마을에서 활동하는 다도회와 자매결연을 하고 매년 한 번씩 서로 교류하는 국제사업들을 하기 시작했다. 80년대 후반까지는 한국 YMCA전국연맹 차원에서 국제회의에 참여하는 정도였고, 서울, 대구 · 광주, 부산 YMCA 정도만 가끔 국제 교류사업을 하고 있었지, 나머지 지방 YMCA들은 국제협력사업을 하지 못했다.

## 대전 YMCA 시민중계실을 개설하다

대전 YMCA는 1986년 9월 13일 시민중계실을 개설하였다. 대전 YMCA 시민중계실에 들어오는 상담 내용은 부조리 고발, 소비자 문제, 법률상담, 부동산 문제, 가족 갈등, 노동문제 등등이었다. 1986년 8월부터 1993년까지 7년 동안 대전 YMCA 시민중계실 상담 건수는 총 3,001건이었고 그중 가장 많은 상담은 소비자 고발이었다. 그 당시 임상순, 한헌규, 김태범 등의 지역 변호사들이 시민중계실 자문 변호사로 큰 도움을 주었다. 세 분의 변호사들은 그 후 대전 YMCA 이사로 봉사하였고 지금까지도 인연을 이어 오고 있다.

## 대전 YMCA가 미8군 대전 이전 반대 운동에 나서다

내가 대전 YMCA 총무로 근무하던 1980년대 말 한국 정부와 주한미군은 한남동에 있던 미8군 사령부를 대전시 유성구 자운동으로 이전하려는 계획을 진행하고 있었다. 때마침 대전일보사는 미8군 대전 이전에 대한 대전시민 여론조사를 했는데 대전시민 80%가 반대한다고 발표하였다. 나는 대전시민 80%가 반대한다면 시민단체가 나서야 한다고 생각하고 대전 YMCA 이사회에 '미8군 대전 이전 반대 운동 계획'을 올렸고 몇 분의 반대는 있었으나 다수결로 이 운동을 추진하자고 결의했다.

곧바로 대전에 있는 몇 시민단체, 대전지역 대학교 총학생회, 민주화교수협의회, 민주노동조합(대덕연구단지 노동조합 등), 대전 민주화운동청년회 등이 결합해 '미8군 대전 이전 반대 대전시민 공동대책위원회'를 구성하고 내가 집행위원장을 맡아 이 운동을 강력히 추진했다.

우리는 이 운동을 대전시민의 전적인 호응 속에 성명서 발표, 거리시위 등 거세게 전개하였고, 전 세계 언론사에 영문으로 된 보도 자료를 전송하였다. 결국 미8군 대전 이전 계획은 폐지되었고 대전시민은 승리하였다.

이 운동은 승리하였으나 이를 계기로 나는 보수적인 성향의 대전 YMCA 이사들에게 운동권 총무로 낙인이 찍혔고, 1996년 대전 YMCA를 떠날 때까지 나를 힘들게 하였다.

### 미8군 기지 이전에 대한 결의문

우리 대전시민은 여러 차례에 걸쳐 미8군의 대전 근교 이전을 반대하고 있음을 표명하였고, 신문 잡지에서도 여론조사를 통해 시민의 85% 이상이 미군의 이전을 반대한다는 사실을 밝힌 바 있다. 그러나 정부 당국은 이러한 주민들의 건의를 묵살하고 자진하여 미군의 이전 장소로 대전 근교를 추천하고 2조 원이 넘는 이전 비용을 전적으로 우리가 부담하겠다고 했다는 것이다.

이 얼마나 비민주적이고 종속적인 결정인가! 미국에서는 자국 내에 군사기지를 둘 때도 반드시 지역주민의 의사를 반영하는 과정이 있어야 한다고 법적으로 규정되어 있는데, 그 미군이 한국에서는 자기 좋을 대로 행동해도 된다면 한국은 미국의 연병장이란 말인가!

주한미군은 이미 그 주둔 지역에서 주민들에게 큰 손해를 끼쳐 왔으며, 불평등한 한미관계로 인해 쉽사리 수많은 범죄를 저질렀다. 미군은 해방 후 10만여 명의 한국인에 대해 범죄를 저질렀고 최근 20년간 100여 명의 한국 여인을 강간·윤간하는 만행을 저질러 왔다.

그러나 불평등한 주한미군지위협정으로 인해 미군 범죄자는 대부분 처벌받지 않았으며, 이러한 상황이 저들의 범죄를 더욱 조장했었다.

더욱이 주한미군은 핵무장 부대이며 한미연합사령부와 함께해 전쟁 지휘 본부로서, 대전 근교에 이러한 살인적 핵무기가 존재한다는 것은 지역주민의 생존을 전적으로 위협하는 것으로 절대로 용납할 수 없는 일이다. 요즘 심각한 사회문제로 퍼져 가고 있는 마약 복용과 일반인에게도 수혈이나 영양제를 통해 감염되는 에이즈 문제는 미군과 깊은 관계가 있는 것으로 우리는 미8군이 대전 근교로 이전하는 일을 절대로 용납할 수 없다.

이에 오늘 시민 규탄대회에 모인 우리는 미8군의 대전 근교 이전은 주민의 의사와 전혀 무관한 것임을 밝히면서 모든 시민 및 근교 주민과 함께 미8군의 대전 근교 이전을 저지하기 위해 모든 노력을 다 기울일 것을 결의하고 선언하는 바이다.

1. 대전시민 단결하여 미8군 대전 근교 이전을 저지하자!
1. 핵 군단, 에이즈 군단, 미8군 대전 근교 이전을 저지하자!
1. 안돼, 안돼 미8군 대전 근교 이건 절대 반대

1990. 2. 17.

**미8군 대전 이전 저지 시민공동대책위원회**

## 한국 YMCA 최초로 환경운동을 시작하다

대전 YMCA는 한국 YMCA 중 맨 먼저 환경운동을 시작했다. 1986년 공해 문제 연구소(후에 환경운동연합) 최열 선생을 초청하여 '공해 문제에 대한 올바른 인식'이란 주제로 시민강좌를 한 것을 시작으로 대전 공단 공해피해 조사 사업, 시민 알뜰시장 개장, 지구의 날 행사 등을 진행하였다. 1990년에는 대전 YMCA · 대전MBC 공동주최로 '대청호 수질오염 문제와 대책에 관한 공청회 개최' '낙동강 페놀 오염 사태 진상 보고회', '자원 절감과 재활용 운동' 등의 사업을 진행했다. 1991년 6월에는 '금강 제2 휴게소 건설반대 운동'을 계기로 대전지역 시민사회 단체들을 결합해 '환경보전 대전시민 연합'이란 연대 조직을 창립했다.

## 리우 환경과 개발회의 직후 '지방의제 21' 사업을 추진하다

UN은 1992년 6월 3일부터 14일까지 브라질 리우에서 'UN 환경 및 개발에 관한 회의(United Nations Environment and Development, UNCED)를 열었다. 이 회의는 185개국 정부대표단과 114개국 정상이 참석하는 UN 역사상 가장 규모가 큰 국제회의였다. 한국도 정부대표단과 민간 환경단체 대표단이 참석했다.

당시 나는 민간 환경단체 리우회의 참가단으로 위촉되어 준비 회의부터 참석하였다. 그러나 나는 사정이 생겨 그 회의에 직접 참석은 못했다. 그러나 한국 YMCA 연맹 김성수 간사, 환경운동연합 최열 대표 등 다수의 민간단체 대표가 참석하였다. 리우회의 이후 한국 정부는 정부대로 시민단체는 시민단체대로 리우회의 보고서를 발간하였다. 민간단체에서는 한국 YMCA전국연맹이 '리우회의 보고서'를 발간했다. 리우회의에 참석하지 못한 나는 이 보고서를 통해 리우회의에서 UN은 "리우 환경 선언서"와 "기후협약" "생물다양성협약" "삼림 보전의 원칙" 그리고 21세기 지구환경 보전을 위한 "리우 의제 21"을 채택한 사실을 공부하였다.

리우회의의 의미는 그때까지 지구환경문제에 무관심하던 국제사회에 지구환경문제의 중요성을 일깨우는 큰 계기가 되었다는 점이다. 당시 한국 정부는 경제기획원에 환경(환경부는 없었음)과 정도를 두고 있었고, 리우회의에 참석하는 한국 정부 관련 부서도 경제기획원

'지구환경 기획단'이었다. 심지어 한국 정부는 그때까지 환경운동을 하는 단체나 개인은 반정부 인사로 취급하고 있었다. 그러나 리우회의를 계기로 한국 정부나 시민사회도 지구환경문제가 국제사회의 제일 중요한 의제(Agenda)라는 것을 깨달았다.

리우회의 직후 대전 YMCA는 1992년 7월 8일 경제기획원 지구 환경기획단장을 초청하여 'UN 환경과 개발 회의와 한국 경제'라는 주제로 대전지역 시민단체들을 초청해서 세미나를 개최하였다. 아마도 리우회의와 관련된 전국 최초의 지구환경문제 세미나였을 것이다. 그 후 나는 '대전 의제 21' 작성을 대전시에 제안하였고, 대전 YMCA 사업 항목에 환경교육, 환경운동을 최우선으로 선정하였다. 그 후 우리는 '대전 YMCA 환경 문제연구회'를 조직하고 전국 최초로 유치원 교사를 위한 '유아 환경교육 교재'를 편찬하여 전국에 보급하였다. 이 유아 환경교육 교재는 유치원 교사들에게 인기 있는 자료집이었고 전국에 많은 교사가 이 책의 구매를 요청해 왔다. 우리는 비매품인 이 교재를 요청하는 교사들에게 우편으로 배송해 주었다.

## 대전 YMCA는 금강 살리기 시민운동을 전개하다

또 그해 10월에는 '금강수계 보전을 위한 4개 시도 민간단체 협의회'를 창립하고 금강 보호 운동을 광역 차원에서 전개하였다. 그리고 대전 YMCA는 '쓰레기 줄이기 시민 한마음 운동 실천 지침'을 만들어 시민들에게 배포하는 일과 '재활용품 전시회(대전시청과 공동으로)'를 하였다. 이 재활용품 전시회는 모든 언론에서 주목받았고 전국 시 · 도 담당 공무원들이 견학을 오기도 했다.

1995년 말 나는 대전 YMCA 몇 이사들과 갈등을 겪는다. 대전지역 시민사회 · 교계 인사 몇 명과도 갈등을 겪게 된다. 표면적인 갈등의 원인은 YMCA 운영상 문제였지만 사실 속내는 YMCA 내에서도, 대전지역사회에서도 시민운동의 주도권 갈등이었고 나는 대전지역 출신이 아니었기에 때문에 일종의 희생양이 되었다.

지금 생각하면 민 · 형사상이나 대전 YMCA 규범상으로는 나는 아무런 책잡힐 일이 없음에도 불구하고 나를 향한 비난이 날로 심해져 갔다. 큰 틀에서 보면 나의 부덕이었던 것 같다. 조금 더 겸손하고, 조금 더 나를 낮추지 못한 게 화근이었다. 나는 더 이상 갈등을 겪으면 양쪽 다 득이 안 된다고 판단하고, 그동안 갈등 관계에 놓였던 YMCA 내외 지역 인사들과 화해를 하였다. 그러고 나서 대전 YMCA 총무직을 사임하였다. 당시 대전 YMCA 직원들은 조금 아쉬워했지만, 나는 퇴임식을 끝으로 잘 마무리하고 대전 YMCA를 떠났다. 나는 지금도 그 시절 나와 함께 대전 YMCA에서 일하던 박정현 간사(현재는 국회의원), 박미애, 김미숙, 김미애 등 직원들을 가끔 만나서 옛날이야기를 나누며 다정하게 지낸다.

## 10. 광명YMCA 회원들과 IMF 실업자 구제에 나서다

1995년에 나는 대전 YMCA 총무직을 사임하고 광명 YMCA 총무 일을 시작한다. 광명 YMCA는 1994년 8월에 개소하고 이미 이영희 간사 등 직원들을 채용해서 사업을 하고 있었다. 중요사업으로는 생활협동조합 운동과 아기 스포츠단 사업이었다. 아기 스포츠단은 이미 2개 반 정도가 모집되어 운영하고 있었기에 직원 수도 5명 정도 되었다. 나는 부임해서 기존사업들을 조금씩 발전시키는 일과 광명 YMCA를 한국 YMCA전국연맹의 창립 기준에 맞추어 창립총회를 하는 일이었다.

광명 YMCA는 1999년 4월 창립총회를 개최하고 등록 YMCA(한국 YMCA전국연맹에 정식으로 가입)가 되었다. 광명 YMCA는 1997년 2월에 광명시 '청소년 상담실'을 위탁받아 운영하였다. 그리고 아기 스포츠단, 어린이클럽, '좋은 아버지 모임' 등의 사업을 추진하였다. 아버지 모임은 광명시 학부모를 대상으로 '촌지 없애기 운동' 등을 전개하였다.

## '광명 의제 21' 사업을 추진하다

1997년 어느 날 당시 전재희 광명시장이 면담을 요청해 왔다. 나는 시장실을 방문해서 이런저런 덕담을 나누었는데 그때 나는 1992년 리우환경회의 결과를 이야기해 주면서 지금 환경부 주도로 전국 시 · 도, 시 · 군 · 구에 '의제 21' 추진위원회가 구성되고 있으니, 광명시도 민, 관, 정으로 구성하는 '광명시 의제 21 추진위원회'를 구성하여 광명시를 환경도시, 생태도시로 만들어 가자고 제안했다. 전재희 시장은 곧바로 환경과에 지시하여 내 제안을 추진하였고 나는 '푸른 광명 21 추진위원회' 위원장을 맡아 일했다. 그때 '푸른 광명 21 추진위원회' 실무자는 제진수 군이었다. 제진수는 일본 요코하마 시립대학에서 환경 관련 공부를 하고 돌아와 민간연구소 연구원으로 일하고 있었는데 내 제안을 선뜻 받아들여 '푸른 광명 21 추진위원회' 사무국장 일을 맡아 주었다. 나중에 그는 노무현 대통령 시절 청와대 염태영 환경정책 담당 비서관실 행정관으로서 국가 환경정책에도 이바지하게 된다.

## '푸른 경기 21 추진위원회' 위원장을 맡다

나는 얼마 후 경기도 '푸른 경기 21 추진위원회' 위원장을 맡아 염태영 사무국장과 함께 경기도 환경정책에 참여하게 되고 경기도 내 시 · 군 · 구 의제 21 추진사업도 광범위하게 추진하였다. 당시는 김대중 대통령 시절이었고 임창렬 도지사도 환경정책에 많은 관심이 있어서 경기도 환경단체 · 시민사회단체들이 모여 민 · 관 공동 수련회를 하는 등 활발한 활동들을 하였다. 그리고 이런 활동을 배경으로 나는 경기도 시민사회단체 연대회의 대표도 맡게 된다.

그때 함께 일하던 '푸른 경기 21' 염태영 사무국장은 그 후 수원시장을 거쳐 지금은 국회의원으로 일하고 있고. 그때 함께 일하던 시민사회 활동가 중 몇 명은 국회의원(이기우)이 되거나 경기도 내 기초지방단체장, 의회 의원이 되었다.

## IMF 금융위기 시 광명시와 실직자 구직사업을 하다

내가 광명 YMCA에서 일하던 1997년 우리나라 외환위기(IMF 사태)가 터진다. 당시는 김영삼 대통령 시절이었는데 기업들의 무분별한 과잉투자와 이를 조정하지 못한 무능한 정부가 IMF 외환위기를 초래했다. 당시 한국 정부는 외환위기가 터지자, 국제통화기금(IMF)에 한국 경제 운영을 전적으로 위탁하였고 그 결과 기업의 무더기 부도, 금리 폭등,

실업자 급증 등 그야말로 한국 경제는 초토화되었다. 모든 자영업자가 문을 닫았고 실직한 가장들은 졸지에 거리에 노숙자가 되었다.

그런 상황이 도래하자 한국 YMCA도 함께 어려움에 부닥치게 된다. 한국 YMCA 지역 YMCA 총무들이 모여 대책 회의를 열었다. YMCA 총무 회의를 할 때는 항상 개회 예배를 드린다. 그날 개회 예배 설교는 대구 YMCA 전호영 총무님이 하셨다. 전호영 총무님은 설교 말씀에서 '우리가 어려울 때, 그 어려움을 가장 잘 극복할 수 있는 길은 우리보다 더 어려운 이웃들을 돌보는 일입니다'라고 말씀하셨다. 나는 그 말씀에 큰 깨달음을 얻었다.

마침 1998년에는 지방선거가 있었고 광명 YMCA 회원인 백재현 씨가 광명시장으로 당선되었다. 백재현 시장은 나에게 광명시 한가운데 조그만 숲속에 있는 시장 관사를 자기는 사용하지 않으니까, YMCA가 맡아 실업자 구제 사업을 하는 데 써 주었으면 좋겠다고 제안하였다. 나는 선뜻 그렇게 하겠다고 하였다. 백 시장은 관사의 기본 관리는 시에서 하겠으나 광명시 형편상 사업비는 지원하기 어렵다고 하였다. 그래도 나는 그 일을 하겠다고 하였다. 전호영 총무님의 설교가 생각났기 때문이다.

광명시장 관사는 한 500평쯤 되는 땅에 평면이 50평쯤 되는 이층집이었다. 광명 YMCA는 곧바로 "광명시 실직자를 위한 '내일의 집'"이라는 간판을 걸고 후원금 모금과 자원봉사자들을 모집하였다. 그리고 파트타임 직원 한 명도 채용하였다. 우리는 노숙자들과 구직자들을 대상으로 커피, 라면 등 간단한 간식 제공과 직장 알선 사업을 시작하였다. 나는 매일 그곳으로 출근하다시피 했다. 헌신적인 자원봉사자들의 노력 덕분에 우리는 약 1년 동안 1,000여 명의 실직자들을 광명시, 안산, 시흥공단 등에 있는 중소기업에 재취업시켜 주는 성과를 냈다. 그때 20여 명의 자원봉사자는 아무 대가 없이 매일 출근하여 실직자들을 면담하였고, 온종일 각 사업체에 전화해서 구직정보를 파악하여 취업등록자들과 연결해 주었다.

지금 생각해 보아도 그때 우리는 우리보다 더 어려운 이웃들을 돌보면서 그 어려운 IMF 외환위기를 잘 극복해 냈던 것 같다. 그 일이야말로 하나님의 은총이었다.

## 11. 안양YMCA와 지속가능한 경기도 만들기에 참여하다

### 한국 최초의 여성 YMCA 총무 이영이 간사

2000년 나는 안양 YMCA 이재억 총무에게서 광명 YMCA는 이제 정상적으로 잘 운영되고 있으니 안양 YMCA 총무 일을 맡아 해보면 어떻겠느냐는 제안을 받았다. 그는 개인 사정으로 미국으로 이민을 가야 한다고 하였다. 나는 며칠 고민을 해보았다. 그 당시 내 생각은 내가 막 50대가 되었고 내 호봉이나 월급을 작은 규모의 광명 YMCA에서 받는 게 조금 부담스러웠다. 그리고 광명 YMCA는 이영희 간사가 총무 일을 해도 잘할 수 있을 거라는 믿음도 있었다. 그리고 광명시나 안양시는 같은 경기도 내 YMCA이니 내가 경기도 내에서 활동하던 일을 계속할 수 있다는 생각도 하였다. 그래서 나는 한국 YMCA 최초로 이영희 여성

간사를 광명 YMCA 총무로 추대하고, 2000년 초 안양 YMCA 총무로 자리를 옮겼다.

## 안양천 살리기 운동을 하다

안양 YMCA는 안양 시내에 상가건물 400평을 구입해 사용하고 있었고, 아기 스포츠단도 8개 반을 모집해서 운영하고 있었다. 그리고 군포시에 가야사회복지관과 안양 시내에 안양시립 어린이집 1개를 위탁 운영하고 있었다. 그러니 직원 수만도 한 30여 명이 되는 꽤 규모 있는 YMCA였다. 전임 총무였던 이재억 총무가 운영을 잘하던 곳이어서 당장 재정적인 어려움은 없었다. 다만 전임 총무 시절 어린이 캠프 중 발생한 사고로 어린이 한 명이 뇌를 다쳐서 학부모와 민사 소송에 걸려 있는 게 큰 부담이었다.

안양 YMCA는 2000년 9월부터 안양천 살리기 운동을 개시했다. 안양천은 안양 신도심을 흘러가는 도심하천이었다. 그 시기 전국적으로 도심하천 살리기 운동이 환경운동의 중요사업 항목으로 떠오르고 있었다. YMCA 안양천 살리기 운동은 안양시 중요 정책으로 채택되었고 언론에 보도되면서 전국적인 하천 살리기 모범사례가 되었다.

## 대안학교 벼리 학교를 설립하다

2002년 3월에는 대안학교 벼리 학교를 개설했다. 당시 제도교육에 실망한 의식 있는 학부모들과 안양 YMCA 실무자들은 여러 차례의 연구모임과 준비모임을 하고 나서 대안학교 벼리 학교를 설립하고 학부모와 교사들이 공동으로 운영하였다. 이런 바람은 한국 YMCA 중등교육자협의회의 '참교육 운동'과도 그 철학이 닿아 있었다. 그러나 당시 학부모로서는 자기 자녀를 제도교육(초등학교)에 보내지 않고 대안학교 벼리 학교에 보낸다는 것은 대단한 용기와 결단이 필요했다.

## I · TV 시사토론회 '경인 포커스'를 진행하다

나는 안양 YMCA 총무 임기 동안 '경기 의제 21' 추진위원장 일을 열심히 했다. 그리고 주 1회 인천 I-TV 시사토론회 '경인 포커스'를 진행하기도 하였다. 경인 포커스는 경기도 지사, 인천시장, 수원시장 등 경인 지역 내 주요 지방자치단체장 초청 토론회를 진행하였고, 경기도 내 주요 쟁점과 의제들(갯벌 살리기 등)을 주요 주제로 다루었다. 매주 나가는 TV 토론회다 보니 나는 경기도 내에서 조금 유명해졌고, 토론을 진행하면서 많은 공부도 하였다. 그리고 신중대 안양시장은 내가 진행하는 시사포커스에 주 출연자로 한 번 출연하고 나서 안양 YMCA 사업을 보다 믿고 잘 지원해 주었다.

## 내 고향 영월에 동강댐 반대 운동에 참여하다

1990년대 건설부는 영월 동강을 막아 댐을 만들고 거기서 생산되는 전기와 물을 수도권으로 공급할 계획을 세우고 댐 건설을 추진하고 있었다. 이에 반대하는 동강댐백지화투쟁위원회, 한국 YMCA, 환경운동연합 등 전국의 환경 시민단체는 '동강댐 반대시민대책위원회'를 결성하고 거센 반대 운동을 전개했다. 나는 '한국 YMCA 환경위원회' 간사

정선 조양강 변에서 '동강 살리기 범국민 한마당' 행사

자격으로 대책위원회에 참가하였는데 환경운동연합 최열 대표가 김준식 대표가 고향이 영월이니 동강댐반대시민대책위원회 대표를 하라고 권하였고 나는 그렇게 하겠다고 하였다.

대책위원회는 보도 자료 배포, 각종 언론사 인터뷰, 동강 변과 서울에서 시위 등 모든 시민운동 방법을 총동원해 거세게 동강댐 건설을 반대했다. 그리고 1999년 5월 15일 정선 조양강 둔치에서 전국의 환경 시민단체 회원 8,000여 명이 운집한 가운데 '동강 살리기 범국민 한마당'이란 큰 문화제를 개최하였다. 당시 이 운동 실무는 엄삼용 동강지기, 최재성 PD가 맡아 주었다. 엄삼용 동강지기는 2025년 현재도 영월에 살면서 '동강 보존본부' 대표를 맡아 일하고 있다.

당시 이 행사에 참여한 단체는 동강댐백지화 3개 군(영월, 정선, 평창) 투쟁위원회 / 녹색연합 / 우이령 보존회 / 한국 YMCA전국연맹 / 천주교원주교구 정의 평화위원회 / 동강 자연 보전연구포럼 / 환경운동연합 / 자연의 친구들 / 밀물무용단 / 수원 환경운동센터 /한국동굴환경학회 / 풀꽃세상을 위한 모임 / 농심마니 등이었다.

동강의 비경 '어라연'

당시 김대중 대통령은 마침내 동강댐 건설에 반대 의사를 표명했고, 정부는 2000년 6월 5일 '세계환경의 날'에 동강댐 건설계획을 백지화한다고 공식 발표했다.

동강은 강원도 정선군 정선읍 가수리에서 영월군 영월읍 합수머리까지 52㎞의 협곡을 따라 흐르는 사행천(蛇行川, meander)이다. 천연기념물 10종을 포함해 1,840종의 동물과 956종의 식물이 자생 중인 동강 유역은 석회암 동굴 71개와 모래톱 50여 개, 뱀 모양의 사행 사천 등을 두루 갖춘 국내 최고의 생태계 보고로 평가받고 있다.

## 2000년 1월 총선 시민 연대운동을 추진한다.

한국 시민단체들은 16대 국회의원 선거를 앞둔 2000년 1월, 전국 412개 단체로 구성된 '총선시민연대'를 발족하였다. 이들은 16대 4·13 국회의원 선거를 앞두고 부적절한 후보자에 대한 공천 반대, 낙선운동을 전개할 것을 천명하고 4월 3일 공천 반대자 64명과 반인권 전력 및 납세 비리, 저질 언행 관련자 22명 등 모두 86명의 낙천 · 낙선 대상자 명단을 발표했다.

한국 YMCA는 총선시민연대에 참가할 것인가를 놓고 아직 결정하지 못하고 있었다. 나는 Y 연맹과 상의하고 1월 13일 한국 YMCA 시민사업위원회 간사 자격으로 지방 YMCA 시민 사업위원장 · 총무 연석회의를 소집했다. 내가 사회를 맡아 진행을 한 이 회의에서는 뜨거운 찬반 논쟁이 벌어졌다. 서울 YMCA 김수규 사무총장을 비롯한 몇 명은 반대했다. 나머지 상당수 YMCA는 찬성했다. 우리는 3시간에 걸쳐 진지한 토론을 거친 후 만장일치로 한국 YMCA의 총선연대 참여를 결의했다.

사실 그때까지 총선시민연대는 참여 단체 수는 많았지만, 전국과 지역에 사무국을 갖추고 있는 단체가 없었기 때문에 서울을 제외한 지방 도시는 발이 묶여 있었다. 그래서 한국 YMCA가 참여하느냐? 않느냐?가 초미의 관심사였다. 그러다가 드디어 YMCA가 참여하기로 했다고 소식을 전하자, 사무국에서는 환호성이 터졌다고 한다.

이로써 단체 수는 412개에서 480개로 늘어났다. 이때부터 총선시민연대는 전국적인 규모를 갖추고 4월 국회의원 선거에서 낙천 낙선운동을 강력하게 추진할 수 있었다.

4 · 13 총선 결과 86명의 낙선 대상자 가운데 59명(68.6%)이 떨어졌고, 22명의 집중 낙선 대상자 중의 낙선자는 15명(68.2%)이었다. 특히 수도권에서는 20명의 낙선 대상자 중 19명이 무더기로 떨어졌다. 2000년 총선시민연대의 낙천 · 낙선운동은 한국 시민운동사에 길이 남을 만한 큰 발자취를 남겼다.

# 12. 세계선린회에서 아시아 지역 빈곤퇴치 운동을 시작하다

2003년 초 안양 YMCA 이사회 수련회가 있었다. 1박 2일 수련회를 개최했는데 그 수련회에 주제 강사로 초청한 한국 YMCA전국연맹 통일위원회 노정선 위원장의 강의가 몇몇 보수적인 성향의 이사들(당시 안양시 자유총연맹 회장 등)이 듣기에 매우 좌편향적으로 들렸던 것 같다. 그 후 몇 이사들이 나의 이념을 문제 삼기 시작했다. 심지어 그들은 김준식 총무는 좌익 분자라는 소문을 냈다. 그런 중에 나의 YMCA 운동 방향에 좀 소외감을 느꼈던 몇몇 직원들이 그 안양시 자유총연맹 회장직을 가진 이사와 결합하여 총무 불신임을 물어왔다. 지금 생각하면 그 또한 나의 부덕이었을 것이다. 나는 몇 개월 시간을 두고 생각하였고, 마침 한국 YMCA 대선배이자 세계 YMCA 동맹 사무총장을 역임한 이수민 목사님의 권유로 (사)세계선린회 사업국장 겸 성동외국인근로자센터 관장직을 맡아 안양 YMCA 총무직을 사임하였다.

돌이켜 생각해 보면 그때가 내 삶에서 또 한 번 도약의 계기가 된다. 나는 세계선린회 일을 하면서 국제개발 협력 분야(지구촌 빈곤 문제)를 접하게 되었고, 한국에 와서 일하는 외국인 근로자, 결혼이민자, 난민들을 새롭게 만나게 된다.

### 세계선린회는 세계의 의제(Agenda)들을 내 삶의 의제로 만들다

세계선린회를 설립한 이수민 목사님은 1992년까지 스위스 제네바에 있는 세계 YMCA 동맹 사무총장을 하셨다. 그는 정년퇴임 후 한국에 돌아와 서영훈 선생님, 고건, 신익호 목사 등과 (사)세계선린회를 창립하고 아시아지역 가난한 나라 이웃을 지원하는 사업을 시작하였다.

세계선린회가 창립된 1992년에 '굿네이버스'도 창립된다. 1992년은 우리 한국이 1인당 연간 국민소득 5,000달러 정도로 간신히 기본 생존을 유지할 수 있는 수준이었다. 그러나 이수민 목사님은 세계 YMCA 사무총장 시절 세계 여러 나라, 특별히 방글라데시 등 가난한 나라 이웃들을 돌아보며 퇴임 후 이들을 돕겠다는 결심을 하셨던 것 같다.

## (사)세계선린회의 국제개발 협력(해외 원조) 사업들

(사)세계선린회는 창립 후 곧바로 중국 연변, 방글라데시, 베트남, 필리핀 등을 방문하고 그 나라 YMCA와 협력하면서 가난한 마을 사람들을 돕기 시작한다.

세계선린회가 주로 하는 사업은 마을회관 건립, 가축협동조합, 소액대출사업, 장학사업 등이었다. 2004년 내가 세계선린회 일을 시작하면서 제일 먼저 방문한 나라는 중국 연변 지역 12개 시골 마을이었다. 그중에는 윤동주 시인이 태어난 명동촌도 있었다. 세계선린회는 이미 마을마다 마을회관을 건축해 놓았고, 이 마을회관을 중심으로 마을주민 조직(인민위원회), 주민 교육, 아이 돌봄 사업, 가축협동조합, 소액 대출 사업 등을 하고 있었다. 나는 세계선린회가 이 조선족 마을에서 펼쳐가는 사업에 깊은 감동을 받았다.

2025년 지금은 중국이 경제 강국이 되었고, 1인당 연 국민소득도 1만 달러를 넘어서지만 2004년만 해도 중국은 국가 경제 규모도 1인당

필리핀 두마게티 어린이들

국민소득도 빈곤국 수준이었다. 그래서 UN은 중국을 원조 수혜국으로 분류해 놓고 있었다.

다음 해 나는 베트남을 방문하였다. 베트남 호찌민시는 그런대로 도시 모습을 갖추고 있었으나 세계선린회가 지원하는 메콩강 델타 지역 농촌들은 아직 몹시 가난한 모습이었다. 세계선린회는 호찌민 YMCA 총무와 협력해서 베트남의 가난한 마을 사람들에게도 가축협동조합 사업을 지원하고 있었다. 특히 베트남은 60, 70년대 전쟁을 겪은 나라이고 한국군이 파견되었던 나라라 유난히 한국 사람들의 자녀들(한국계 베트남인, 비속어로-라이따이한)이 많이 있었다. 1990년 초 · 중반에는 이들이 대학에 들어갈 나이가 되었다. 세계선린회는 이들에게 선린학사(기숙사)를 지어 주었고, 장학금을 지원하는 일을 하고 있었다. 졸업 후 그들 중 상당수는 사업가가 되거나 한국과의 무역업을 하기도 한다.

나는 그 후 필리핀 세계선린회 사업 마을도 방문하였다. 필리핀은 사실상 몇 개의 귀족 가문이 전 국가 자산의 대부분을 갖고 있었고, 대다수 국민은 노예처럼 사는 나라였다. 우리 세계선린회는 '일로일로 섬'에 있는 가난한 바닷가 마을에 마을회관을 지어 주는 사업과 가축협동조합을 지원하고 있었다.

그때 내가 본 일로일로 섬과 해변은 참 아름다운 자연경관을 갖고 있었다. 울창한 열대림과 넓게 펼쳐진 백사장, 깨끗한 바닷물은 그야말로 천혜의 자연경관이었다. 그런데 이 아름다운 바닷가에는 가난한 사람들의 판잣집이 다닥다닥 붙어 있었고 여기에 사는 마을 사람들은 몹시 가난한 모습이었다.

## 성동외국인근로자센터 관장 일을 시작하다

세계선린회는 아시아지역 가난한 나라 가난한 마을들을 지원하는 사업을 하던 중 가난한 나라에서 한국에 와서 일하는 외국인노동자, 결혼이민자, 난민들에 관한 관심을 두기 시작하였다. 우리가 가난한 나라들을 방문해서 지원하는 사업도 중요하지만 가난한 나라 사람들이 한국에 와서 일하면서 겪는 어려움을 돕는 일도 중요하다고 생각했기 때문이다.

2001년 마침 세계선린회 창립회원이자 고문인 고건 고문이 서울시장직에 있었다. 어느 날 고건 시장 서영훈 이사장 이수민 장로 등이 함께 만나게 되었는데 그 자리에서 국내 외국인들을 돕는 외국인지원센터가 필요하다는 공감대가 이루어졌다. 고건 시장은 서울시가 10억 원 정도를 지원할 테니 고재득 성동구청장과 세계선린회가 성동구 왕십리 부근에 외국인근로자지원센터를 설립하자고 하였다. 합의는 곧 실행에 옮겨져 2001년 12월 14일 성동구 왕십리에 연건평 150평의 건물을 사

심포지엄 장면

들여서 '성동외국인근로자센터'를 개설했다. 이 센터는 예산은 서울시가 지원하고, 감독은 성동구가 하고, 운영은 세계선린회가 하기로 하였다. 초대 관장은 이춘섭 목사가 시작했고 나는 2004년 2월 1일 2대 관장으로 취임하였다.

나는 세계선린회 사업국장/성동외국인근로자센터 관장직을 겸직하면서 새롭게 국제사회에 대한 눈을 뜬다. 지금이나 그때나 UN과 국제사회의 최대 의제(AGENDA)는 '지구촌 빈곤 문제' '지구환경 보존' '국제 갈등 해결과 평화'이다. 나는 그때 내가 하는 일이 바로 '국제개발협력사업'이라는 것을 알았다.

2004년 지구촌에는 하루 1달러 미만으로 살아가는 극빈곤(Extrem Poverty)층 사람들이 10억 명(2025년 현재는 약 7억 명)이나 되었다. 나는 이들 중 특별히 어린이들의 상황이 더욱 비참하다는 것도 알았다. 국제개발 협력 분야 중에 난민 문제, 이민자 문제는 중요한 항목이고 한국에서 일하는 외국인노동자, 난민, 결혼이민자 문제는 바로 지구촌 빈곤 문제의 일환인 이민자 영역이라는 것도 알았다.

## 〈외국인 근로자 서비스프로그램 및 운영 모형〉에 대한 조사 연구

성동외국인근로자센터는 2006년 초 한양대학교 제3섹터연구소(소장 주성수 교수)에 〈외국인 근로자 서비스프로그램 및 운영 모형〉에 대한 조사 연구 용역(400만 원)을 맡겼다. 책임 연구원은 이선미 교수였다.

우리는 연구보고서가 마무리될 때쯤인 그해 3월 31일 성동구청 회의실에서 〈외국인 근로자를 위한 서비스프로그램의 대안적 운영 모형에 대한 모색〉이라는 주제로 심포지엄을 개최하였다.

이 작은 심포지엄에는 중앙정부 각 부처 담당 공무원과 전국 시 · 도 담당 공무원, 외국인지원 NGO 실무자 등 70여 명이 참석하였다. 당시는 노무현 대통령 임기 중이었고, 노무현 대통령은 취임 후 청와대에 '외국인 정책위원회'를 구성하고 정부 각 부처와 시 · 도에 재한외국인 서비스 행정을 적극적으로 시행하라고 지시하였다. 그런데 중앙부처나 시 · 도 공무원들은 한 번도 해보지 않은 재한외국인 서비스를, 무엇을 어떻게 해야 하는지 몰라 헤매고 있었다. 그러다 때마침 우리(세계선린회 성동외국인근로자센터 · 한양대 제3섹터연구소 · 성동구청)가 관련 주제로 심포지엄을 한다고 하니까 초청하지도 않았는데 모두 몰려왔다.

그 후 나는 자연스럽게 민 · 관 · 연 · 언론으로부터 현장 실무자로서, 연구자로서 인정받게 되었고 정부 각 부처 담당 공무원들과 관련 NGO 실무자들의 자문역할을 하게 되었다. 당시 일본 정부와 학계에서도 이민자 문제에 관심이 많아서 일본 학계 연구자들도 한국을 자주 방문하였는데 그들이 한국에 오면 으레 성동외국인근로자센터를 방문하곤 하였다.

그 후 나는 한국다문화학회 고문, 한국다문화교육학회 이사 등의 직분으로 학회에도 참가하게 되고 2012년에는 국무총리실의 장관급이 참여하는 '다문화가족정책위원'이 되었다.

**(사)세계선린회(성동외국인근로자센터) 심포지엄 안내**

* **주제**: 외국인 근로자를 위한 서비스프로그램의 대안적 운영 모형에 대한 모색

* **일시**: 2006. 3. 31(금) 오후 2시~6시

* **장소**: 성동구청 대회의실(8층) -> 서울 지하철 왕십리역(중앙선, 2호선, 5호선) 3번 출구

* **주최**: (사)세계선린회

* **주관**: 성동외국인근로자센터, 한양대학교 제3섹터연구소

* **후원**: 외국인이주노동자대책협의회

* **순서**

**진행 사회**: 김준식 성동외국인근로자센터 관장

**연구개요 발표** – 이선미 교수(연구책임자 / 한양대학교 사회학)

**프로그램 사례발표** – 1. 아시아인권문화연대(도서관)
2. 안산외국인노동자센타(다문화 프로그램)
3. 외국인노동자의집 중국동포의집(상담)
4. 서울외국인이주노동자센터(귀환 프로그램)
5. 한국이주여성인권센터(가족 지원 프로그램)

**지정토론** – 이만식 교수(장로회신학대학교 사회복지학)
김진곤 사무관(문화관광부 국제문화협력과)
안승대 사무관(행정자치부 지방행정본부)
최준기 공동대표(외노협)

나는 세계선린회 일을 하면서 인근에 있는 한양대학교 사회교육대학원에 등록하고 당시 제3섹터연구소 소장이었던 주성수 교수와 젊은 교수들의 도움을 받으면서 논문을 한 편 쓰기 시작했다. 내 논문의 주제는 '국제빈곤퇴치운동에서 한국의 국제개발협력 NGO의 역할과 원조의 효과성 제고 방안 연구'라는 다소 긴 주제였다.

2010년 8월에 논문을 마치면서 나는 UN과 국제사회의 지구촌 빈곤문제 해결을 위한 노력, 세계 여러 나라의 공적 개발 원조(ODA)사업 현황, 한국 정부와 한국 개발 NGO들의 현황과 사업내용, 세계 이민자 문제, 한국 정부의 재한외국인정책 등에 대해 좀 더 깊게 알게 되었다.

## 세계선린회 이수민 회장님이 소천하시다

2006년 7월 21일 세계선린회 이수민 회장님이 갑작스럽게 소천하셨다. 평소 약간 어지럼증이 있으셨는데 병원에 입원을 하신 지 며칠 만에 돌아가셨다. 이수민 회장님은 당시 79세였다.

이수민(李秀民 · 목사) 회장님은 만주 룽징(龍井)에서 태어나 한국신학대(1948년)와 미국 뉴욕 유니언신학대학원(1967년)을 나와 아세아 YMCA 동맹 사무총장(1973~1985년)과 세계 YMCA 동맹 사무총장(1985~1992년)을 역임하셨다. 그는 1992년 (사)세계선린회를 설립하시고 회장을 맡아 일하셨다. 그때는 내가 2004년 이수민 회장님의 권유로 세계선린회 일을 한 지 만 2년 남짓 지나서였다.

서영훈 이사장님(전 대한적십자사 총재, KBS 사장)은 이수민 회장님 추모사에서 "고인은 YMCA에서 40년간 일한 경험을 살려 어려운 인류동포를 위한 세계 선린 운동을 통해 지구촌 가난한 이웃들에게 자립 의지를 심어 주고자 헌신적으로 봉사하셨다"라고 회고하셨다.

나에게 이수민 회장님은 YMCA 대선배이자 국제사회에 대한 눈을 트게 해준 선생님이었다. 슬펐지만 나는 그의 유지를 잘 받들어 (사)세계선린회를 이어나가야 하겠다고 생각하였다.

그러나 대개 목사님과 장로님으로 구성된 세계선린회 이사진은 신익호 목사(초동교회 은퇴 목사)님을 신임 회장으로 선출했고, (사)세계선린회는 개발 NGO의 정체성은 적어지고 해외선교 단체로 변화되었다. 나는 국제사회에서 선교단체는 국제개발협력 NGO로 인정하지 않는다는 것을 잘 알고 있었기 때문에 세계선린회 사업국장/성동외국인근로자센터 관장직을 내려놓을 수밖에 없었다.

## 13. 국제개발협력 NGO (사)아시안프렌즈를 창립하다

세계선린회를 퇴직한 후 나는 일을 계속해야 하겠다는 마음으로 1999년 4월 25일 주성수, 이남숙, 이효성 등 뜻있는 분들과 함께 (사)아시안프렌즈를 설립하고 이듬해 4월 5일 외교통상부에 법인으로 등록했다. 우리는 왕십리 신한넥스텔 10층에 사무실을 임대하여 직원 1명을 채용하고 일을 시작했다.

### 아시안프렌즈는 'SOS 무지개 은행' '나눔 여행' 사업을 시작하다

첫 번째 사업은 'SOS 무지개 은행(이주자 소액 대출사업)사업이었

아시안프렌즈 인도 나눔 여행 대학생 봉사단원

다. 당시 외국인노동자들은 실직하거나 몸이 아프면 대책이 없었다. 특히 미등록 외국인노동자들은 더 심했다. 'SOS 무지개 은행'은 급한 일을 당한 외국인 근로자들에게 우선 50만 원을 조건 없이 대출해 주고 형편이 회복되면 차츰 갚는 일종의 무담보, 무조건 소액 대출사업이었다. 이 사업에 대출 신청을 하는 외국인 노동자들이 꽤 있었고 그들은 많은 고마움을 표했다. 그리고 혜택을 받은 외국인 중의 대다수는 나중에 대출금을 상환하였다.

두 번째 사업은 '나눔 여행'이었다. 나눔 여행은 여행을 가기 전에 1. '지구촌 빈곤 문제'를 공부하고, 2. 직접 가난한 나라 가난한 마을을 방문해서 봉사활동을 하고, 3. 나눔 여행에서 돌아와서는 자기가 가본 그 가난한 마을 사람들(주로 어린이들)을 지속해서 지원하는 사업이다. 나눔 여행의 대상지는 주로 인도의 '오르차 마을 학교'와 몽골 '바가노르 탄광촌', 필리핀 '두마게티 섬', 베트남 '호찌민시 인근 마을'이었다. 2025년 현재도 지속 중인 아시안프렌즈 나눔 여행 사업은 서울여대, 울산대학 등 대학교 해외 봉사활동과 연계하여 진행되고 있고, 복지관 등 직장인 해외연수 과정으로 인기가 있다.

일본, 중국, 베트남 다문화 사조 모임 지도자들

세 번째 사업은 재한 난민을 위한 한국어 교실 사업이었다. 아시안프렌즈 한국어 교사들이 '난민 숙소'를 방문하여 난민들에게 한국어와 한국문화를 가르쳐주는 사업이다. 한국 내 난민은 주로 아프리카 콩고, 네팔, 미얀마 등에서 온 이주자들이었다. 이 사업은 그리 오래 하지는 못했지만, 당시는 서울에 거주하는 난민(난민 인정자)들에게는 매우 도움이 되었고 그때 함께 한 난민 중 콩고 출신 욤비 토나 씨는 그 후 광주대학교 교수가 되어 지금도 한국 생활을 성공적으로 하고 있다.

그렇게 사업을 시작한 아시안프렌즈는 2013년 12월 몽골 바가노르 아시안프렌즈 창립(대표 너몬자야)을 지원하고 아파트 한 채를 사들여 '꿈나무센터'를 개설한다. 이 센터에는 인근 빈민촌(게르촌) 어린이들이 매일 와서 보충수업, 한국어 교육, 미술, 음악 등 예능교육을 받고 있다. 아시안프렌즈는 이 어린이들 가정에 연탄, 생활필수품, 학용품 등 기초 생활용품들을 지원해 주고 있다. 2025년 현재는 코이카, 삼성 등의 지원을 받아 직업학교(미용, 봉제 등)도 운영하고 있다. 아시안프렌즈는 코이카 해외봉사단 한 명을 그곳에 파견하고 있다.

아시안프렌즈는 2003년 3월부터 12월까지 국내에서 활동하는 다문화 자조 모임(나라별 동호회) 지도자 교실을 열었다. 이 지도자 교실에는 50여 명의 각종 자조 모임 지도자들이 참여했고 이 과정을 마친 수

동아 다문화 상 수상

료자들은 그 후 한국 내 다문화사회 중요한 지도력으로 활동하고 있다.

아시안프렌즈는 이런 사업의 성과를 인정받아 2012년 6월 1일 '동아 다문화 상(상금 1천만 원)'을 받았다.

## 코리아 타임스 이태훈 기자와 '다문화 청소년 상'을 기획하다

2012년 초 코리아타임스 이태훈 기자가 찾아왔다. 그는 한국에서 자라고 있는 다문화가족 청소년들을 격려하는「한국 다문화 청소년 상」

2024년 글로벌코리아 청소년 상 시상식 기념사진-코리아타임스

을 기획하면 어떠냐고 물어왔다. 나는 '참 좋은 발상이다'라고 답변하고 그 뒤로 그와 몇 차례 만나 여성부 등이 후원하고 코리아타임스와 아시안프렌즈가 주관하는 '한국 다문화 청소년 상'을 기획하고 그해 말부터 올해까지 14년째 진행해 오고 있다. 2024년부터 상의 격을 높이기 위해 「글로벌코리아 청소년 상」이라고 이름을 바꿨다. 아래는 2014년 12월 17일 시상식에서 내가 한 심사평가이다.

### 글로벌 코리아를 빛낼 청소년들

「글로벌코리아 청소년 상」 행사가 올해로 13회째입니다. 특별히 올해부터 이 상의 이름을 '다문화 청소년 상'에서 '글로벌코리아 상'으로 바꾸었습니다. 지금 한국에서 자라나고 있는 다문화가정 청소년들은 앞으로 세계에서 한국을 빛낼 인재들이기 때문입니다. 이미 2012년 첫해에 상을 받은 청소년들은 지금 대학생이거나 세계를 무대로 한국을 빛내고 있습니다. 그들 중에는 주한 외국 대사관에서 일하고 있는 청년도 있습니다. 또 대한민국을 지키는 늠름한 국군장병이 되어 있기도 합니다. 그래서 「글로벌코리아 청소년 상」은 참으로 가치 있는 상입니다.

여러분도 다 아시는 바와 같이 호주, 캐나다 스웨덴, 독일 등은 전 인구의 20% 내외가 이민자 출신이거나 이민자 가족들입니다. 이 나라들은 세계에서 가장 튼튼한 경제력과 복지제도를 자랑하는 국민이 행복한 나라들입니다. 이 나라들의 공통된 이민전략은 이민자와 다문화를 국가 경쟁력으로 삼고 있다는 점입니다. 이 나라들은 다종교, 다인종, 다문화 국가들이지만 효율적인 이민정책으로 혼란과 갈등을 없애고 이민자들의 다양한

문화적 배경을 창조력의 원천으로 삼고, 다문화를 국가 경쟁력의 귀중한 자원으로 활용하고 있습니다.

올해에도 「글로벌코리아 청소년 상」 심사위원들은 신청자들의 자료들을 살펴보면서 우리 한국에서 자라고 있는 다문화가정 청소년들은 미래에 우리 한국을 떠받치는 든든한 인적 자원이 될 것이라는 확신을 하였습니다.

이 상을 신청한 청소년들은 대부분 학교 성적이 우수하고, 학급 반장과 학생회장직을 맡고 있었으며, 각종 봉사 동아리도 이끌고 있었습니다. 그들 중 몇 명은 체육과 예능 분야에서도 뛰어난 능력을 발휘하여 전국 체육대회와 지역별 경기에서 우수한 성과를 내고 있었습니다.

특별히 신청 청소년 중에는 부모의 나라 언어와 한국어, 그리고 영어를 유창하게 하는 이중 언어, 삼중 언어 특기자들이 있었습니다. 이는 그동안 여성가족부와 관련 기관들의 이중 언어 교육이 열매를 맺어 가는 구체적인 증거입니다.

이번에 상을 받는 황유나 학생은 아직 어린 중학생이지만 2024년 세계 창의력 올림피아드 국가대표 선발전에 참여하여 팀장으로서 세계의 청소년들과 영어로 대화하면서 글로벌 리더십을 키워가고 있습니다.

김태양 학생은 역도 선수로서 2024년 5월 전국 소년체전에서 3관왕을 차지하고 정식으로 국가 상비군에 입단하였습니다.

이지나 학생은 고등학생이지만 '글로벌 기업의 여성기업인'이 되겠다는 꿈을 안고 '양모 퀼트 액세서리' 쇼핑몰을 직접 창업하여 사업자 등록을 하고, 세무회계를 하면서 연말 부가가치세 신고까지 하는 등 글로벌 경영인의 꿈을 키워가고 있었습니다.

이제 한국 정부와 사회가 이 땅에서 건강하게 자라고 있는 약 20여만 명의 다문화가정 청소년들의 꿈을 지원할 때입니다. 우리가 이들의 꿈을 지원한다면 이들은 미래 한국의 훌륭한 인재로 커 갈 것입니다.

끝으로 이 행사를 13년째 이어 오는 코리아타임스 임직원 여러분과 후원해 주시는 여성부에 감사드립니다. 그리고 심사를 맡아 수고해 주신 심사위원 여러분께도 감사드립니다. 추천해 주신 각급학교와 다문화 기관 단체 선생님들에게 감사드립니다.

다시 한번 수상자 여러분께 진심으로 축하의 말씀을 드립니다.

심사위원장 김준식

(사)아시안프렌즈 명예 이사장

## 국무총리실 다문화가족 정책위원이 되다

2012년 나는 2년 임기(이명박 대통령 임기 1년과 박근혜 대통령 임기 1년) 국무총리실 '다문화가족 정책위원'으로 위촉받는다. 다문화가족 정책위원회는 현직 장관 15명과 민간위원 5명으로 구성되었다. 위원장은 국무총리이고 간사는 여성부 장관이다. 이 위원회의 법정 역할은 한국 정부의 다문화 정책을 최종 의결하는 일이다.

연 2회 위원회가 있을 때면 국무총리는 민간위원들과 따로 차담회도 갖고, 회의 시간에는 현직 장관에 우선해서 민간위원들의 의견을 들었다. 나는 항상 간사인 여성부 장관 옆에 자리가 배치되었고, 조윤선 장관 시절에 조 장관은 나에게 '장관들에게 다문화에 대한 교육을 좀 해

다문화가족 정책위원회-오른쪽에서 4번째 김준식 위원

주세요'라고 부탁했고 나는 미리 준비된 메모를 들고 약 15분 내외로 장관들에게 세계 여러 나라의 이민정책, 한국 다문화사회 현황, 한국 정부의 재한외국인정책 방향 등을 설명했다.

## 「한국다문화 인식개선종합대책」을 제안하여 국가정책으로 만들다

2012년 4월 다문화가족 정책위원회(위원장 김황식 총리)에서 내가 제안한 사업 중 그해 8월 국정조정회의에서 국가정책으로 채택된 사업이 바로 〈한국다문화 인식개선종합대책〉이었다. 그때까지 정부 관료나 관련 학회에서는 다문화 교육이라고 하면 단순히 다문화가족을 대상으로 하는 한국 생활 적응 교육(한국어, 한국문화 교육)으로 인식하고 있었다. 그런데 나는 다문화가족이 한국에서 잘 적응해 살게 하려면 그들을 대상으로 하는 한국 생활 적응교육과 함께 그들과 함께하는 한국인들의 인식(인권 의식, 세계시민 의식 등)이 변해야 한다는 것을 현장 경험과 직관을 통해 깨닫게 되었고, 문헌을 통해 다문화 선진국들이 그렇게 한다는 것을 알고 있었다. 아무튼 〈한국다문화 인식개선종합대책〉이

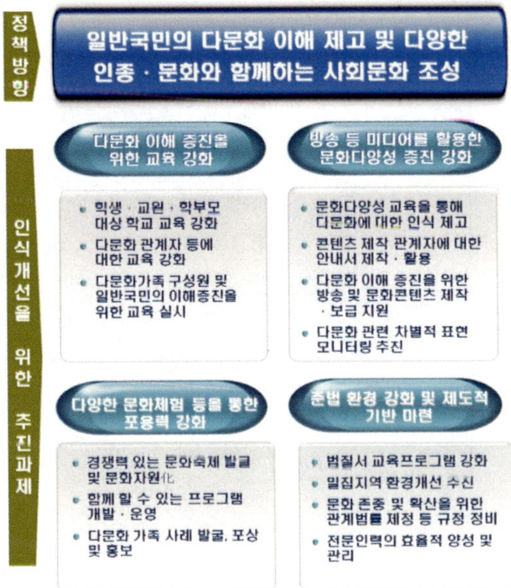


〈한국다문화 인식개선종합대책〉 주요 내용

수립된 후 한국 정부 산하 모든 기관, 학교 등에서 다문화 인식개선 교육을 하게 되었고 지금도 지속하고 있다.

다문화가족 정책위원회에서 내가 제안한 또 하나의 사업은 다문화사회에 대한 언론사들의 윤리기준이었다. 그때까지 한국 언론들은 결혼이민자들을 불쌍한 사람, 외국인노동자들은 범죄집단처럼 보도하는 게 관행이었다. 나는 회의에서 법무부 장관에게 외국인범죄율을 확인했고, 법무부 장관은 외국인범죄율이 한국인 범죄율의 절반도 안 된다고 답변하였다. 그 자리에서 방송통신위원장에게 언론사 윤리 지침을 만들어야 한다고 제안하였다.

그 후 방송통신위원회는 '문화 다양성을 고려한 방송 제작 가이드라인'을 제작하여 나에게 보내왔다. 이 가이드라인에는 언론인들의 다문

화사회에 대한 이해, 이주민의 인권 존중, 이주민에 대한 부정적 보도 자제, 정확한 통역, 이주민들의 사생활 보도 등등의 기준이 담겨 있었다. 나는 이 가이드라인을 모든 언론인이 숙지하고 익혀서 외국인 관련 보도에 적용하고 실천하길 바랐다. 그러나 일부 언론들의 다문화사회에 대한 왜곡된 보도 관행은 2025년 현재까지 잘 고쳐지지 않고 있다.

2015년은 내가 이사장(상근)으로 취임한 지 만 6년이 되는 해였다. 나는 아시안프렌즈를 창립하면서 이사장 임기를 3년으로 정하고 한 번만 연임할 수 있도록 정했다. 마침 2015년은 내가 65세가 되는 해이기도 했다. 나는 미련 없이 이사장직을 후배 이사(그때까지 상임이사로 봉사하던)인 이남숙 이사장에게 물려주고 퇴임하였다. 그리고 그 후는 평이사로 2025년 현재까지 봉사하고 있다.

## 미등록 이주아동권리보장법 제정 운동을 하다

법무부 〈2014년 12월 출입국외국인 통계 월보〉에 의하면 한국에 체류하고 있는 18세 미만 미등록 이주 아동은 약 6천 명 정도이다. 이 통계에는 한국에서 출생하였으나 외국인으로 등록되지 않은 아동들은 누락되어 있다. 따라서 한국에 실재로 체류하고 있는 미등록 이주 아동의 숫자는 1~2만 명으로 추정되었다.

이들 미등록 이주 아동은 대게 외국인 노동자의 자녀, 난민 신청자의 자녀, 결혼이민자의 자녀 중 중도 입국 아동 등이다. 이 아동들은 본인과 부모의 불안정한 법적 지위로 인하여 병원 진료, 학교 진학, 보육 시비스 등의 혜택을 받지 못할 뿐만 아니라, 학교 급식, 교통카드 발급, 휴대폰 가입, 인터넷 등록, 온라인 쇼핑, 은행 업무 등도 할 수 없는 인권의 사각지대에 놓여 있다.

2013년부터 서울 YMCA, 서울YWCA, 세이브더칠드런, 지구촌사랑나눔, 살레시오수녀회, 월드머시코리아, 공익인권법재단 공감, 한국다문화교육학회 등 25개 아동, 이주민 지원, 종교, 학술 단체가 「이주아동

이주아동권리보장법 네트워크 참여 단체 대표들

권리보장 기본법」 제정 추진 네트워크, (약칭: 이주아동네트워크)를 결성하고 내가 직접 상임대표를 맡아 이주아동권리보장 기본법 제정 운동을 추진했다.

이주아동네트워크는 2014년 4월 13일 국회인권포럼(대표 황우여), 국회 다정다감포럼(대표 이자스민)과 공동으로 '이주아동권리보장 기본법 제정 공청회'를 개최하여 여, 야 국회의원, 학계, 법조계, 시민단체들의 광범위한 의견을 수렴해서 이주아동권리보장 기본법(안)을 만들었다. 2014년 12월 18일 이자스민, 강창희, 박영선, 인제근 등 여야 의원 23명은 이 법안을 국회 법사위원회에 공식 발의하였다.

이주 아동의 인권은 인류 보편적인 가치이자 인간으로 갖는 천부의 권리이다. 그 어떤 이유로도 아동의 인권을 박탈할 수는 없다. 우리 한국이 국제기준의 윤리 선진국이 되기 위해서도 정부와 국회는 이주아동권리보장 기본법을 하루빨리 제정하여야 한다. 아울러 이 법이 제정되어야 우리 한국인은 국제사회에서 품격이 높은 나라의 국민임을 자랑할 수 있을 것이다. 그러나 이 법은 2025년 현재까지 제정되지 못하고 있다.

국회 공청회 개회식 장면

## 14. 퇴직 후 나는 또 하나의 소수자인 노인들을 사랑하다

2015년 2월 나는 아시안프렌즈 이사장직을 퇴임하고 대전에 있는 집에 내려와서 살았다. 25년 주말부부를 졸업하고 아내와 함께 살게 되니 약간의 염려되는 점도 있었다. 그래서 별도로 사무실을 하나 얻어야 하나? 하는 생각도 했지만, 곰곰이 생각해 보니 내 집이 가장 좋은 사무실이라는 생각이 들었다. 집에는 책도 있고, 컴퓨터와 전화도 있고 냉장고에 항상 먹을 것도 있어 사무실로는 최고였다. 그래서 어느 날 아내에게 내 생각을 말하였다. '앞으로 매끼 당신이 밥을 차려주면 설거지는 내가 하겠다. 집 청소도 내가 한다. 그리고 나는 책을 보거나 글을 쓰는 게 일이니, 가능하면 당신은 바깥에 나가서 활동하면 좋겠다.' 아내는 은근히 좋아했다. 그래서 나는 퇴직 후 아내의 구박 없이 무난히 우리 집을 내 사무실처럼 사용할 수 있었다. 사실 하루 세 끼 설거지하는 일과 집 청소하는 일은 다 합해야 하루 1시간 정도였다. 그러니 나는 하루 한 시간 일하고 34평이나 되는 좋은 사무실을 공짜로 쓰게 되는 셈이다.

퇴직 후 그동안 시간에 쪼들려 읽지 못했던 동 · 서양의 고전들을 읽으며 편안한 시간을 보내고 있었다. 나는 딸만 둘인데 우리 두 딸이 시집가서 세종시에 살고 있다. 하루는 우리 큰딸 아라가 '아빠 이제 퇴직하셨으니 우리 옆에 와서 살아요'라고 권했다. 나는 평소에 세종시는 나라가 행정수도로 만든 기획 도시이니 잘 만들었을 것으로 생각하여 세종시로 이사를 하여도 좋겠다는 마음을 갖고 있었다. 그러나 내 아내

세종 시니어시민포럼 창립 기념세미나, 2023. 2. 23

장현자는 대전이 오랜 삶의 터이기에 세종시로 이사하는 걸 싫어했다. 아내는 대전에서 이런저런 여성단체 활동을 활발히 하고 있었고 대전시 서구의원도 지냈던 터라 대전시가 익숙하고 대전에서 사는 게 익숙했다.

내가 혼자 아내를 설득하다 조금 지쳐 있을 때 우리 두 딸이 아빠에게 힘을 실어 주었고, 두 딸과 나의 설득에 아내도 결국 세종시로 이사를 하기로 하였다. 2017년 2월 우리는 세종시 소담동 새샘마을 5단지로 이사를 하였다. 지금은 아내도 세종시로 이사를 참 잘 왔다고 좋아한다.

나는 신도시 세종시로 이사는 왔으나 마땅히 할 일이 없었다. 나는 퇴직을 하면서 몇 가지 노후 삶에 대한 원칙은 세워 놓았다. 첫째 노년에는 큰일, 거창한 일보다 작지만, 가치 있는 일을 찾아 봉사한다. 두 번째 '노년에는 월급을 받는 일, 어디 얽매이는 일은 하지 않는다. 세 번째는 '노년이 되어도 나는 건강하고 품위 있고, 행복하게 살아간다.'였다.

지금 나는 퇴직 후 10년이 되었다. 2015년 퇴직하면서 세운 노후 삶에 대한 나의 3원칙은 반을 지켜졌고, 반은 못 지켰다. 그래도 비교적 퇴직 후 노년에 잘 안착(Soft Landing)한 것 같다. 지금까지는 편안하고 건강하고 행복하다. 아래는 내가 2017년 2월 세종시에 이사를 와서 살면서 갖게 된 직책들이다.

- 현 프리랜서 칼럼니스트
- 현 세종 시니어시민포럼 회장
- 현 세종 주민자치연구회 회장
- 현 세종시 대평동 주민자치회 운영위원장
- 현 대한노인회 인문학 강사
- 현 지방분권 전국회의 · 지방분권 세종회의 고문
- 현 (사)세종민주화운동계승사업회 이사(초대 이사장)
- 현 (사)아시안프렌즈 이사(초대 이사장)
- 현 코리아타임스 '글로벌 청소년상' 기획 및 심사위원장
- 현 세종시 해들마을 2단지 경로당 부회장

이제는 회장이란 직책보다 고문이란 직책이 차츰 늘고 있다. 그러나 노인 인권운동 관련 일은 체력이 허락하는 한 앞장서서 하고 싶다. 그래야만 내가 건강하고, 품위 있고 행복할 것 같다.

이제 나의 자서전을 마친다. 다 쓰지 못한 퇴직 이후의 삶에 대해서는 이 자서전 증보판에 다시 담기로 한다.

빛ᄆᆞ루에서
세상보기

제2장

# 빛무루에서 세상 보기

박병종

금년은 을사년 2025년이다. 을사늑약이 체결된 지 120년이 지났다. 120년 전의 을사년에 태어나신 선친의 전기도 아직 못 내어 드렸고, YMCA의 선배님들도 아직 전기를 내지 않으셨는데 내가 자서전을 내리라고는 꿈도 꾸지 못했다. 그러나 동료들이 작은 지류들이 모여 큰 강물을 이루듯이 우리 모두의 개인사가 모여 한국 YMCA 운동사가 엮어지는 것이므로 모두 사양하지 말고 기록으로 남기는 것이 좋겠다고 부추기는 바람에 체면 불고하고 용기를 내어 같이 동참하기로 했다.

20세기 초반 하버드대학 교수를 지낸 George Santayana는 "과거를 기억하지 못하는 사람들은 과거를 되풀이하는 저주를 받게 된다. (Those who cannot remember the past are condemned to repeat it)"라고 하였다.

성공한 사람의 역사만 후대에 교훈이 되는 것은 아니다. 실패한 역사도 반추하여 후대에 같은 실패를 반복하지 않게 하는 반면교사가 될 수 있을 것이다.

마태복음의 제1장에서 예수의 족보에 등장하는 네 여인은 명문대가 출신도, 위대한 업적을 남긴 사람도 아닌, 약점 많은 여인들이었지만,

성가족(holy family)의 가계에 버젓이 이름을 올린 것은 약한 자들에게 희망을 주는 부분이고, 약한 자를 들어서 강한 자들을 부끄럽게 하시는 하나님의 은혜를 깨우쳐 주는 부분이다.

나도 자랑할 것 없는 보잘것없는 삶이었지만 동료들의 부추김에 용기를 얻고, 하나님의 은혜에 의지하여 제1차 자서전 워크숍에 동참하여 합동 자서전집을 내게 된 것을 영광으로 생각한다.

용기를 준 AOS 임원들과 이 일을 제안하고 추진한 김준식 사무총장에게 감사를 드리며 나의 참여가 YMCA 역사의 빛과 그늘을 밝히는 데 작은 도움이 되었으면 하는 마음이다.

## 1. 9남매의 다섯째로 출생

나는 1949년 1월 25일 경북 칠곡군 칠곡면 읍내동(현 대구광역시 북구 읍내동) 1022번지에서 태어났다. 밀양 박씨 64대이자 복야공파(僕射公派)에 속하며 세종 때 아악을 정리한 대제학(大提學) 박연(朴堧)의 집안인 이요당파(二樂堂派)의 20대손인 아버지 박세원(朴世源) 장로와 달성서씨 판서공파(判書公派) 26대손인 서판임(徐判任) 권사의 9남매 중 다섯째로 태어났다.

내 이름은 집안의 항렬을 따라 빛날 병(昞)자에 마루 종(宗)자를 붙여 병종이라 지음을 받았다. 그래서 우리말 이름은 '빛마루'라고 하며 서실(書室)에서 받은 호는 '혜강(慧剛)'이라고 한다.

칠곡은 조선시대 인조 18년인 1640년에 가산산성이 축조되고 칠곡도호부가 설치되었으며, 고종 32년(1895)에 칠곡군이 되고 칠곡면이 군청 소재지가 되었으나 1905년 경부선이 개통되고 철도역이 왜관에 세워짐에 따라 교통의 편의성 때문에 군청이 왜관으로 옮겨가게 되어 칠곡면은 구읍(舊邑)으로 불리게 되었다.

6 · 25 동란 때는 대구를 지킨 최후의 방어선인 다부동과 대구시청의 한가운데 있는 우리 집과 과수원이 구수산을 끼고 있어 미군의 포진지가 되었다.

대구시청까지 거리는 12km 정도 되는 대구 근교 사과 주산지로 잘 알려진 농촌지역이었다. 행정구역이 면으로 있다가 1980년에 읍으로 승격되었고 읍 승격 7개월 만인 1981년 7월 1일 대구광역시로 편입되어 대구광역시 북구 읍내동으로 변경된 곳이다.

가족이 김천에서 살 때 아버지는 5명의 자식을 잃으셨고 대구 북구 칠곡으로 옮겨 오신 후에도 2명의 자식을 가슴에 묻으셨다.

그래서 어릴 때 자녀들의 섭생과 건강에 특별히 관심을 가지셔서 튼튼하게 자라나도록 특별한 돌봄을 베푸셨다. 특히 나는 피난지에서 설사병으로 생사 위기를 넘겼기 때문에 학교에는 지각하더라도 밥을 서른 번 이상 꼭꼭 씹어야만 했다. 어릴 때 부모의 사랑으로 이유기 이후 입원이나 수술 한 번 하지 않고 지금까지 건강하게 성장한 것으로 알고 감사를 드린다.

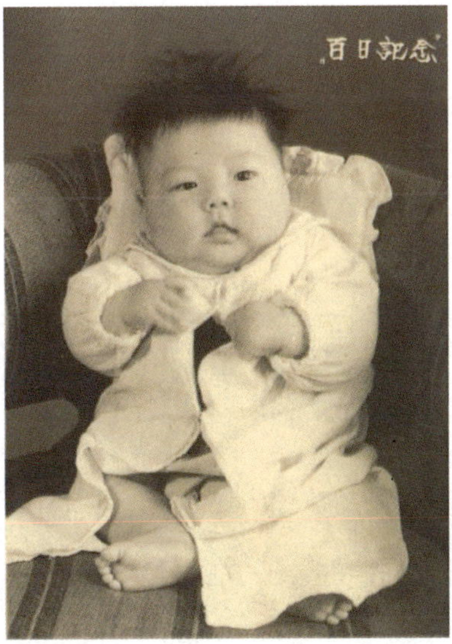

백일사진

## 2. 시련을 신앙으로 극복한 아버지

아버지는 을사늑약이 체결된 1905년에 현재 구미시 고아읍에서 천석 농사를 짓던 집안의 장손으로 태어나셨다. 그러나 할아버지가 누명을 쓰고 억울한 죽임을 당할 처지에 놓인 집안 일가를 살리기 위해 재산을 반 가까이 처분하셨고, 아버지도 물욕이 없으셔서 교회에 재산을 바쳐 신용조합을 세우시고, 김천고등보통학교와[*] 김천제2공립보통학교[**], 그리고 대구 영신교육재단과 가창교육재단의 학교설립을 위해 재무 담당 임원을 하시면서 물려받은 재산마저도 대부분 기부하시고 자식들에게는 대학교육과 집 한 채씩 물려주신 것이 전부였다.

크게 넉넉지 않은 살림에도 불구하고 아버지는 어릴 적 부잣집 장남으로 자랐던 씀씀이를 쉽게 바꾸지 못하여 베풀기 좋아하셨다.

**1923년 동맹휴학에 참여한 계성 혁우들. 사진 중앙에 선 아버지와 그 옆에 나란히 선 단짝 신철수의 모습이 보인다.**

---

* 동아일보(1930.03 · 15) 김천고보 후원 사업방침 결정

** 매일신보(1935.6.3.) 외

아버지는 계성학교에 다니다가 두 차례의 동맹휴학 탓에 퇴학을 당하셨다. 동맹휴학의 이유는 상급학교인 전문학교에 진학하려면 5년제 정규 고등보통학교를 졸업해야 했다. 그런데 정규학교가 되면 기독교 신앙교육과 예배를 할 수 없으므로 선교본부에서는 4년제 비정규학교로 유지하기를 원했기 때문이었다. 퇴학 후 1923년 일본으로 유학하러 가기 위해 유학자금을 받아서 집을 나서는 길에 인사나 하고 가려고 대구에서 같이 공부하던 단짝 신철수를 만났다. 그런데 그가 말하기를 "나라가 이 지경인데 적국 일본에 가서 공부하는 것보다 조국에 남아서 할 수 있는 공부를 더 하는 것이 좋지 않겠느냐"라는 그의 권유에 따라 일본 유학을 포기하고 그와 함께 상경하여 가회동에서 친구와 한방에서 하숙하면서 휘문의숙을 마치고 경성 부기 전수학원을 나오셨다. 그 친구는 계성학교 재학 시 동맹휴학도 함께한 동지였는데 대구 YMCA 전신인 교남 YMCA가 주최한 웅변대회에서 1등을 했고 해방 직후 건국준비위원회 경북지부 치안대장을 맡았던 친구였다. 그의 아버지는 일본 경찰의 보조원으로 일했는데 첩을 얻어 딴 살림을 차리고 있어 본처와 자식들을 잘 돌보지 않았다고 한다. 그 바람에 재능있는 친구가 경제적 어려움을 겪고 있는 것에 동정심이 일어 하숙방에서 함께 기거하며 학교에 다녔다고 하셨다.

결국 아버지는 할아버지 허락도 받지 않고 유학 대신 서울서 친구와 한방에서 하숙하며 공부하고 있었다. 할아버지는 아들이 일본 유학을 하는 줄로 철석같이 믿고 있다가 관동대지진과 조선인 학살 소식을 듣고 걱정하실까 봐, 지금 서울에서 무사히 학교에 잘 다니고 있다고 편지를 올렸더니 모든 잘못은 불문에 부쳐지고 자식이 일본에 가지 않은 것이 "천우신조요 조상의 음덕"이라며 좋아하셨다고 한다.

학교를 마치고 몇 해 농사를 짓다가 암울한 나라의 미래에 절망하면서 약주를 드시기 시작하셨다. 할아버지는 본래 애주가이셔서 자가용주 양조 허가를 받아서 집에서 한 달에 두 독씩 담아서 번갈아 가면서 술독을 비워 내셨는데 귀향하여 농사를 지으며 아버지는 희망을 찾지 못하여 할아버지처럼 독한 술을 안주도 없이 대접에 따라 드시다가 위장이 상하여 고생하셨다.

농사보다는 좀 더 의미 있는 사업에 뜻을 두고 할아버지의 승낙을 받아 김천으로 이사를 하셨다. 그곳에서 적성에 맞는 일을 찾던 중 5년 선배인 심상민(沈相玟, 일명 沈文) 선생을 만났다. 심상민 선배는 경성법대를 졸업하고 게이오(慶應)대학 경제학부를 나오신 분이다. 그를 만나 함께 교회에 나가면서 술을 끊게 되었다. 그전에도 할머니의 간절한 부탁도 있고 해서 술과의 이별을 위해서 호를 “술이 깬 돌”이란 뜻으로 성석(醒石)이라고 지어 술에서 깨어난 삶을 살기로 결심하셨다.

심문 장로를 만나 그분과 함께 1927년 5월 28일 신간회 김천지회를 창립하시고 그분이 신간회 집행위원장을 하실 때 아버지는 집행위원을 하셨으며, 1928년 1월 25일에는 김천 YMCA를 창립하여 그분이 초대 총무를 맡고 아버지는 간사를 맡아서 함께 뜻을 펼치셨다.

그뿐만 아니라 물산장려운동의 일환으로 합명회사 창남사(昌南社)를 창업하여 동업할 정도로 막역한 선배이자 동지로 김천에 사는 동안 단짝처럼 함께 지내다가 1943년 성결교 탄압 시에 아버지는 경찰에 구금되어 3개월여 유치장 생활을 하시게 되었다.

출소 후 일본 경찰의 압박으로 1943년 김천을 떠나 대구 인교동 구 삼성상회 옆 골목에 사시던 큰고모부의 과수원이 있던 칠곡 구수산 기슭으로 이사를 하여 사과와 포도 농장을 일구며 교회 봉사와 학교설립

신간회 김천지회 집행위원 시절 셋째 줄 중앙에 선 아버지

신간회, YMCA,
물산장려운동과 학교설립
운동을 함께한 동지들과
아버지(가운데)

에 동참하면서 사셨다.

아버지는 김천에서의 활동 경력이 있으셔서 칠곡에 은거하신 후에도 교회를 지역사회 교육센터처럼 운영해 가셔서 지역의 엘리트들이 교회에 많이 몰려왔었다.

학교 교육을 못 받은 불우청소년을 위해서 성경구락부와 고등공민학교를 개설하시고 면내 최초로 교회 유치원과 신용협동조합을 개설하기도 하셨으며 교회일치운동에도 관심이 많으셔서 두 교회를 통합하기도 하셨다.

그리고 마을 앞을 통행하는 버스의 부당 요금을 바로잡기 위해서 내가 고등학교 다닐 때 아버지가 직접 주민대책위원회를 조직하여 택시를 타고 노선버스 거리를 실측하여 도청 교통운수과를 찾아가서 부당한 요금을 낮추기 위하여 운수회사와 요금협상을 벌이신 일도 있었는데 그로 인해 칠곡면민들이 많은 혜택을 보게 되었다.

아버지는 교회 일과 칠곡국민학교의 사친회장과 영신중 · 고등학교와 가창학교의 이사장직을 수행하는 중에도 노동은 쉬지 않으셨다. "일하기 싫어하거든 먹지도 말게 하라"라는 데살로니가후서 3장 10절 말씀과 "내 아버지께서 이제까지 일하시니 나도 일한다"라는 요한복음 5장 17절 말씀을 좌우명처럼 좋아하셨다. 이런 아버지를 기억하며 내가 수원 농촌진흥청에서 근무하던 시절 아버지의 고희연을 맞이하여 아래의 글을 지어 드렸다.

**일하고 또 일하였노라.**

어둠이 발걸음 소리 내며 새벽같이 떠날 때.
동창살 사이로 보이는 환상
이불 깃 젖히고 나서는 뜨락
풀잎 끝에 구르는 구슬을 깨뜨리며
내딛는 발밑에서 속살거리는 소리

아침 안개 가르며 나가는 들길에서
귓전에 스치는 또렷한 소리는
어디에 가 무엇을 하거나
발목에 감기는 사슬
- 뿌리의 보람은 열매 맺게 함이니
向日하여 꽃피움은 가지의 所任이니라 -

발밑에 누워있는 밭이랑 같이
주름진 얼굴의 땀 닦으시며
먼 하늘 보시는 눈빛은
- 일하고, 일하고, 또, 일하였노라 -

아버지는 설립에 참여하신 영신교육재단으로부터 공로에 대한 작은 보답으로 재단 소유 중 작은 학교 하나를 인수하여 학교육성에 전념하시다가 1996년에 학교 사택에서 92년의 파란 많은 생을 마치고 하나님 품으로 돌아가셨다.

어릴 때 내 눈에 비친 아버지는 자식 사랑이 너무 극진하셔서 혹시나 다칠세라 잘못될세라 노심초사하셔서 잠시도 관심을 소홀히 하지 않으셨기 때문에 속박감을 느끼며 자랐다. 특히 나는 고집이 센 편이라 무서운 아버지 앞에서도 내 고집을 꺾지 않다가 벌도 많이 받았다.

그러던 중 대학 시절에 아버지께서 아동심리학 책을 한 권 사다 달라고 하셔서 사다 드렸더니 밑줄을 그어가며 열심히 읽으시더니 어느 날 자식들을 모아놓고 내가 너무 엄하게 키워 너희들을 졸장부로 만든 것 같아 후회된다고 하셨다.

그러나 아버지의 지극한 자식 사랑을 잘 알고 있어서 아무도 아버지에게 반항하지 않고 아버지의 틀 속에 안거하며 자랐다.

## 3. 천사 같은 어머니

어머니는 9남매의 공통된 기억 속에 천사 같은 분으로 남아있다. 성격이 유순하여 불같은 아버지의 비위를 맞추고 바쁜 농사일을 거들면서도 아홉 남매에게 한결같은 사랑으로 대하시며 매는 고사하고 큰소리 한 번 안 치셨다.

물론 가족같이 지내는 식모가 있었지만, 바쁜 농사일과 열 명이 넘는

명도여학교 제10회 졸업 기념 둘째 줄 맨 오른쪽이 어머니

1938.11.17. 동산병원 간호사 시절 뒷줄 좌에서 4번째가 어머니

식구의 식사 준비와 아침 설거지를 끝내놓고 명주 한복차림으로 거울 앞에 앉아서 화장하시는 모습은 어린 시절 기억 속에 천사 같은 분으로 남아있다.

그리고 자장 이야기를 자주 해주시는데 '정직한 소년' 이야기 또는 미국의 조지 워싱턴 대통령이 어릴 적에 벚나무를 손도끼로 찍어 호통치는 아버지에게 정직하게 자백했던 그런 이야기들을 늘 해 주셨다. 그래서 나는 어린 시절 거짓말과 화내고 욕하는 일을 못 해서 손해 본 적이 많았다. 그러나 자라서도 어릴 때 습관은 쉽게 바뀌지 않았다.

어머니는 지금 대구 YMCA 부근 약전골목에서 한약방을 하시는 외할아버지의 3남 3녀 중 둘째 딸로 대구시 중구 남산동 664번지, 보현사 옆집에서 태어나셨다. 외할아버지가 유교 신봉자였지만 어머니는 집 곁에 있는 대구 남산정교회에서 흘러나오는 찬송 소리에 반해 스스로 찾아가서 예수를 믿고 집안의 첫 번째 기독교인이 되셨다 한다. 어머니는 마르다 스윗쳐(Martha Switzer)*의 사비로 대구 장로교연합회가 운

* 미국 컬럼비아 대학을 졸업하고 자비 2,000원(쌀 200가마에 해당하는 금액)을 기부하여

영한 명도여학교를 1931년에 마치신 후 동산병원의 간호사로 일하시다가 당시 다니시던 교회 이문주 목사님의 소개로 아버지와 결혼하셨다.

처녀 시절에는 박태준 씨가 지휘하는 연합성가대 활동도 하셔서 내가 어릴 적에는 박태준 씨가 작곡한 '동무 생각(思友)', '양양 범벅 쿵'이란 동요 등 많은 동요를 자주 불러 주셨다.

**양양 범벅 쿵**

마을 가신 엄마가 집 잘 보라고
가마솥에 밀과 콩 달달 볶아서,
오빠 한 줌 나 한 줌 나눠준 것을
함께 함께 먹자고 사알살 달래죠.
너는 범벅 쿵, 나는 나는 양양
너는 범벅 쿵, 나는 나는 양양
얼렁뚱땅 우리 오빠 꿀꿀 꿀돼지

반반씩 나눠 먹으라는 간식을 자기는 '양양' 씹어서 먹는 동안 동생에겐 '범벅 쿵' 소리를 내면서 먹으라고 시키는 욕심쟁이 오빠는 마치 국민이 3분의 1씩 나눠 준 권한을 무시하고 의회 권력도 사법부 권력도 혼자 독차지하여 제왕적 대통령이 되려고 계엄령을 선포한 윤석열과 같은 심보의 소유자였던가 보다.

아버지는 근면한 생활 습관과 나누는 삶을 실천하셔서 본을 보이셨고, 어머니는 기독교적인 정직하고 착한 행실을 강조하셨다.

---

명도여학교를 설립하고 대구 여자성경학교를 설립하여 봉사하다가 과로로 순직한 선교사

젊은 시절의 어머니

어머니는 이해심과 이타적인 사랑이 많으셔서, 주장이 강하시고 급한 성격의 아버지에게 늘 양보하고 희생하는 삶을 사시다가 97세로 돌아가셨다.

돌아가시기 직전에는 잠시 치매와 근육 마비가 와서 요양원에서 돌아가셨지만, 면회를 가면 늘 미안하다고 하시고, "내가 너희들에게 섭섭하게 한 것 없나?" 며느리에게는 "내가 혹시 시어미 노릇을 한다고 힘들게 한 것 없나? 있으면 용서해라."라고 하셨다. 병상에서도 어릴 적에 부르시던 옛날 동요와 찬송을 부르시기 좋아하셨고, 간호사 시절에 쓰시던 토막 영어를 하면서 주위를 즐겁게 해 주셨다.

어머니는 처녀 시절 대구 남산교회 탁구 선수를 하셨다고 한다. 그래서 아버지가 어머니와 아이들을 위해서 내가 국민학교 3학년 때 집에 탁구대를 사다 놓으셨다. 어머니는 무서운 아버지한테 늘 지고 사셨지만, 탁구 칠 때는 항상 아버지를 이기셨다.

## 4. 나의 어린 시절

나는 태어난 지 1년 반 만에 6 · 25 전쟁이 일어나서 대구로 피난을 가게 되었다. 이웃 사람들은 서둘러 피난을 가는데 아버지는 교인들을 데리고 같이 가려고 교우들의 집을 일일이 찾아다니시다가 돌아와 맨 나중에 피난길에 나섰다. 6km쯤 가다가 칠곡과 대구가 접경한 금호강을 건너는 팔달교에 이르렀을 때 미군들이 대구 시내 진입을 통제하기 시작했다. 대구에는 외가를 비롯하여 숙부, 고모, 이모 집 등 신세를 질 만한 집이 많았지만, 미군의 통제로 대구 진입이 좌절되어 우리 가족은 강 상류를 따라 올라가서 조야동의 예배당에 짐을 풀었다. 그곳에서 끌고 온 염소를 잡아 곰탕을 끓여 이웃과 나누어 먹었는데 두 돌도 안 된 나에게 염소 곰탕 국물을 먹이는 바람에 그걸 먹고 심한 설사를 하게 되었는데 오랫동안 지속이 되어. 또 아들을 잃을까 봐 온 가족이 가슴 졸이며 기도했다고 한다.

인천 상륙작전과 연합군의 반격으로 대구 북방 20km 부근까지 내려왔던 인민군이 물러가고 우리는 피난을 끝내고 집으로 다시 돌아오게 되었다.

그런데 우리 집은 북한군이 쏜 포탄에 맞아 지붕 모서리가 함몰되어

어린 시절 교회에 다녀오신 후 집에서 잠시 탁구하시는 부모님과
첫째 형님과 둘째 여동생 현

있었고 과수원은 미군 포병대의 진지가 되어 있어 대포를 진열하느라고 사과나무들은 넘어뜨리거나 가지를 부러뜨려 과수원을 엉망으로 만들어 놓고 바닥에는 기름으로 얼룩지고 포탄 피가 수북이 쌓여있었다고 한다.

그러나 내 유아기의 기억은 피난을 다녀온 직후 내가 거의 세 돌이 다 됐을 무렵인 1951년 12월 동지가 며칠 지난 후부터 기억나기 시작한다. 어머니가 동생을 낳으러 대구에서 조산원을 하는 이모 집에 가셨다가 여러 날이 지난 후에 하이야(hire)라고 하는 전세 택시를 타고 돌아오셨다. 할머니 곁에서 엄마가 보고 싶어 보채다가 심심해서 배추를 거둔 빈 밭에 나가 고랑과 이랑을 오르락내리락하면서 혼자 놀고 있는데 경적을 울리며 집 안으로 승용차가 들어왔다. 깜짝 놀라 헐레벌떡 뛰어갔더니 어머니와 식모가 이불보에 싸인 아기를 하나씩 안고 내리셨다. 반가워 어머니에게 매달리며 "엄무이, 와, 인제 왔어예?" 하고 물으니 "네 동생을 둘이나 낳아 오느라고 이제 안 왔나?"라고 하셨다.

나는 너무 좋아서 이웃집으로 달려가서 "우리 엄무이가 동생을 둘이나 낳아서 오셨어예" 하고 자랑하며 다녔다. 이것이 아직도 생생한 내 첫 기억으로 남아있고 그 뒤로 휴전협정이 맺어지기 전에 동네 주변에 머물던 미군과 국군들의 행군 장면들이 파노라마처럼 기억 속에 남아있다. 어릴 적 나는 피부가 희고 뚱뚱해서 양놈이라 놀림을 받거나 밀돼지(털이 흰 돼지)란 놀림을 많이 듣고 자랐다. 어느 날 빨래하러 가시는 어머니를 따라가서 얕은 물 속에서 발가벗고 놀고 있었는데 동네 처녀들이 빨래하러 오다가 멀리서 보고는 양놈 있다고 하면서 놀라서 돌아갔다는 얘기도 들었다.

나는 9남매 중 다섯째인데 위로부터 세어도 거꾸로 세어도 다섯째,

딱 중간이라서 조금은 투명 인간처럼 무관심 속에 자랐다. 내 생일이 1월 25일이라 졸업식은 거의 내 생일과 겹쳤는데, 고등학교 졸업식 날은 아무도 오지 않아서 가장 우울한 졸업식이자 생일을 보냈다. 그뿐 아니라 군대 생활할 때도 한 번도 면회 오는 가족이 없었다.

나는 엄격한 기독교적 가풍으로 인해 어릴 적부터 거짓말을 하지 못했고 시험을 칠 때면 시험공부를 따로 한 적이 거의 없어 모르는 문제가 많았지만, 커닝은 평생 한 번도 하지 않았다.

초등학교 6학년 때는 200명의 동기생 중에서 대구 시내 중학교로 진학할 학생들을 모아서 남녀 합반으로 수험 반이라고 하는 특별반을 만들었는데 그 반은 석차 순으로 좌석 배치를 하여 경쟁심을 조장하였다. 시험을 치는 시간에는 선생님은 주로 철판 위에 등사지를 올려놓고 또 다음 시험문제를 철필로 쓰고 계셨다. 그 사이에 학생들은 참고서를 펼쳐놓고 보기도 하고, 뒷줄에 앉은 아이들이 앞줄까지 기어가서 공부 잘하는 학생의 답안지를 보고 베끼는 일들도 많았지만, 나는 한 번도 커닝을 하지 않았다. 그래서 처음에는 앞줄에 앉았다가 졸업할 때는 20위권 밖까지 밀려났지만, 실제 실력은 그렇게 나쁘지 않아 계성중학교에는 들어갈 수 있었다.

시골 학교였기 때문에 매년 경북중학교나 사대부속중학교에 한 명 들어가면 다행이고 그보다 조금 못한 계성중학교도 전교에서 3~4등 안에 들어야 들어갈 수 있었는데 20등에도 못 들어간 내가 합격했으니 너무 예상 밖의 사건이라 교무실에서는 이변으로 여겼는가 보았다. 교감 선생님이 나를 찾는다는 연락이 와서 교무실로 찾아갔더니 나를 업고 덩실덩실 춤을 추셨다.

나의 학창 시절은 공부는 학교 수업 시간에만 하는 것으로 여겼고,

교회 다니는 일과 교회 중 · 고등부 학생회 활동과 클럽 활동에는 진심이었다.

나의 동기(同氣, sibling)들은 위로 누님 두 분이 있었는데 큰 누님은 내가 태어나기 전에 시집을 가서 큰 생질(甥姪)은 나보다 나이가 많았고 자형은 장학사와 학교장을 은퇴하고 100세 생일 축하를 받고 돌아가셨고, 둘째 누님도 내가 어릴 때 신학대학 재학 중 경북대 의대생에게 시집을 가서 행복하게 살다가 돌아가셨다. 형들은 한 분은 학교장으로 또 한 분은 신협 상무와 학교 서무과장으로 일하다가 은퇴하셨다. 그리고 밑으로는 미술대학을 나와 미술 교사인 동시에 신춘 문예로 등단하여 시인으로 활동하고 있는 남동생과 그의 쌍둥이 여동생이 있는데, 여동생은 화학 교사로 근무하다가 결혼하여 베트남에서 피복제조업을 하는 남편과 살고 있고, 둘째 여동생은 중학교 영어 교사를 하다가 교감으로 명예퇴직했는데, 매제가 나하고는 대학교와 신학대학원과 한국기독학생회총연맹(KSCF) 그리고 YMCA 간사까지 4중 후배인 이상점 목사로서 내가 중매도 하고 대구 YMCA에 취업도 소개하였다. 지금은 YMCA 은퇴 후 연해주에서 선교사로 활동하다가 은퇴하였다. 그리고 막내 여동생은 정유회사 근무하다가 퇴직한 신랑과 함께 대전에서 살고 있다.

어린 시절 우리 가족은 집안에서 형제자매들끼리 친구처럼 같이 뛰놀며 가깝게 지냈다. 왜냐하면, 집도 동네에서 떨어진 과수원 속에 있었고, 동네에 가끔 나가면 새로운 분위기에 재미도 있었지만, 아이들이 툭하면 서로 싸우고 상스러운 욕설을 입에 달고 살기 때문에 적응하지 못하여 욕하지 않고 착한 아이들이 사는 동네로 이사하자고 울며 조른 적도 있었다.

방학 때가 되면 방학 끝날 때까지 일가친척들이 번갈아 가며 곤충 채집통을 들고 놀러 와서는 며칠씩 머물다 가서 방학 내내 손 접대하느라 고 동네 나갈 일이 거의 없었고 핑계 같지만, 숙제할 시간도 없었다.

어쩌면 어린 시절 나는 아버지의 유리온실 속의 화초처럼 자랐다고 해도 과언이 아니다. 그래서 주변의 어른들이나 어릴 적 친구들을 만나면 지금까지도 "어릴 때 너는 참 착했다"라고 얘기하는 친구들이 많다. 그러나 공부는 그렇게 좋아하지 않았지만, 글쓰기 시간이나 미술 시간에는 우수작품으로 선정되어 칭찬받고 교실 앞에 나가서 작품 낭독을 한 적이 많았다.

그리고 고등학생 시절부터 중앙일보 독자 시단란에 시조를 투고하여 여러 차례 원고료를 받고 게재된 적이 있었다.

그중 맨 처음 소개된 시조는 사색(思索)이란 제목의 시조였다.

고등학생의 치기(稚氣) 어린 작품이지만 첫 작품이라 애착이 간다.

思索

忙中閑, 그 한때를 現實의 彼岸에서
빈 가슴 가득하게 어둠이 스미도록
心淵의 깊은 못에서 永劫으로 向한다.

중앙 일간지에 자주 작품이 실리자, 원근 각처에서 펜팔 요청 편지가 오곤 했다. 그러나 학창 시절의 꿈은 문학을 취미로 간직하고 농장을 운영하면서 주말 캠프장을 갖춘 청소년 수련기관을 운영하는 것이 꿈이었다. 그 배경에는 부끄러운 이야기지만 남자는 생산적인 일을 해야

지 음악이나 문학과 같은 비생산적인(?) 일을 직업으로 갖는 것은 바람직하지 않은 일로 여기던 당시의 보수적 사고가 영향을 미쳤다고 솔직하게 고백한다. 최근 노벨문학상을 받은 한강이 문학으로 과거가 현재를 구원하는 힘을 발하게 할 수도 있음을 증명하였지만, 그때는 생각이 짧아 깨닫지 못하였다. 그리고 나의 경험으로는 중학생 시절부터 교회 학생회를 자치적으로 운영하면서 지도력의 빈곤을 느꼈기 때문이다.

특별히 내가 다니던 교회가 기독교장로회 소속 교회였는데, 나지막한 돌담을 경계로 붙어 있던 예수교장로회 교회와 통합하여 10여 년간 무 교파 교회로 있었다. 무소속 교회인 탓에 교단 소속 교역자가 부임하기를 피해서 주일 예배는 대구 시내 기독교 학교 교목들이 주로 순회 설교를 하였고, 중 · 고등부는 지도할 전담 교역자가 없어서 학생들이 직접 설교자들을 초청해서 예배를 드릴 때가 많았다. 그리고 매월 한 차례 월례회 때는 아버지와 선배들로부터 회의법을 배우면서 중 · 고등부 자치활동을 참 재미있게 운영해 갔다.

그러한 경험이 바탕이 되어 나는 자라면 좋은 청소년 지도자가 되어 청소년 수련시설을 갖춘 농장을 운영하는 것이 꿈이었다.

고3 시절에도 교회 학생회 회장을 하고 싶은 욕심으로 회장 임기 끝난 후 대학입시를 위한 최소한의 정리 공부 시간을 가지기 위하여 임원 개선 전 회칙심의 순서 때 총회를 다음 해 3월에서 12월로 앞당기기로 회칙을 변경하여 고3 12월까지 교회 학생회 회장을 수행하였다.

회장을 하면서 매달 월례회를 열어 각부별로 거의 매 주일 다양한 2부 활동을 추진하여 2부 활동에 흥미를 느낀 학생들이 몰려와서 굳이 전도하지 않아도 학생 수가 1년 만에 3배나 증가하는 결과를 이루었다.

기독학생회(SCM) 활동은 고등학생 시절부터 참여하다가 대학생 시

1965년도 대구고 SCM을 방문한 김정일 목사와 김문소 간사와 회원들. 앞줄 우측 두 번째가 나

절 KSCF로 통합되면서 자연스럽게 이어졌고, YMCA 활동은 대학 1학년을 마치고 1년간 휴학할 때부터 열심히 참여하였다.

앞에서도 언급했지만, 청소년 시절의 꿈이 청소년 수련시설을 갖춘 농장을 운영하는 것이 꿈이었으므로 대학은 문학이나 인문 사회계열 대신에 과수원 운영에 필요한 농과대학 원예학과를 선택했다.

대학 입학을 하였다. 대학 입학 당시에는 경북대 전체 입학정원이 500명도 되지 않았다. 가난한 시절이라 학비가 저렴한 국립대학의 경쟁률이 높아 경북대 농대에 들어갈 성적으로도 서울의 사립 명문대학에도 갈 수 있는 과가 많았으나 9남매를 둔 집안 형편을 생각해서 욕심을 버리고 경북대학교에 들어갔다.

신입생 오리엔테이션에서 독일에서 공부한 어느 교수님의 말이 내 마음에 쏙 들어왔다. "공부는 평생 하는 것이다. 대학에서는 공부하는 방법만 알아두고 대학의 낭만을 즐겨라."

나는 무서운 아버지 슬하에서 엄하게 자라서 부끄럼을 잘 타고, 내성적인 성격을 가지고 있었다. 이를 극복하기 위해 다양한 동아리 활동과 취미활동을 통하여 사교성도 키우면서 낭만을 찾고 싶었다. 그래서 동아리 활동은 많을 때는 다섯가지나 했는데, 즉 YMCA와 SCM 활동에 열심이었고, 지역사회개발연구부와 밀알성서연구회 활동에도 열심히 참여했다.

대학에 다니면서 알고 보니 우리 학과 30명 중 내가 제일 막내였고 2, 3년 선배들도 여럿 있었다. 1학년을 그럭저럭 마치고 휴학했다. 대학을 졸업하기 전에 자동차 운전과 영어도 좀 더 공부하고 다양한 산업현장 경험도 해보고 싶었다. 그래서 아버지의 동의하에 자동차운전학원과 영어학원에 등록하였다. 당시는 16주간의 교육을 마쳐야 면허시험에 응시할 수 있었다. 그때는 뇌물을 주지 않으면 합격이 어려웠다. 나는 뇌물을 바라는 시험관의 암시를 모른 척 무시했더니 불합격 판정을 받아 다음 기회를 기다려 면허를 따느라고 두 학기를 쉬었다가 복학했다. 태어나서 처음으로 부패한 세상 현실의 뼈저린 아픔을 느꼈다.

휴학 중에 지나가는 길에 중앙통에 있는 YMCA회관을 들렀다가 게시판에 붙어 있는 프로그램 안내를 보고 마음이 끌렸다. 그때부터 매주 대학생 클럽과 월요세미나 등 각종 프로그램에 부지런히 다니다가 송정한 총무와 전호영 간사의 눈에 들어 고교 Y 지도자와 대학부 활동 등으로 조금씩 빠져들게 되었다.

## 5. 사별의 아픔

사람이 살다 보면 만남과 이별은 일상처럼 흔히 겪는 일이다. 그러나 영원한 이별인 죽음은 모두를 슬픔에 잠기게 한다. 어릴 때 할머니가 돌아가신 후 몇 년 뒤에 천사같이 예쁘고 명랑하던 남동생이 첫돌 지난지 얼마 되지 않아 갑자기 이상 징후가 왔다. 밤중에 자지러지게 울다가 경련을 일으키는 아이를 아버지가 등에 업고 삼십 리가 넘는 거리의 대구에서 명의로 소문난 손인식(독립유공자) 장로가 진료하는 병원까지 달음박질해 기셔서 치료받고 돌아왔지만, 그다음 날 하늘나라로 가고 말았다.

온 가족이 받은 충격은 너무 컸지만, 슬픔이 다른 가족의 슬픔을 증폭시킬까 봐 서로가 표현은 자제했다. 그러나 북받치는 슬픔을 억누르기가 어려웠다. 그중에도 어머니는 식음 을 밀리하며 하나님께 매달렸다.

나중에 밝혀진 바에 의하면 당시에 어머니가 농사일을 거드느라 바빠서 이웃집 소녀를 아기 돌보미로 고용하였는데 이 소녀가 아기를 업고 동네에 나갔다가 친구들과 어울려 아기를 업은 채 고무줄놀이한다고 뜀뛰기를 했다는 사실이 밝혀졌다. 그로 인해 '유아 흔들림 증후군(Shaken Baby Syndrome)'으로 인한 사망으로 짐작되었다. 그렇지만 그런 행동을 해서는 안 된다고 미리 예방 교육을 하지 못한 우리 잘못도 있고, 어린 소녀가 받을 충격을 생각해서 그냥 조용히 넘어갔다.

오랫동안 아들을 잃은 아픔을 가슴에 안고 괴로워하며 하나님께 매달려 기도하시던 어머니가 어느 날 하늘에서 꽃수레가 내려와 죽은 동생을 태우고 둥실둥실 하늘로 올라가는 꿈을 꾸셨다며 틀림없이 하나님이 아기의 영혼을 천국으로 데려가신 것의 증거로 보여주신 것이라고 우리를 달래주셔서 슬픔을 잊은 적이 있었다.

그 동생의 돌사진은 액자에 넣어 오랫동안 방에 걸어두고 추모했는데 정말 인물도 출중했고 목욕할 때 물장구를 치며 까르르 까르르 웃던 모습이 너무나 귀여워 오랫동안 잊을 수 없었다.

그런데 대학 시절에 또 한 번 안타까운 죽음을 겪어야 했다. 죽은 아이는 친동생은 아니지만 친동생처럼 여기던 병원 집 아들이었다. 이 병원 집 아주머니는 우리를 가족처럼 여기며 사랑을 베풀어주셨고 늘 고모라 부르라고 하시던 같은 교회 집사님의 5남 4녀 중 다섯째 되는 동생이었다. 또한 그 집에서 우리 아버지의 이름을 따서 세원으로 지은 아이였으며, 내 친구의 동생이자 내 동생의 친구였다.

그 아이는 시골 학교에서 특별히 과외 수업을 받지 않았는데도 경북중학교를 3등으로 합격한 천재였다. 그 시절에는 성적순으로 반장을 시키는 전통에 따라 세원이도 반장을 하였는데 그는 자기 할 일만 했지 남을 통솔하는 성격이 되지 못하여서 같은 반 아이들이 떠들어도 아랑곳하지 않고 혼자 책을 읽고 있었는데 수업하러 들어온 선생님이 반장을 앞으로 불러내어 교실이 시끄러운데 왜 반장이 단속하지 않고 그냥 두었느냐고 꾸짖으며 뺨을 때리는 일이 있었다고 한다.

세원이는 시키지 않아도 제 앞가림은 알아서 잘할 뿐 아니라 나쁜 짓 하는 아이가 아니라서 집에서 한 번도 매를 맞은 일 없이 자란 아이였는데, 태어나서 처음으로 뺨을 맞고 나니 자존심에 상처가 감당할 수 없이 컸던가 보다.

그일 이후로 세원이는 학교에 가지 않았고 집에서 국문학과에 다니는 누나와 형들이 보는 책을 읽으며 지내다가 부모들의 잔소리를 피해 다락방으로 숨어들었고, 집안에서는 기도하는 사람을 데리고 다락방까지 쫓아와서 기도해 주겠다고 나오라고 재촉하고, 좀 나와서 돌아다니기라도 하라고 잔소리하는 엄마를 피해서 밤늦게까지 숨어 있다가 나타나기도 하여 가족의 속을 태웠다. 궁리 끝에 전방에서 군종장교로 근무하던 사촌 형에게 보내어 상담과 교육을 받도록 하기도 하였다.

그러던 어느 날 전방에서 집으로 편지가 왔는데, 그 편지는 아래와 같이 온통 숫자만 적혀있는 암호 편지였다.

"11+27/8, 15+23/14, 8+27, 8+21, 14+23+30, 7+23+30,
7+24+30, 15+23/10, 14+30, 12+21, 72+27+30, 14+23

---

15+27+7, 8+29, 8+22, 13+21, 8+29, 8+22, 7+29, 7+23+13, 14+30,
11+27+8, 15+23+30 10+25, 9+21"

---

이런 암호문을 받고는 온 식구가 어리둥절하여 해독할 엄두도 못 내고 있다고 하면서, 경북대학교에 평화봉사단으로 왔던 미국 남자와 결혼하여 지금은 보스턴에 살고 있는 누니가 우리 집으로 전화하여 찾아갔더니 나에게 해독해 달라고 그 편지를 주었다.

그 암호 편지를 받고 집에 와서 가만히 들여다보다가 얼른 떠오르는 생각에 문장의 끝은 대부분 '까' 아니면 '다'일 확률인 많을 텐데, 그렇다면 마지막 숫자가 'ㅏ'일 것이고 'ㅑ ㅓ ㅕ'는 순차적으로 그다음 숫자일 것이라는 가정하에 표를 만들어서 적용해 보았더니 쉽게 해석이 되었는데, 풀어보니 다음과 같은 내용이었다.

문정 누나에게

계절이 바뀌어 아침저녁으로 찬 바람이 불어 옷깃을 여미게 하는 가을에, 집안 식구 모두 평안하신지요? 저는 군목 형님의 각별한 보살핌으로 잘 지내고 있습니다.

요즘은 얼마 전에 읽은 '젊은 베르테르의 슬픔'에 나오는, "죽느냐 사느냐 그것이 문제로다"라는 베르테르의 고민이 마치 내 심정처럼 느껴질 때가 있습니다.

대충 이런 내용의 편지였다.

그래서 내용을 어른들에게 공개하지 말고 누나와 형들이 특별히 관심을 두고 잘 보살펴 주는 것이 좋을 것 같다고 하면서 번역한 편지를 누나에게 전해 주었다.

그 후 세원이는 집에 돌아와서 얼마 동안은 잘 지내다가 불면증에 시달린다고 하면서 병원 약제실에서 수면제를 조금씩 조금씩 가져가 모아 뒀다가 한꺼번에 과용하여 열여섯의 짧은 생을 마감하고 저세상으로 가고 말았다.

그 일로 인해 체벌은 타인의 인격을 말살하는 일이자 죽음에 이르게 할 수도 있다는 사실을 가슴 깊이 새기는 계기가 되었고, 이 일로 인해 후일에 신병교육대 교관을 할 때도 신병들을 때린 적이 한 번도 없었고 가능하면 인격적인 훈화로 부하들을 가르치려고 결심하게 되었다.

## 6. 대학 생활과 동아리 활동

1년 휴학 후 1969년에 2학년으로 복학을 하여 학내 동아리인 SCM 회원으로 가입하여 활동하기 시작하였다. 하교 후에는 칠곡장로교회 청년부 활동과 교회가 운영하는 고등공민학교 교사로도 봉사하였다.

칠곡교회 부설 고등공민학교 뒷줄 우측이 박병종

경북대 기독학생회(SCM)의 당시 지도교수는 삼덕교회 장로이신 경제학과 김재진 교수였다. 당시 경북대 SCM은 성서 공부와 예배가 주된 활동이었고 사회문제에 대해서는 별로 관심을 두지 않았다. 그러다가 김재진 교수가 연세도 많고 바쁘셔서 보다 젊은 사회학과 권규식 교수를 지도교수로 추천해 주셨다. 권규식 교수는 당시에 학생처장을 맡고 계셨기 때문에 내가 권 교수께 요청하여 1970년도 신입생 학생 카드 열람을 허락받았다.

내가 입학하던 67년도에는 경북대학교 입학생이 492명밖에 안 되었지만 1970년도에는 공과대학이 신설되어 정원이 600여 명 정도로 늘었는데 그 카드를 거의 다 열람하며 기독교인 신입생 주소를 손으로 일일이 베껴서 초청장을 발송하여 입학 환영회를 개최하였다.

당시에는 KSCM과 대학 YMCA와 대학 YWCA가 통합하기로 준비모임을 가졌으나 나중에 YWCA는 빠지고 두 단체가 통합하여 KSCF로 거듭난 첫해였는데 신입생 환영회를 통하여 많은 회원을 확보하였다.

그리고 통합 후 경북대학교 초대 기독학생회(SCF)를 이끌어갈 새 임원을 구성했는데 내가 회장에 당선되었다.

아마도 SCM과 YMCA 양 단체 활동을 한 유일한 사람이었기 때문에 자연스럽게 내가 선출되었던 것으로 생각했다.

경북대 SCF 회장이 된 후 SCF가 조직되지 않은 대학들을 찾아다니며 비가맹 기독교 클럽의 가입을 권유하고 신규 조직을 지원하였다.

당시에 새로 가입한 학교는 경북대 의과대학 기독학생회를 비롯하여 영남신학대학(회장 고은태)과 대구교육대학, 경북대 간호학과 등이었다.

그리고 대구연합회를 결성하여 회장에 서정규(경북대 의대 본과 3학년) 부회장은 내가 맡기로 하고, 여자 부회장은 이신희(계명대 교육학과)가 맡았으며, 총무에는 이진문(영남대 화공학과 3학년) 등으로 구성되었다.

회장 서정규는 경북대 의대 66학번으로 경북대 의대 Y 클럽인 아틀라스클럽 회장 출신으로서 대구 YMCA 학생 이사로도 봉사하고 있었다. 그는 처음에는 의학 공부와 여러 가지 직책 등으로 바쁘다고 사양했지만, 실질적인 회무는 부회장인 내가 대행하는 조건으로 동의를 받았다.

1970년도 경북대 야외집회 장면

옆 그림과 연결, 야외집회 장면

청천 다락원캠프장에서 가진 KSCF 대구연합회 주말 수련회. 앞줄 중앙에 구의령(Grubb) 선교사 김재진 교수, 그 옆이 연합회장(서정규/경대의대) 구 선교사 뒤에 영남신대 김기달 지도교수 맨 뒷줄 뒤돌아보는 이진문 총무(영대공대) 그 좌측이 남인술 경대 부회장 그 좌측 세 사람 건너 여자 부회장 이신희(계명대 교육과)

연합회 활동으로는 1970년 4월에는 대구 YWCA 강당에서 KSCF 대구연합회 주최로 4.19 10주년 기념 강연회를 가지기도 하고, 청천 나락원캠프장에서 1박 2일 주말 수련회, 대구 동로교회에서 현대신학 세미나, 이시형 박사 초청 강좌 등을 실시하였고, 대구 YMCA에서 브라이덴슈타인(Breidenstein) 박사 초청 강연회와 사회 계발단 훈련을 받았다. 여름방학에는 빈민 지역에서 활동하였는데 안타깝게도 나와 이진문 총무는 ROTC 병영훈련으로 인해 체험활동에는 참여하지 못하였다.

KSCF는 슬로건을 "한국을 새롭게"로 내걸고 사회 구원을 위해 활동하는 반면 보수 교단에서는 개인의 영혼 구원에 치중하고 있었다. 그래서 보수적인 신앙이 강한 대구지역에서는 사회적인 문제에 관심을 두는 SCF를 곱지 않은 눈으로 바라보는 교인들이 많았다. 그런 반면에 중앙위원회와 같은 전국 모임에 참석하면 다른 지역의 친구들이 대구연합회 대표들을 보고 보수주의자들이라고 놀렸다.

실제로 이런 지역의 보수성 때문에 내가 졸업한 뒤에 갈등의 불씨가 된 적도 있었다. 졸업하고 군대 생활을 할 때 후배들이 전국대회에 참석했다가 여자 간사가 담배 피우는 것을 보고 연맹 탈퇴하자는 회원들이 많이 나와 어떻게 하면 좋을지 고민하는 편지를 보내기도 하였다.

서울은 목요 기도회나 기독교교수회 등, 각종 모임을 통해 듣고 배우는 것이 많지만 지방에서는 정보나 교육에서 소외되고 있으니까 그 격차가 클 수밖에 없었다. 그래서 내가 당시의 사무총장인 신인현 목사에게 편지를 써서 대구 주재 간사를 파견해 달라고 요청하여 감리교신학대학 출신의 전용환 간사가 주재 간사로 파송되어 대구 동로교회에 사무실을 얻어 근무하게 되었다.

그러나 연맹본부에서 충분한 예산지원을 하지 않고 현지에서 운영이

**1970년 동계 수련회에 참석한 대구연합회 회원들(우측 끝이 박병종, 그 옆으로 고효정(한국사회사업대), 이창희(영남대) 마종열(경대 2대 회장) 이병인(영남대 연맹 부회장) 머플러 두른 사람이 효성여대 회장 한영주, 그 옆이 이태길(계명대) 좌단이 동국대생(나와 함께 연맹 이사로 추천된 사람) 앞줄 우단이 남인술 경북대 부회장 그 좌측은 경북대 간호학과생들)**

사회를 조직하여 재정지원을 받도록 했는지 이사 확보를 위해 노력하다가 여의치 못하자 교회에 내는 임대료도 몇 달 미뤄놓고 그만두고 말았다. 어느 날 교회에서 재정 장로를 만났더니 임대료도 제때 내지 않아 신경이 쓰인다고 하기에 내가 대납했다가 나중에 연맹으로부터 환불받았다.

어쨌든 조직 확상과 다양한 활동으로 대구연합회가 서울을 제외하면 가장 활발한 활동을 하는 지역으로 인정을 받아 1971.1.12.~16 수원 크리스챤 아카데미에서 열린 총회에서 신인현 사무총장의 추천으로 내가 연맹이사회의 학생 대표 이사 2명 중 1명으로 선임이 되었다.

그리고 경대 기독학생회는 2대 박종열 회장(공대 응용화학과)에게 대를 물려 주었고 대구연합회는 2대회장에 이규석(경북대 의대 69학번) 3대회장 강형구(경북대 전자공학과 70학번)로 이어졌으며, 나는 1972년 2월에 대학을 졸업하였다.

## 7. 육군 장교와 농업연구직 공무원 근무

대학 졸업 후 광주 송정에서 16주간의 육군보병학교 훈련을 마치고 충북 증평에 있는 신병교육대로 배치가 되었다. 신병교육대 교관 근무 때는 우수 교관으로 포상도 받았고 사단 군가 경연대회에는 지휘자로 임명받아, 사단가를 내가 3부 합창곡으로 편곡해서 연습시켜 최우수상을 받고 포상 휴가를 간 적도 있고, 참 재미있게 근무하였다. 그러나 잘 나가다가 갑자기 역사적인 유신헌법 국민투표에 반대표를 찍은 일로 분위기가 반전되는 일이 닥쳐오고 말았다.

유신헌법은 권력 집중과 장기 집권을 위한 비민주적 헌법이었고 통일주체국민회의라는 독재정권 유지를 위한 도구를 만들고, 유정회 국회의원 제도를 만들어 입법부를 행정부의 부속기관으로 전락시키는 악법이었다. 그러나 국민에게 호도(糊塗)하기를 "파멸이냐? 통일이냐? 유신헌법을 찬성하면 통일을 이루고, 반대하면 파멸에 이른다."라고 국민을 협박하였다. 유신헌법 찬성을 위한 정훈교육을 부대에서 여러 차례 실시하였지만, 교관인 내게는 한 번도 맡기지 않고 중대장이 직접 하였다.

투표용지는 상하로 만들어야 공평하다. 그러나 유신 찬반 국민투표는 좌우로 인쇄되어 있어 대부분의 오른손잡이 유권자가 왼쪽에 있는 반대 기표란을 가리고 오른쪽의 찬성 기표란에 기표하기 쉽도록 제작되어 있었다. 그래서 중대장이 교육하기를 "투표용지 좌측은 반대, 우측은 찬성 기표란이 있으니까, 왼손으로 좌측은 가리고 우측에 찍으면 된다"라고 병사들에게는 여러 차례 사전교육하였지만, 기표소에서 병사들이 망설이고 있었다. 중대장이 지켜보다가 불안해서 사병들을 대신해서 대리투표를 하였고, 간부들은 직접 투표하였지만, 비밀투표 원칙은 지켜지지 않았다.

군대 안의 선거는 민주 선거 4대 원칙 중 직접 투표, 비밀투표 원칙이 여지없이 형해화 되었다. 반대 투표용지는 여분의 용지로 다시 찍어 찬성표로 바꾼다는 소문이 있었다. 나는 그런 줄 알고 있어 반대표를 찍어도 소용이 없다는 것을 알았지만 오기가 발동하여 당당하게 반대표를 찍은 후 봉투를 봉하려고 풀을 찾았으나 없었다. 대대 선임하사에게 "왜 풀이 없지? 풀을 가져와요."라고 명령했다. 민주 투표의 기본인 비밀투표 원칙을 지키기 위해 봉투를 본인이 직접 봉해야 하지만 선임하사가 "우리가 붙이겠습니다. 그냥 주고 가십시오."라고 하기에 어떻게 하는지 보려고 투표용지 봉투를 주고 나오면서 뒤돌아보았더니 내 투표지를 꺼내 보고 반대표임을 확인하고는 몸을 부르르 떨었다.

당시 상황으로 군의 조직적 부정에 맞선다는 것은 상상도 할 수 없는 일이라 어쩔 수가 없었다. 그 후에 신병교육대장이 불러서 갔더니 "교회에도 잘 다니고 평소에 모범 장교라 그럴 줄 몰랐는데, 정신 차리게 해주겠다." 하면서, 전령병에게 몽둥이를 가져오라고 시켰다. 그런데 바로 그때, 상급 부대 상관이 탄 지프가 교육대장실 앞에 정차하는 바람에 체벌은 면했는데 얼마 후 타 부대로 쫓겨가고 말았다.

전출 간 부대는 청주 고속 도로 진입로 주변에 있었는데 내가 주번 근무를 할 때마다 야간에 사단이나 관구에서 지프를 타고 불시 감찰을 나오곤 했다. 그래서 우리 부대 부사관들은 나하고 주번 근무를 같이하면 고달프다고 주번 부관은 항상 하급 부사관들 차지가 되었다.

어느 날 숭실대 SCF 회장 출신 후배인 나상기 씨가 면회를 왔다. 그때 마침 사단 내 기간병들이 폭동진압훈련을 하고 있어서 나상기 씨에게 그걸 가리키면서 분위기가 심상찮으니 조심하라고 충고했다.

그 후 대학가에서는 유신반대시위가 이어졌고 민청학련사건과 인혁당 조작 사건 등이 이어졌다. 거리에는 이철, 유인태 등에 대한 수배 전단이 붙어 살벌한 시국이 이어졌다. 나는 1974년 6월 말에 육군 중위로 소집해제가 되어 예비역으로 전역 되었다. 전역하기 전 대대장이 대대 간부들과 함께 전역 축하 파티를 열어 주면서 하는 말이 "박 중위 저놈 전입해 올 때 신병교육대장이 인수인계하면서 사상이 불순하니 조심하라고 해서, 처음에는 삐딱하게 봤는데 1년간 겪어보니까 진국이라"라

보병 장교 시절

우장춘 박사 동상 앞에서

고 웃으며 얘기했다.

전역 후 수원에 있는 농촌진흥청 원예시험장에서 지금의 7급 공무원에 해당하는 농업연구직 국가공무원이 되어 근무하게 되었다. 당시에는 방글라데시와 비아프라 같은 나라를 중심으로 하루에 평균 만 명이 넘는 아사자(餓死者)가 발생하였고, 인류의 1/3이 영양실조에 걸려 있다는 사실이 언론에 자주 보도되던 시대였다. 그래서 기아 문제 해결을 위해 식량 연구가 중요한 과제라는 생각에서 식량작물개량연구소에서 연구 요원으로 열심히 일하였다. 그 결과 연구소장의 제1호 표창을 받기도 하고 국비유학생으로 선발이 되어 동료들의 부러움을 샀다. 그런데 내 삶에 전환점이 될 계기가 우연이라 하기 보다는 하나님의 섭리처럼 찾아왔다.

어느 날 연구소 선배가 급한 일이 있어 내가 숙직 근무를 대신하게 되었다. 숙직실에서 신문을 보았더니 세계 식량과 기아 문제가 기획 특집으로 게재되어 있었다. 그 내용인즉슨, 세계의 식량 총생산량은 절대 모자라지 않지만, 가격 조절을 위해 식량 부국은 내어버리기 때문에 모자란다는 것이다. 즉, 식량의 절대 생산량은 모자라지 않지만, 분배가 문제라는 것이었다.

그 기사를 보는 순간 식량 연구를 위해 유학을 하려고 한 모든 계획이 무의미하게 느껴졌다. 그래서 1년이라도 먼저 신학을 마치고 분배를 위해 일하고 싶었다. "지극히 작은 자에게 행하는 그것이 나에게 한 것과 같다"라는 예수의 가르침을 실천하는 교회의 사명을 깨우치고 싶었다. 농업 연구원으로 근무한 지 3년 반 만에 국비 유학 직전에 사표를 내고 새 학기에 한신대학 대학원에 입학하였다.

## 8. 생산보다 분배를 위한 삶으로

신학 공부는 사실 대학재학 중에 해보고 싶다는 생각이 들었다. 모태신앙으로 어려서부터 엄마를 따라 예배당에 다녔기 때문에 자연스럽게 예수를 믿었고, 그냥 내가 믿는 대로 살면 되는 줄 알았다. 그런데 대학교에 다니며 기독학생회 활동을 하면서 SCF(Student Christian Federation) 외에도 SFC(Student For Christ) Navigator, C.C.C.(Campus Crusade for Christ), U.B.F(University Bible Fellowship) 등 많은 기독교 단체가 있었다. 모두 취향에 따라 활동이 다른 줄로만 알았는데 신앙의 종파가 매우 다르다는 것과 배타성이 강한 단체들도 있다는 것을 알게 되었다. 심지어 "차선은 최선의 가장 큰 적"이라고 하며 신앙 노선이 다른 단체들을 적대시하는 배타성을 보면서 충격을 받아 아버지에게 신학 공부를 해보고 싶다고 조심스럽게 여쭈어보았는데 마치 기다리셨다는 듯이 아주 좋아하셨다. 아버지께서는 맏아들은 하나님의 종으로 키우고 싶어서 맏형의 이름을 목(牧)이라고 지었는데 어려서 병으로 죽게 되었다. 아버지는 아들을 목사로 키우려는 꿈은 포기하고 누나를 신학교에 보내어 목사 사모로 만들려고 했지만, 신학교 재학 중에 의대생에게 시집가는 바람에 목사 부모가 될 인연은 없는 것으로 알고 포기하셨다고 하셨다.

그러나 신학교에 보내기를 원하시면서도, 시대 상황이 유신 치하라서 신학을 보냈다가는 반정부 시위에 휩쓸릴까 봐 두려워서 내 성향을 점검하시곤 하셨다. 그런데 내가 솔직하게 속내를 드러내는 바람에 불안해서 신학 진학을 말리시다가 한신의 교수진도 많이 바뀌고 학장도 온건한 목회자 출신으로 바뀐 것을 보시고는 조금 안심이 되셨는지 신학기만 다가오면 신학 공부를 권하셨다.

아마도 내가 급진적인 학풍의 한국신학대학이 아닌 장로회신학대학을 택했더라면 아무 염려 없이 제대 직후에 바로 진학을 허락하셨을 것 같았다.

내가 처음 신학을 가려고 할 때는 신학교에서 유신반대 데모가 많이 일어날 때였고 민청학련사건과 인혁당재건위 사건 등으로 민주인사들을 영장도 없이 체포하여 군법회의에 넘기던 시절이라 민주화운동의 선봉에 서있던 한국신학대학에 아들을 보내면 민주화운동에 빠져 구속될 것이 불안하셔서 제대 직후에는 진학을 반대하셨다. 그러다가 민주인사들과 진보적인 교수들이 대거 해직되고 구속된 뒤에 학풍이 진정되어 가는 듯하여지자, 신학 진학을 거듭 촉구하셨다.

그러나 이미 농업 연구에 사명감을 느끼게 되었고 국비유학생으로 선발까지 되었으니, 신학을 포기하려 했는데 갑자기 상상(像想) 결핵(?)도 걸리고 우연히 접한 신문 특집에 충격받아 생산보다는 분배가 먼저라는 신념으로 신학 진학을 결심하게 되었다.

1978학년도에 내 나이 서른에 일반대학 출신 과정인 M.Div. (Master of Divinity) 과정에 진학하게 되었다. 그러나 재학 중 대학원이 일반대학원과 특수대학원으로 이원화가 되면서 일반대학 출신과 신학대학 출신 구분 없이 입학성적 상위합격자는 일반대학원으로 편입되어 Th.M (Master of Theology) 과정으로 진학하게 되었다, 단지 학부의 필수 학점을 3학기 동안에 이수하여 학부와 대학원 통합 과정을 3년에 걸쳐 마치도록 집약직인 교육을 이수하였다.

상상 결핵을 앓게 된 사연은 다음과 같다. 신학을 가기 전에 진로 문제로 고민을 하면서 3일간 단식을 한 적이 있었다. 단식하면서도 농장 창고에 들어가서 작업을 하기도 하고 주말에는 수원장로교회 청년회원들과 무료 병동에 가서 위문 활동도 하였다. 그런데 무료 병동 위문을 다녀온 뒤로부터 기침과 가래가 심해져서 약을 먹어도 낫지를 않았다. 무료 병동 입원환자들이 대부분 행려병자라고 했다. 길거리에서 앓고 있다가 주위의 신고로 실려 온 노숙병자들인데 그중에 대부분이 결핵환자이거나 폐렴 등 호흡기 계통 환자들이라 했다. 그런데도 병실은 환기장치도 없었고 당시에는 공기청정기는 상상할 수도 없던 시절인 데다가 겨울철에는 난방을 위해서 유리창 안쪽으로 비닐을 씌워 놓았기 때문에 자연 환기도 되지 않는 병실이었다.

처음에 병실에 들어서니 살 썩는 냄새와 지린내 등이 진동하고 있어 구역질이 날 정도였다. 나도 후각이 예민하여 메스꺼움을 겨우 참고 있었지만, 여자 회원 중에는 참지 못하여 코와 입을 가리고 뛰쳐나가는 회원들도 있었다. 그곳에서 시간이 조금 흐르자, 후각이 둔해져서 역한 냄새도 참을 만해서 준비해 간 우유와 간식을 먹여드리고 침대 곁에 앉아서 오랫동안 얘기를 나누다가 돌아왔는데 그 뒤로부터 기침과 가래가 끊어지질 않아서 주머니에 가래 뱉을 통을 지니고 다녀야 했다.

약만 처방받아 먹다가 낫지 않아 종합병원에 가서 검사와 진단을 받았는데 X-ray 검사와 객담검사를 비롯한 모든 검사에서 이상이 없다 했다. 병원장은 내과 전문의이자 내가 출석하는 교회의 장로님이었는데 내가 묻기를 혹시 초기라서 나타나지 않은 게 아니냐고 하니 그런지도 모르겠다면서 결핵약을 처방해 주셨다. 그런데 1년 가까이 먹어도 기침은 계속되었다. 병원에 언제 다시 오라는 말이 없어서 약국에서 맨 처음 처방받은 약만 계속 사서 먹었다. 1년이 조금 지났을 즈음 대구에 갔다가 경북대학병원에서 친구를 만나 내 얘기를 하였다. 그 친구가 하는 말이 그 독한 약을 그렇게 오래 먹으면 큰일난다고 해서 겁이 덜컥 났다. 그때 마침 집에 두고 나온 내 가방을 열어본 여동생이 약병이 있는 것을 보고는 어머니에게 알려드리고 말았다. 그래서 내가 결핵 환자라는 사실을 온 가족이 알게 되었다. 가족이 염려할까 염려되어 숨기고 있었는데 이왕 알려지고 말았으니 이제 안심하고 자형의 병원에 가서 진찰받기로 했다.

자형인 이동영 장로는 서민들이 사는 남산동에서 남광의원이라는 일반의원을 개업하고 있었는데, 임상경험이 많아 환자도 많고 유명한 의사였다. 자형은 청진과 문진을 자세히 하더니 환자 카드에 'psychogenic bronchitis'라고 적으면서 "처남은 결핵이 아니니 안심하고 주사 2대만 맞고 내가 지어 주는 약을 먹고 나면 완치가 될 테니 걱정하지 말라"라고 하면서 두 대의 주사와 5일분 약을 지어 주었다. 홀가분한 마음으로 집에 와서 약을 먹기 시작한 지 3일이 되니 깨끗하게 낫고 말았다.

모든 병의 2/3는 심인성 질환(psychogenic disease)이라더니 1년 넘게 고생한 병이 자형의 확신에 찬 진단과 처방을 받으니 사흘 만에 낫고 말았다.

아마도 하나님이 농학 공부하기 위해 유학하러 가려는 꿈을 버리고 신학교로 가게 하시기 위하여 숙직을 서면서 신문 특집을 보게 하시고, 신경성 기관지염이라는 상상 결핵도 걸리게 하셨나보다 하고 목회를 사명으로 알게 되었다.

## 9. 갑자기 이뤄진 결혼

나는 늦게 시작한 신학 공부라서 신학 공부를 박사학위 받을 때까지 하고 늦게 결혼하고 싶었다. 그래서 출석하는 교회에서도 소개해 주겠다는 사람도 많았고, 프러포즈해 오는 여성도 있었고, 미국으로 이민을 떠나면서 경기여고를 졸업한 자기 여동생을 맡기고 싶다는 친구도 있었다. 그러나 나는 한사코 서른 후반까지는 결혼할 생각이 없다고 사양하였다.

그런데 모든 것이 내 뜻대로 되는 것이 없었다. 신학을 가기로 결심하고 신학 입학 준비를 위해 하숙을 하면서 공부할 때였다. 한국기독교장로회 경기노회에서 신학 지망생 노회 추천을 받기 위해 고시부 면접 시험을 마치고 고시 위원장으로부터 추천에 통과되었다는 말과 격려를 받고 돌아오는 길에 긴장과 피로를 풀기 위해 목욕탕에 다녀와서 일찍

잠자리에 들었다. 가을비가 내리는 밤에 자다가 심한 고통과 흑암 속에 잠겨 있다가 간신이 일어나 기어 나오다 쓰러지고 또 쓰러지면서도 방문과 부엌문을 열고 나와 경사진 하숙집의 블록 포장된 마당을 쓰러질 듯 달리다가 담벼락에 '쿵' 하고 부딪혀 쓰러진 채 비를 맞으면서 잠이 들었다. 개 짖는 소리에 깨어난 주인아저씨가 쓰러져 있는 나를 보고는 흔들어 깨우면서도 술도 안 먹는 사람이 도대체 어떻게 된 건지 물었다. 희미한 의식을 더듬어서 "혹시 연탄가스…?"라는 말을 마치자마자 주인이 119구급차를 불러 경기도립병원으로 싣고 가서 산소 캡슐 속에서 처치를 받고 의식을 회복하고 목숨을 건졌다.

그 일이 발생하자 군대에서 근무할 때도 면회 한 번 오지 않으셨던 아버지가 하숙집을 방문하셔서 하루를 같이 지내시다가 오신 김에 휴전선을 가보고 싶다고 하셔서 휴전선에서 가장 가까운 임진각까지 가서 통일의 꿈을 빌고 귀가하셨다.

마침 아버지가 내 하숙집에 오셨을 때 어느 시인이 쓴 인간 내면의 참 자아와 인격적 만남을 노래하는 시를 책상 앞에 붙여놓고 있었다. 오해인지는 몰라도 그것을 보고 내려가신 뒤에 아버지가 갑자기 혼인을 서두르기 시작하셨다. 그 이유를 나중에 돌이켜보니 아마도 그 시가 이중적인 함의를 지닌 시였기 때문에 어쩌면 남녀 간의 육체적 만남을 노래하는 의미로 곡해할 수도 있었을 것 같았다.

다녀가신 뒤에 갑자기 선을 보라고 성화를 하셨다. 신학 입학 후 한 달이 조금 지났을 때 4.19 기념행사가 있었고 그때 박정희 유신정권 반대 시위가 일어나자, 휴교령이 내렸다. 그 사이에, 집에 빨리 오라고 해서 귀향했더니 갑자기 선을 보라고 하셨다. 양가 부모님과 중매를 서신 칠곡장로교회 목사님과 같이 장인이 근무하시는 계명대학교 교목실에서 양가 부모가 함께 만났다.

장인어른은 내가 직접 배우지는 않았지만, 모교인 계성중 · 고등학교 영어 교사를 하셨던 최성찬(崔聖贊) 목사님이었다. 영어 교사를 하시나가 계명대 교수가 되시고, 대구 제일교회에서 장로 안수를 받으신 뒤에도, 장남은 목사가 되어야 한다는 처조부의 강요에 못 이겨 미국 New York Biblical Seminary를 졸업하시고 목사안수를 받으신 후 버클리연합신학대학원(Graduate Theological Union in Berkelay, California)에서 박사학위를 받으셨다. 그리고 장인어른은 기미년 3월 8일 대구 독립만세운동 당시 계성학교 교사로서 학생들과 함께 만세운동을 하신 독립유공자 최경학(崔敬學) 목사님의 장남이셨다.

또한 최경학 목사님은 1902년에 문을 연 대구 최초의 여성교육기관이었던 신명소학교가 운영난으로 남성정교회(현 대구제일교회)에서 특별 헌금을 할 때인 1914년 거액의 운영 기금을 헌금하여 학교를 운영하던 교회에서 학교 이름을 순도소학교*로 개명을 받은 박순도 성도의 외손녀이자 고종 시대 흥해 군수를 거쳐 경상우도 병마절도사와 진주부(晉州府) 관찰사를 지낸 이항의(李恒儀)와 1936년 수성들의 옥답 10마지기를 팔아 남성정교회 종탑을 봉헌한 이주열(李主悅) 권사의 딸인 이수만과 28세의 늦은 나이로 결혼하여 장안의 화제가 되신 인물이었다.

처조부님은 1913년 계성중학교를 2회로 졸업하시고 1917년 평양 숭

* 남자학교인 대남소학교는 운영 기금 헌납자인 서희원 성도의 이름을 따서 희원소학교로 개명하였다가 1926년 남녀공학으로 바뀔 때 희도소학교로 통합되었다가 1941년 운영권이 조선총독부로 넘어가 희도국민학교가 되고 1955년 종로국민학교로 통합되었다.

**처조부 최경학 목사님의 1917년 결혼사진**

실전문학교를 졸업하시자마자 모교인 계성중학교 교사로 발령을 받았다. 발령받은 그해 11월에 남성정교회(현 대구제일교회)에서 브라스밴드가 결혼행진곡을 연주하는 가운데 대구 최초로 서양식 결혼식을 올렸다. 그러나 결혼한 지 1년 4개월 만에 3.8 대구 만세운동에 학생들을 인솔하여 참여하였다가 신혼 시절 1년 6개월을 감옥에서 보내셨다. 출옥하신 후 1924년 대구 최초로 미국 듀북(Dubuque) 대학에서 유학을 하신 후 일본 교토교회 초대 목사로 목회하시다가 일본의 탄압으로 다시 귀국하여 대구 중앙교회와 문화교회 목사와 성광중 · 고등학교 교목을 지내신 분이다.

또한 장인 되시는 최성찬 목사님은 계명대학 교목과 대학교회 담임목사로 계실 때 기독학생회(SCF) 모임이나 YMCA에서 강사로 자주 모셨던 분인데 그분의 장녀와 선을 보았다. 그러나 중매로 만나기 이전에 SCF 대구연합회 모임에서 몇 번 만난 적이 있는 여성이었다.

선을 본 후 몇 번 더 만나보고 천천히 결정하려고 했으나 양가에서 어찌나 서두르는지 학기 끝나자마자 날을 잡자고 독촉해서 세 번째 만나 예복을 맞추고 1학기 말 시험이 끝난 바로 다음 날인 1978년 7월 8일 결혼식을 올리게 되었다.

누가 내게 얼마나 사랑했기에 그렇게 빨리 결혼했느냐고 물으면 대답하기를 "사랑을 했기 때문에 결혼을 한 것이 아니라 결혼했기 때문에 사랑하고 사는 것"이라고 변명하곤 했다.

결혼하고 나서 장인어른은 미국의 대학 안내서도 주문해서 주시면서 유학을 가라고 하시고 후원해 줄 미국 교회도 소개해 주셨지만, 친가는 9남매, 처가는 8남매여서 양가 모두 형편상 나에게 올인할 형편도 못 되는 데다가 졸업한 지 반년 만에 둘째까지 생기고 보니 처자식 생각 안 하고 내 욕심만 가져서는 안 된다는 양심의 소리에 결국 포기하고 말았다. 내가 처한 환경에서 내가 맡은 일에 최선을 다하고 살자는 마음으로 가족들을 위해 유학을 포기했다.

## 10. 신학 졸업 후 짧은 목회 활동

대학원 마지막 학년 때 광주민주화항쟁이 일어났다. 한신 학부 2학년생 유동운 군이 광주에서 생명을 잃어 교내에 추모비를 세우기 위해 모금 운동을 벌이는 한편, 시위와 성명서 발표가 대학과 대학원에서도 이어져서 나도 성명서 작성팀에 참여한 적이 있었다.

그러나 졸업 논문 준비에 온 정성을 기울여서 주제를 집단상담으로 정하고 준비하는데 난관이 한둘이 아녔다. 집단 상담을 강의했던 감신

대학의 이기춘 교수는 미국으로, 논문 지도교수로 모셨던 박근원 교수도 영국으로 교환교수로 가버리셔서 지도교수의 촘촘한 지도도 받을 수 없었고, 서울 시내 신학대학 도서관을 다 뒤져도 내가 연구하고자 하는 주제의 도서를 구할 수 없어서 장인의 지인인 미국인 목사에게 부탁하여 주문한 원서를 중심으로 99% 내 힘으로 논문을 써서 제출하고 졸업하였다. 논문의 제목은 "집단 목회 상담 방법론 연구; 에릭 번(Eric Berne)의 의사 교류분석 요법(Transactional Analysis)을 중심으로"라는 제목이었다. 지도교수가 도와주신 것은 국제우편으로 보낸 논문 계획서와 작성된 논문을 읽어보시고 Transactional Analysis를 '의사 거래분석'이라는 해석을 '의사 교류분석'으로 바꾸라는 단 한마디뿐이었다.

어쨌든 대학원을 마치고 고향으로 내려갔다. 태어나서 줄곧 대구서만 살던 아내가 외로움 때문에 객지 생활을 견디지 못하여 그다음 해에 대구로 임지를 정하여 부임했다. 내가 다니던 교회는 소속을 기독교 장로교회에서 이웃교회와 통합하여 무 교파 교회를 거쳐 예장 통합교단으로 바뀐 지 15년이 넘었기 때문에 취직을 부탁할 만한 사람이 없었다. 그러나 아버지가 기장 창립 시 대구 · 경북 지방 당회원 11인 가운데 한 사람이었기 때문에 아버지의 소개로 대구 성락교회 전도사로 부임하게 되었다.

성락교회 전도사로 부임할 때는 추요한 목사님이 담임목사로 계셔서 교육전도사 역할만 하고 공부할 시간을 가질 수 있도록 양해를 받았다. 그러나 그분은 내가 부임하자마자 나에게 교회를 떠나지 말고 지켜달라고 부탁하면서 사임을 하셨다. 그분이 갑자기 포항 제2교회로 옮겨가시자, 교회는 혼란에 빠졌고 그 수습을 위해 매일 심방을 하면서 교인들을 달래고 수습하느라 골몰하였다.

신학 졸업 후 첫 목회를 전도사로서 사고 수습에 매어 달리다 몇 달이 지나 교회가 조금 안정되어 갈 때 후임 김성환 목사가 부임하였다. 그런데 후임 목사는 교회의 양적 성장과 영적인 부흥에만 치중하면서 사회문제나 구제와 봉사에는 관심을 별로 두지 않는 성풍회 성향의 목사였다. 그래서 나누고 구제하고 이웃을 섬기는 일들은 율법주의 신앙으로 치부하였다. 지금은 은혜의 시대이기 때문에 오직 성령의 인도에 따라 믿기만 하면 행위는 강조할 필요가 없다고 하는 분이었다.

나는 교육전도사로서 특히 자라는 청소년들의 신앙교육을 위해서도 구제하고 봉사하는 교육의 필요성을 강조하였지만, 담임목사는 교회의 양적 성장과 건축을 위해서 헌금을 전액 건축재정으로 모아야 한다고 하였다. 내가 주일 저녁 설교를 맡아서 작은 자들을 위한 선교, 즉 난민과 노숙인과 기아들을 위한 구제의 필요성을 설교하면 그다음 수요일 성서 연구 시간에 오늘은 율법 중심의 구약 시대가 아니라 성령의 시대라고 하면서 내 설교를 비판하는 일을 반복하였다.

구약 시대나 오늘이나 하나님은 삼위일체 하나님임에도 불구하고 그는 성부의 시대, 성자의 시대, 성령의 시대로 시대 구분하면서 성령 운동에만 몰두하였고 철야 기도회와 산상 기도회를 강조하였으며, 행위와 순종을 강조하면 유대교나 천주교 신앙이라고 하면서 부정하였다.

내가 담임목사가 아닌 이상 행위 없는 신앙, 관념적인 신앙의 벽을 깨뜨리자니 교회가 분열될 것 같고 내가 단독목회자가 되고 신앙을 같이하는 사람들로 새로운 교회를 만들기에는 시간이 필요할 것 같아서 실천하는 공동체에서 일하고 싶은 마음이 생기기 시작했다.

그래서 대구 성락교회에서 3년, 성주 안포교회에서 1년의 목회를 끝으로, YMCA로 사역지를 옮기게 되었다.

## 11. YMCA 간사직으로 부름에 응답

YMCA로 일터를 바꾸게 된 계기는 신대균 후배가 대구에서 성주까지 먼 길을 시외버스를 타고 찾아와서 YMCA에서 같이 일하자고 권하면서 전호영 총무님이 만나고 싶어 하니 한번 찾아가 뵈라고 했다. 당시에는 계명대학교와 계명전문대학에 시간강사로 매주 강의하러 다닐 때였기 때문에 강의를 끝내고 YMCA로 찾아가 전호영 총무님을 만났다.

전호영 총장님은 대학생 때부터 알게 되어 오랫동안 알고 지내던 사이였다. 그분이 YMCA 간사로 일을 좀 해보라고 하셨다. 대구 Y 부장간사로 일하거나 두세 군데 YMCA 총무로 가도 좋다고 하셨다. 그중에 제일 어려운 곳이 어딘지 물었더니 김천이라고 하셨다. 그러면 김천에 가서 3년만 전문지도력(專門指導力)으로 봉사하다가 다시 유지지도력(有志指導力)으로 봉사하고 싶다고 했다. 그랬더니 평생 일할 마음이 없으면 포기하라고 하셨다. 그러나 평가는 3년 후에 하시라고 하면서 제일 어려운 곳으로 가서 자립 기반을 다져 놓고 교회 목회자로 돌아오고 싶었다.

그 자리에서 그러면 김천 YMCA 나진훈 이사장과 의논이 되었으니 새해 1월부터 김천 YMCA 총무로 가서 일하라고 하셨다. 그길로 교회에 사표를 내고 김천에서 임대아파트를 얻어 12월 30일 이사하고 새해 첫 근무일에 바로 출근하였다.

## 12. 김천 YMCA와의 운명적 만남

내가 교회 목회를 그만두고 김천 YMCA로 가서 총무로 일하기로 했다는 사실을 아버지께 말씀드렸더니 깜짝 놀라시며 당신이 1928년 친구 심문 총무와 함께 김천 YMCA 창립 주역으로 참여하여 초대 간사를 맡아 근무하셨다는 사실을 처음으로 밝히시며 좋아하셨다. 그런데 1월 설날 연휴가 끝난 첫날 사무실에 출근하였더니 전임 총무가 데스크에 발을 올려놓고 신문을 활짝 펼쳐 들고 보고 있다가 깜짝 놀라 누구냐고 물었다.

새로 발령받아 온 신임 총무라고 했더니 자기가 전임 총무인데 아직 정리해야 할 일이 있어 계속 나오고 있다고 했다. 그래서 정리가 끝날 때까지 출근도 못 하고 전화 연락을 위해 다방이나 기원으로 출근하면서 연락이 오기만을 기다렸다. 기다린 지 2개월이 다 되어 갈 무렵, 그러한 사정을 알고 아버지께서 전호영 총장을 찾아가셔서 한창 일할 나이에 기약도 없이 저렇게 놀게 해서 되겠느냐고 말씀하시더라면서 전 총장님이 김천 YMCA 이사장과 다시 의논해서 연락하겠노라 하셨다. 2월 말이 거의 다 되어서야 전임자의 퇴직금을 청산하고 정리되었으니 3월 1일부터 출근하라고 하셨다. 그런데 당시 전국연맹 지방 부장은 이남주 씨가 담당하셨는데 이사장에게 출장을 요청하여 근무를 하기 전에 연맹과 부천 YMCA(사무총장 황주석)와 성남 YMCA(사무총장 김준식)를 답사하여 프로그램과 운영 방식을 벤치마킹한 후 근무를 시작하도록 주선해 주셨다. 부천 YMCA 황주석 사무총장은 대학 시절 KSCF 활동을 통해 잘 알던 사람이라 반가웠다. 그들로부터 여러 가지 운영 요령을 소개받았다.

김천 YMCA 부임 첫 달은 이사들과 회원교회를 찾아 인사를 드리고 사업을 기획하여 그다음 달부터 수익성 프로그램과 목적성 사업을 균형 있게 진행해 갔다.

먼저 시민들에게 YMCA를 널리 홍보할 필요가 있을 것 같아 다양한 시민강좌와 김천 최초로 바로크 오케스트라와 영남오페라단 성악가 초청공연 등을 열어 지역사회에 YMCA 존재를 널리 알렸다.

그러나 자체회관이 건평 20평에 불과해 계단과 화장실 사무실을 제외하면 교육 공간은 15평도 채 안 되는 공간밖에 쓸 수 없었다.

집회실 한가운데 탁구대 하나를 펴놓고 그 둘레에 둘러앉아 기타 강습이나 꽃꽂이 강습 등을 하고 강의가 있을 때는 탁구대를 뒤편에 세워놓고 접이식 의자에 최대한 40명 정도 모여 앉을 수 있는 공간이었다. 그보다 많은 사람이 모일 때는 인근 교회나 예식장을 빌려야 했다.

회관은 마치 이사들의 휴게실과 같았다. 그러나 이사회에서는 지하 다방과 1층 신협 사무실에서 매달 35만 원의 사용료와 이사회비 10만 원 정도의 고정 수입이 있으니 총무 월급 32만 원, 서무 12만 원 주면 크게 모자라지 않는데 새로 신축하면 빚질까 염려하여 모험은 원치 않았고 현상 유지를 원하였다.

그러나 나는 이런 구조 속에서는 확장성이 없다고 판단되어 모험적인 도전을 원했으나 번번이 이사회에서 부결되었다.

그래서 마지막으로 이사들에게 말하기를 “저도 목회를 그만두고 처음으로 YMCA를 맡아 하는 사업인데 처음부터 실패자로 낙인찍히기는 싫습니다. 자신이 있으니까 시작하려고 합니다. 만약에 신축 이후에 운영이 어려워진다면 정상화될 때까지 급여를 포기할 각오로 임하겠습니다."라고 했다. 그러자 이사들이 말하기를 "실무자가 저런 각오로 열심히 하려고 하는데 이사회가 반대만 하면 되겠습니까? 협조해 줍시다"라고 하면서 신축이전계획안을 세 번 수정 끝에 통과시켜 주었다.

구 회관은 건물이 낡아 대지 값만 평당 300만 원씩 27평을 계산하여 8,100만 원에 세 들어있던 경서 신협에 팔기로 하고, 모금계획을 세우고 공매공고를 낸 토지개발공사를 찾아가 적당한 필지를 찾아 공동 불하를 받기로 하였다. 교회 이전을 원하는 김천서문교회와 성의고등 교사로서 부업을 위해 제재소 부지를 찾고 있는 김연정 선생을 만나 공동 구매하여 분할하기로 계약을 맺었다.

내 욕심으로는 건물은 한 층만 짓고 추후 증축하더라도 대지를 넓게 잡아두고 싶었다. 그러나 당시에 네 번째 이사장이 되신 이수천 목사는 연세가 높아 필생의 마지막 사업으로 생전에 완공하고 싶은 마음이 강하셔서 작게나마 완공하기 위해 대지를 106평만 잡기를 원하셨다.

모금과 건축공사를 동시에 서둘러 부임한 지 2년 9개월 만에 회관을 신축하고 유아 교육 사업으로 아기 스포츠단을 창단하였다.

부임 3년 만인 1988년 3월에는 직원도 2명에서 6명으로 늘고 수입도 흑자로 바뀌었다.

이제 그야말로 자립 기반이 자리잡혔으니까 본래 계획대로 목회자로 돌아가기 위해 사임 의사를 밝혔다. 그랬더니 이사들이 "회관 신축을 잘 마친 일도 큰 공로이긴 하지만 혹시 운영하다 빚을 지면 이사들이 다 감당해야 하지 않느냐?"라고 하면서 "정상궤도에 오르기까지 적어도 몇 년은 더 수고해 달라"라고 요구했다. 사실상 건축 이후 아기 스포츠단을 개설하기 위해 통학용 승합차와 피아노, 교구, 사무집기, 그리고 사무용과 교육용 컴퓨터 30여 대를 사들이느라 신규 부채를 2,000여만

원 지고 있었다. 그래서 3년을 더 근무하면서 부채를 청산하게 되었으니, 이제는 그만두겠다고 선언했다. 그러자 연맹에서 김천은 이제 다른 사람이 와도 무난하게 해 나갈 수 있으니 그만두고 경주 YMCA에서 한 번 더 수고해달라고 했다. 거절을 못 하고 몇 년만 더 근무하기로 결심하고 91년에 경주로 임지를 옮겼다.

김천에서 기억에 남는 일들은 다음과 같다.

첫째는 회관을 신축 이전한 일이다. 여러 차례에 걸친 반대를 무릅쓰고 설득하여 대지 27평 연건평 60평의 회관을 매각하고 대지 106평 연건평 185평의 건물을 신축한 일이다.

둘째는 아기 스포츠단을 개설한 일과 촌지 거부 운동을 전개하여 학부모들의 대대적 호응을 받은 일이다. 이 일 외에도 다양한 특별 활동과 사랑과 정성을 다한 교육으로 좋은 평을 받아 제2기 모집 때에는 많은 원아가 몰려왔고 그 인기의 증거로 김천시 의사회에서는 모든 회원이 자녀들을 아기 스포츠단에 입단시키기로 합의했다고 한다.

셋째는 공명선거 실천협의회 운동을 주관한 일이다. 1987년 회관을 신축하고 준공 예배도 드리기 전에 회관 양면에 "공명선거 실천하여 군부독재 청산하자"라는 현수막을 걸고 공선협 회원단체들과 투표 참여 캠페인과 부정선거 감시 운동을 벌였다. 그러자 이사장과 부이사장이 같이 식사하러 가자고 해서 직지사로 따라갔더니 식사 자리에서 공선협 활동을 하지 말라고 하셨다. 그러면 부정선거를 해도 좋다는 말씀이냐고 항변하면서 이런 일도 못 하게 하시면 YMCA에서 근무할 의미가 없으니 그만두겠다고 했더니, 그러면 과격한 구호가 적혀있는 현수막만 철거하고 활동은 계속하는 것으로 합의가 되었다.

회관이 옛 소년원 터를 재개발한 자리에 새로 지었기 때문에 주변에 다른 건물이 없어 도로를 지나가면 눈에 잘 띄어 건물 양면에 빨간 페인트의 손 글씨체로 써서 걸었더니 못마땅해하는 사람들의 눈에 거슬려서 이사장에게 부탁한 것으로 보였다.

넷째는 YMCA회관을 신축하고 공간에 여유가 생겨 1987년 12월에 YMCA가 조직한 전국 중등교사협의회 김천 · 상주지부 사무실을 회관 내에 임대했었다. 그런데 얼마 후 교사협의회에서 교사노동조합으로 체제가 변경되자 각계의 반대가 심했다. YMCA에도 시청, 경찰서, 교육청으로부터 압력을 받은 이사들과 회원들의 항의가 빗발쳤다.

그러자 또 이사장이 식당으로 나를 불러 교사가 노동자가 된다는 것은 말이 안 된다고 하면서, 전교조를 회관에서 내보내라고 하셨다. 당시 이사장은 학교를 4개나 운영하는 교육재단의 이사장도 맡고 계셨다.

이사장에게 말씀드리기를 "지금 내보내면 누가 보더라도 이사장님의 지시인 줄 알 텐데 교사들의 비판을 어떻게 혼자 감당하려고 하십니까? 그러지 마시고 단순한 임대차 관계인데 실무책임자로서 총무가 결정한 일이라 이사장님은 모른다고 하십시오"라고 완곡하게 거절했다. 그랬더니 "내가 재단 산하에 수많은 사람을 데리고 있어 봤지만, 박 총무만큼 고집 센 사람 처음 보았다"라고 하시면서 그냥 넘어가고 말았지만, 이 일로 학교와 관련되는 이사 5~6명이 사임을 하였다.

다섯째로 휴면 상태에 있던 와이즈멘 클럽을 새로운 회원들로 재건한 일과 아기 스포츠단 어머니들을 중심으로 어머니회를 조직한 일이다.

와이즈멘 클럽은 회관건립 기금을 지구대회 기념사업비로 지원해 준 와이즈멘 한국동부지구의 요구조건이라 회관건립에 분주한 중에도 신규회원을 모집하여 회관건립 이전에 재건총회를 하였다.

**1991.1.19. 김천 NCC 주최 문익환 목사 초청 강연회**

그 밖에도 한국교회협의회(KNCC) 김천지부 조직에 참여한 일 때문에 이사 여러 명이 사임을 한 적이 있었다. 그러나 NCC 지부 설립은 YMCA가 서로 협력하여 지역의 보수성을 극복하고 사랑과 정의의 하나님 나라 건설을 하는 데 큰 도움이 되었다.

김천에서 6년 2개월을 근무하면서 회관을 신축하고 회관건립으로 인한 부채는 물론이요. 사무실과 유아 교육에 필요한 비품, 집기 구매로 인한 신규 부채까지 전부 청산하였다. 이제는 교회 목회를 위해 사임을 하고자 했더니 전국연맹의 이남주 부장이 경주 YMCA 이사회와의 갈등으로 김수태 총무가 사임했는데 내가 적임자이므로 한 번만 더 봉사해달라고 부탁하셨다.

거절할 수가 없어 1991년 5월부터 경주 YMCA 총무로 부임을 하였다. 그러나 김천 YMCA 후임 총무가 부임할 때까지 겸직하는 조건으로 김천을 떠났다.

김천을 떠날 때 백도향 간사의 주선으로 직원들과 이사회와 와이즈멘 어머니-Y 회원들이 함께 모여 송별 예배를 열어 주었다. 이때 순서

중에 전교조 조합원이자 김천여고 국어 교사였던 김종인 시인이 자작 시로 축하해 주었다.

**우리로 다 하나가 되게 하옵소서**

김종인

150여 년 전 처음 기독교 청년 운동이 일어나던 때도 정신은 하나였습니다.
이 땅에 처음 YMCA 운동이 들어온 지 90여 년
우리로 하여금 다 하나가 되게 빌어온 세월은
너무도 값진 세월이었습니다.
우리 고장에 YMCA가 발족한 지 60여 년 동안
사랑과 정의의 실현을 위하여
민중의 복지 향상과 새 문화 창조를 위하여
이 땅에 하느님 나라를 이룩하기 위하여
수많은 Y맨들이 거쳐 간 이곳에
우리로 다 하나가 되게 하옵소서 외치며
월남 이상재 선생처럼 오신 총무님
오직 성실한 마음으로 심혈을 다바쳐
이 자리에 우람한 회관을 건립하시고
만 6년 동안 수많은, 수많은 사업을 펼쳐 오셨습니다.
헤아려 보면 힘든 세월이었지만
YMCA 정신 속에서 행복한 세월이었겠지요.
하나님이 인도해 주시는 길을 따라
정신적, 영적인 상태의 개선을 실천하시며
클럽 활동이며 사회, 시민 교육 활동이며
여가선용에서 사회개발 교육에 이르기까지

일찍이 월남 선생이 하셨던 이 일
일찍이 윤치호 선생이 하셨던 이 사업을 위해
오직 소금과 빛의 직분을 다 하시며
자유와 평등이 가득 찬 사회
사랑과 정의가 넘치는 사회,
밝고 건전한 우리 고장을 위해
한 알의 밀알로 당신은 늘 웃으셨습니다.
이제 이곳에 사랑의 큰 발자국 남기시고 떠나시는 총무님,
YMCA 안에서는 세계가 하나이듯이
민족, 민중이 사랑과 이해 속에서는 마침내 하나이듯이
어딜 가나 우리는 하나 되어 있습니다.
우리가 하나 되게 하신 총무님을 보내며
우리는 모두 당신처럼 행복합니다.
부디 가시는 곳에서도
하나님 나라 튼튼히 이룩하시고
이 땅에 사랑과 정의의 정신 떨쳐 주시고
이 땅의 오직 하나 됨을 위하여
소금과 빛이 되어 주소서
한 알의 밀알로 이 땅의 마지막 양심이 되어 주소서
언제나 겸허히 웃으시는 당신
우리들 가슴속에 빛으로 남으시니
부디 안녕히 가옵소서 총무님

창립 일자도 내 생일과 같은 1월 25일인 김천 YMCA, 나의 아버지가 창립하셨던 김천 YMCA에서 6년 2개월의 근무를 마치고 경주로 떠나게 되었다.

## 13. 경주 YMCA와 함께한 12년 반

경주 YMCA는 김천 YMCA보다 역사는 짧지만 도시 규모가 배 이상 크기 때문에 회원 규모도 크고 활동이 활발했다. 특히 관광도시로서 역할이 있어 국제 프로그램이 활발한 것이 하나의 특징이었지만 반면에 방문객 접대가 적지 않은 부담이 되었다.

경주는 유아 교육사업이 활발하여 재정적으로 큰 어려움은 없었으나 경주에 부임한 지 2년 만에 소송에 휘말렸고 3년째 되는 해에도 상표권 때문에 갈등을 겪었으며 자질구레한 갈등이 그치지 않았다.

### 재산권 분쟁

첫 번째 시련은 전임 이사회와 실무자의 행정 실수로 재단법인의 승인 없이 황오동 회관을 임의로 매각하고 동천동으로 신축 이전한 일로 인해 매입자로부터 명의 변경 청구 소송을 받게 된 일이다.

매입한 사람으로서는 억울한 일이지만 등기권자인 재단 이사회의 동의 없이 제삼자인 운영이사회와 실무자가 계약하고 대금을 받았으니, 재단법인에서도 현재의 이사회에서도 법적으로 책임질 수가 없었다. 재판 당시 우리 측 증인으로 이남주 연맹 지방부장이 참석하셨다. 증인에게 판사가 화를 내면서 기독교 단체인 YMCA가 대금을 받고 팔았으면 명의를 이전해 주는 것이 당연한데 여태 이전해 주지 않은 것은 YMCA가 책임져야 할 일이 아니냐고 하였다. 이에 대해 이남주 연맹 부장이 답하기를 YMCA 측에서도 책임을 지고 싶다. 그러나 법적 소유권자인 연맹 재단이사회의 동의 없이 이루어진 계약에 대해서 연맹이 법적으로 어떻게 책임을 져야 하는지 판결해 주시면 판결대로 책임을 지겠다고 차분하게 답하였다.

문제는 소유권자를 배제하고 매매계약을 맺은 매각자와 매수자인 당시 재정 이사 쌍방의 과실이었기 때문에 연맹도 현재의 경주이사회에서도 책임질 근거가 없었다. 결과적으로 법정에서는 YMCA가 승소했지만 기독교 단체로서 도의상 책임을 감당하기 위해 황오동 사적지 보상금을 받을 때 보상금의 1/3을 회관 매입자에게 보상하는 것으로 원만하게 합의하였다.

## 해외연수

경주에서 1년 반 근무했을 때 연맹에서 제1회 해외연수희망자 선발이 있었다. 해외연수를 하게 된 계기는 1991년에 제12차 세계대회를 서울에서 개최하였는데, 한국은 우수한 지도력과 좋은 사업으로 세계대회 참가국들에서 많은 찬사를 받았지만, 간사들의 외국어 소통 능력이 부족하여 아쉬움이 많았다. 그래서 세계대회를 마친 후 자체 평가회에서 국제무대에서 소통 능력을 높이기 위해 어학연수의 필요성을 절감하고 연맹사업으로 채택하게 된 것이다.

나는 소도시 작은 YMCA에서 근무했기 때문에 연수는 고사하고 해외여행도 가본 적이 없어서 좋은 기회라 여기고 지원했다. 그런데 지원자가 많아서 기대하지 않았는데 최고령자인 내가 지원자 중 TOEFL 성적이 제일 높아서 1차로 선발이 되었다. 아마도 농촌진흥청에서 국비유학생으로 선발되어 어학연수를 받은 것이 도움이 되었던 것 같다.

이상점 사무총장과 Springfield 대학 연수 중 Boston을 방문한
이창식 선배와 이미경 의원을 만나 Harvard 대학 교정에서

처음 가는 해외여행을 가이드도 없이 혼자서 한국 승무원도 없는 미국 국적 비행기를 타고 갔다. 게다가 목적지인 매사추세츠(Massachusetts)주 스프링필드(Springfield)까지 가는 직항 비행기가 없어서 디트로이트(Detroit)에서 국내선으로 갈아타고 코네티컷(Connecticut)주 하트퍼드(Hartford)에 내려 마중 나온 학교 직원을 만나서 가야 했다. 그런데 비행기가 연착하는 바람에 갈아탈 비행기는 이미 떠나버리고 깜깜한 밤에 낯선 공항에 내리니 앞이 캄캄했다. 접수대를 찾아가서 항공사가 마련해준 차를 타고 가까운 호텔에 가서 밤을 새운 후 다음 날 아침 비행기를 타고 하트퍼드 공항으로 가서 학교 직원을 만나는 어려운 고비를 넘긴 끝에 겨우 연수학교인 스프링필드대학에 도착하였다.

스프링필드대학은 1885년 북미 YMCA가 간사 교육을 위해 설립한 간사 학교로 출발하여 일반대학으로 승격한 체육 특성화 대학이었다. 학교의 로고가 YMCA로고를 같이 쓰고 있고, 학교의 모토도 YMCA와 같이 spirit, mind, body를 쓰고 있었다. 농구가 이 학교에서 개발이 되어 농구 명예의 전당이 있는 대학인데 그 명예의 전당에는 한국의 박신자 선수도 당당하게 한자리를 차지하고 있었다.

갈 때는 혼자 갔지만 이상점 총무가 일주일 뒤에 합류하여 같은 방에서 4개월간의 연수를 같이 받고 돌아왔다.

난생처음 꿈 같은 4개월간의 해외연수를 마치고 돌아왔지만 기다리고 있는 것은 시련의 연속이었다.

## 상표권 분쟁

미국 연수 중에 경주 YMCA 신모 이사장이 사업 점검을 하다가 임대 운영하는 YMCA 컴퓨터학원의 임대료를 확인하는 과정에서 임대료가 너무 적은 것 아니냐고 하자 임차인이 오히려 임대료가 비싸서 다른 곳으로 옮기고 싶다고 했다. 그러자 이사장이 나가고 싶으면 나가라고 했고, 임차인은 나갈 테니 간판을 주겠느냐고 물었다. 이사장은 별 생각지 않고 우리는 간판 필요 없으니 떼서 가라고 했다.

그러던 차에 내가 귀국하니까 이사장과 이야기가 다 되었으니, 간판을 갖고 나가겠다는 것이다.

그래서 나가는 것은 말릴 수 없지만 간판은 단순한 물질이 아니라 세계 YMCA가 공유하는 공신력 있는 상호이기 때문에, 상법상 제삼자가 소유할 수 없고, 빌려줄 수도 없다고 하면서 거절했더니, 이사장이 주겠다고 약속해서 새 건물까지 다 계약해 놓았는데 왜 안 주느냐고 억지를 부리다가 자해하고서는 전치 1주 진단서를 끊어 내가 폭행했다고 하면서 경찰에 고발하여 검찰에까지 넘어갔다가 불기소로 종결된 일도 있었다. 당시 검찰의 조사에 증인으로 경주 YMCA 명예 이사장이신 유환무 박사님이 검찰수사관 앞에 나가 참고인 조사까지 받게 되었는데 그날 내과 의학회 세미나가 있는 날이어서 경주동산기독병원장 박승관 이사와 함께 익산 원광대병원까지 가시기로 약속이 있었던 날인데도 불구하고 사양하지 않고 진술을 해주셨다. 너무나 고마워서 조사가 끝난 후, 내가 익산까지 승합차로 모셔다드리기로 했는데 가는 도중에 김일성 주석의 사망 소식이 라디오로 방송되는 역사적인 순간을 차 속에서 함께 맞이하였다. 그날이 바로 1994년 7월 8일이었다.

결론적으로 세입자의 요구는 무위에 거쳤고 자해 고발 건은 불기소로 종결되었다.

## 복지관 위탁과 어린이집 건축 용지매입

미국 연수에서 돌아온 지 얼마 되지 않은 1993년 말에 주공 임대주택 단지 내에 있는 사회복지관이 완공되어 위탁 운영계획이 있다는 정보를 입수하고 운영계획서를 작성하여 신청한 결과 경주 YMCA가 운영법인으로 선정이 되었다. 위탁은 받았으나 법인부담금이 부족하여 기금 마련을 위하여 박인수 초청 음악회를 개최하였다. 경주에서 수익을 남긴 연주회가 여태 없었다고 지인들이 반대하였지만, 지역신문의 후원을 받고 적극적인 홍보로 2,000여만 원의 수입을 기록하여 모든 비용을 제하고도 1,200만 원 정도의 수익금을 남겨 일부는 장애인복지기금으로 전달하고 법인부담금에 충당하였다.

그러나 복지관을 운영하며 직원 수도 많아지고 예산 총액도 많아지자, 자리를 탐하는 이사들의 도전이 심했다. 이제 조직이 비대해진 만큼 전문경영인이 운영해야 한다는 것이었다.

그리고 외환위기가 닥치기 전 여성 일자리를 만들기 위해 여성들의 육아 책임을 국가에서 분담한다는 정책을 세우고 대대적으로 어린이집 설립 자금 지원계획이 있었다. 그에 따라 어린이집 신축을 위해 대지 80평을 계약하고 정부 보조 신청을 위한 임시이사회를 소집했다.

이 자리에서 김모 이사가 신임 사무총장 후보와 임원진으로 그와 함께할 사람들이 한 팀이 되어, 정부 지원금 신청하는 일은 신임 이사장에게 맡기도록 하고 이사장 선거부터 하자고 긴급동의를 하였다.

내가 임시이사회는 공문에 통보된 안건 외엔 다룰 수 없다고 했지만, 만장일치로 합의하면 괜찮다고 주장하였다. 그렇게 하더라도 불참한 이사 중 한 사람이라도 이사장 선거를 한다고 했으면 만사 제쳐놓고 참석했을 텐데 연락도 없이 임원 투표를 하는 것은 불법이라고 지적하면 무효가 된다고 했다. 그러나 그는 만장일치로 가결하면 상관없다고 우겨대자, 이사들이 그러면 일단 선거하자고 다수가 동의하여 급히 투표용지를 만들어 투표하였다. 그러나 1차 투표에서도, 2차 투표에서도 그는 열세를 면하지 못하였다. 3차 결선 투표를 앞두고, 결선 투표에서는 한 표라도 더 득표한 사람이 당선되게 되어 있다. 계속 열세에 몰리던 그 이사는 결선 투표 직전에 긴급동의로 발언권을 얻어, "가만히 생각해 보니까 아까 박 총무가 한 말이 옳은 것 같다. 만약에 선거하더라도 불참한 이사가 나중에 이의를 제기하면 선거 자체가 불법 선거가 될 수 있으니, 투표를 중단하도록 긴급동의한다"라고 번복을 하였다. 그러자 다른 이사들이 어이가 없어 화를 내면서 일어서 나가는 바람에 본래 통보된 안건인 정부 보조금 신청 승인의 건은 논의도 못 하게 되었고 기회는 다시 오지 않았다.

그 바람에 어린이집을 지으려 한 땅은 땅값 갚느라고 직원들만 고생하였고 그 자리는 자원 재활용을 위한 상설 녹색가게와 주차장 용도로 사용하였다.

그 땅을 사들일 때 매도인의 새마을금고 융자금을 인수하는 조건으로 사들였는데 외환위기가 터지자, 대부금 이자가 연 23%까지 올라가 대부금을 상환하느라 혼이 났던 일은 잊을 수가 없다.

그런 어려움을 겪을 때 헌신적으로 도와주신 분들도 있었지만, 이사들의 감투욕으로 인해 짊어지게 된 부채 상환으로 재정난을 겪는 실무자의 어려움을 몰라주고 이사회비를 별도 관리하며 이사회의 친목 기금처럼 쓰는 이사장도 있었다.

YMCA회관 건축할 때 고액 기부금을 내시고 어려울 때는 은행 대출을 받을 수 있도록 보증을 서 주신 유환무 명예 이사장을 비롯하여 김태근 이사장, 최용윤 이사장과 박몽룡 이사장의 봉사와 협조는 길이 마음속에 남아있다.

## 북한 수재민 돕기 양식보내기운동

경주 YMCA 재임 중 1996년에는 북한 수재민을 위한 양식보내기운동을 전국 YMCA가 추진했다. 당시 경주 YMCA가 지역 교회의 협조와 고액 기부자 박몽룡 이사의 도움으로 전국 최고의 실적을 올려 인천 연안부두에서 거행된 선적 예배에 박몽룡 이사가 기도 순서를 담당하게 되어 함께 참석하였다.

## 3층 강당 증축과 야외수영장의 우물 파기 공사

아기 스포츠단의 수영장 급수정 굴착을 위해 굴착기로 10미터 깊이

1996년 8월 인천 연안부두에서 열린 북한 수재민 돕기 양식 보내기 선적 예배, 왼쪽부터 황주석 연맹 국장, 나, 박몽룡 이사, 안산 YMCA 이사장과 윤석규 사무총장

의 우물을 파고 토관을 묻는 공사를 하러 굴착기를 타고 내려갔다가 갑자기 쏟아지는 폭우에 흘러내린 토사가 머리로 쏟아져 머리가 찢어진 일도 있었다. 돌이 머리 위로 쏟아져 뜨끔했지만, 더 무너지기 전에 서둘러 공사를 마치려고 피가 흐르는 줄도 몰랐다. 작업을 마치고 세면대에서 얼굴을 씻는데 핏물이 떨어져서 머리를 더듬었더니 두피가 찢어져 있어서, 야간에 진료하는 병원 응급실에 가서 봉합 수술을 받았다.

## 폐기물 소각장 건설반대 운동

경주시가 보문단지에 인접한 산속에 생활폐기물 소각장 신설계획을 가지고 예비타당성 검사를 50억 원의 예산을 투입하여 마치고 300억 규모의 예산으로 소각장 건설계획을 추진하고 있었다. 이것을 반대하기 위해 대책위원회를 조직하여 백지화시킨 일은 대기오염 예방을 위해 기초단체 단위로서 전국 최초의 업적이었다.

당시에는 음식물 쓰레기와 일반 쓰레기를 분리하지 않았고, 플라스틱과 비닐류를 모두 함께 배출함으로 인해 소각 과정에서 다량의 다이옥신(dioxin)이라는 맹독성 물질이 배출될 수밖에 없었다.

다이옥신 배출을 막으려면 젖은 쓰레기와 플라스틱류를 완전히 제거하고 건조한 상태로 섭씨 1,300도 이상의 고온에서 3초 이상 소각해야 하는데 젖은 쓰레기를 소각하면 저온에서 불완전연소 되기 때문에 다이옥신 배출을 막을 수가 없다.

그러므로 음식물 쓰레기와 플라스틱과 PVC 종류의 분리배출이 정착되기 전에는 다이옥신 배출로 대기오염과 주민의 건강에도 악영향을 미치므로 반대하였다. 또한 역사 관광도시 중심에 소각로 굴뚝이 세워질 때 이미지 훼손도 심각한 문제가 될 수 있어 일본과 필리핀의 전문가를 포함한 국내외 환경문제전문가를 초청하여 국제심포지엄도 열고 언론과 시의원들을 대상으로 홍보전을 벌여 소각장 건설계획을 시의회에서 부결시킨 적이 있었다.

## 국제협력 사업 활성화

경주는 대표적인 역사 관광도시이다. 그래서 그 특성을 살려 지구촌 하나 만들기 위한 국제협력 프로그램이 활발했다. 일본의 나라(那羅) YMCA와 자매결연을 하였고, 외국인 노동자를 위한 한가위 축제와 무료 진료사업을 2000년부터 전국 YMCA 최초로 개최하여 연례행사로 자리를 잡게 하였다. 이 사업을 준비할 때 불법노동자 단속하러 나온 줄로 착각하여 접근을 두려워했다. 그래서 이주노동자와 동질감을 느끼게 하려고 동남아 전통의상인 바롱(barong)을 입고 수염을 기르고

**2003년 한가윗날 개최된 제4회 외국인 근로자 축제 장면**

찾아다니며 초청장을 배부하고 포스터를 붙이며 다녀 1회부터 성황을 이루었다.

또 한 가지 특기할 일은 국제교류 프로그램으로 경주 YMCA 주최로 의정부와 진주, 구미, 경주의 청소년과 YMCA 직원들을 인솔하여 필리핀 마닐라 YMCA로 단기 어학연수를 인솔하여 가게 되었다. 거기서 YMCA 회원과 간사 몇 사람으로부터 불평을 듣게 되었다. 내용인즉슨 광주 YMCA의 이 모 간사가 어학 연수차 마닐라를 방문하였고, 한국에 돌아가면 초대하기로 약속해서 그 약속을 믿고 적금을 넣었는데 몇 년이 지나도 초청하지 않더라는 것이다. 그래서 적금 만기가 되어 찾은 돈으로 동남아 여행으로 아쉬움을 달랬다는 것이었다.

광주 YMCA 이훈규 간사의 약속을 지켜주기 위해서 주최단체를 광주로 하고 주관은 경주 YMCA가 맡아 전국 YMCA에 후원 요청 공문을 보내어 각 YMCA가 하루씩 숙식을 제공하고 다음 YMCA까지 이동 편의를 제공해 주는 방식으로 전국 순회 방문 프로그램을 만들어 초청하였다.

**2001년 5월 필리핀 마닐라 YMCA 전국방문단 경주환영회**

초청된 인사들은 마닐라 YMCA 사무총장을 비롯하여 이사와 유지 지도자들 10여 명이었다.

## 교회 일치, 동서 화합, 남북통일 기원 국토횡단 도보 행진

2003년 7월에는 우리나라가 휴전된 지 50주년, 장로교회가 기장, 예장으로 분열된 지 50년 되는 해를 기념하여 경주 YMCA 강당에서 출발 예배를 드리고 나 혼자서 국토횡단 걷기에 나섰다.

"동서 화합, 교회 일치, 남북통일"이라는 구호를 인쇄한 깃발을 만들어 들고 경주 YMCA를 출발하여 광주까지 도보 행진을 하였다. 처음에는 인라인스케이트를 타고 출발했다. 인라인스케이트는 이번 일을 계획한 한 달 전부터 매일 밤 황성공원에 가서 연습했다. 그러나 출발하자마자 장마철이라 도로에 밀려 내려온 굵은 모래가 깔린 길을 콘크리트 포장로인 줄 알고 달리다 바퀴가 모래에 박혀 쓰러지고 말았다. 얼굴과 엉덩뼈 부위가 찰과상을 입어 따가웠다. 선글라스도 부러져 가는

경주 YMCA 강당에서 출발 예배 후 출발하기 전

광주 518 민주 묘지에 도착하여

길에 테를 바꿔야 했다. 가다가 보니 인라인을 탈 수 있는 길이 거의 없어서 집으로 택배로 부쳐버렸다.

걸어서 열흘이 넘는 거리였지만 중간중간 격려차 나온 분들이 음식을 대접한다거나 숙소를 잡아 준다며 멀찍이 달려가 밥을 사주곤 하는 바람에 껑충껑충 건너뛰면서 갔다. 그래서 일주일 만에 광주에 도착하여 5.18 민주 묘지를 참배하고 조선대학교까지 갔다가 광주에서 경주까지 돌아올 때는 버스를 타고 돌아왔다.

- 기자회원방
- 기사제보
- 대구경북 편집회의
- 자유게시판

- 광주전남
- 대구경북
- 대전충남
- 부산경남
- 전남동부
- 전북희망
- 미주소식
- 아시아

- 회사소개
- 광고안내
- 주간지 구독
- 주간지 PDF
- 기자만들기

- 특별기획
- 연재기사
- 칼럼기사
- 심층취재

동서-남북화합 기원하는 한여름 도보순례

[인물] 경주에서 광주까지 287Km, 경주YMCA 박병종 목사

기사전송 기사프린트 이승욱 기자 E-MAIL

▲ 남북의 평화통일, 동서화합, 교회일치 등을 기원하며 광주까지 국토순례에 나선 경주 YMCA 박병종 목사

ⓒ2003 오마이뉴스 이승욱

- [공인중개사] 9월 시험 대비 모의고사
- [가격비교] 여름휴가! 디카 장만하세요!
- [비즈북] 성공적인 기업의 4+2 공식

국토횡단 도보여행이 보도된 오마이뉴스 기사

## 14. 영천 YMCA로 자원 이동

경주에서 일한 지 12년 5개월이 될 무렵에 나는 영천 YMCA를 살려야 한다는 사명감을 억누를 수가 없었다.

영천 YMCA는 1975년에 창립되어 지역사회에서 활발한 활동을 함으로써 큰 발전을 이루었다. 와이즈멘 클럽도 활발하였고 신용협동조합도 설립하였으며, 야사동 임대 주공 아파트 단지에 있는 사회복지관을 위탁받아 운영하며 재정적으로도 큰 어려움 없이 운영하고 있었다. 그러나 안타깝게도 1996년도 Y's Men 클럽 회원들을 태우고 경남지방으로 동부 지구대회에 참석차 가는 도중에 일어난 교통사고로 임원들의 가족을 잃는 아픔을 겪었다. 그 일로 인해 사무총장이 권중원에서, 이성헌, 황주석, 윤석재 등 여러분이 릴레이로 재건 노력을 하였으나 소생의 희망을 찾지 못한 채 떠나가게 되었다. 그러자 연맹과 대구 경북 YMCA 사무총장 협의회에서 대책을 논의했으나 마땅한 대안도 없고 후임자도 찾지를 못하자 영천을 포기하자는 쪽으로 대세가 기울어 갔다. 그러나 나는 혼자서 포기해서는 안 된다고 우겼다.

25년의 연륜이 쌓인 영천YMCA를 살리기 위해 경주의 신영철 간사를 설득하여 3년만 가서 수고하고 오라고 했다. 신영철 총무가 1999년 11월에 영천에 부임한 지 얼마 지나지 않아 재기에 몸부림치던 때에 어린이집 운영을 위해 임대한 건물의 주인이 외환위기의 충격을 견디지 못하고 부도를 내는 바람에 건물은 2000년 9월 경매에 넘어가고 영천 YMCA는 전세금을 날리고 말았다. 엎친 데 덮친 격으로 이런 시련 속에서도 신영철 사무총장은 굴하지 않고 2001년 5월에 자활 후견기관의 운영권을 위임받아, 맨 처음 부탁한 3년이 지나가도록 열심히 봉사하고 있어 자리를 잡았나보다 하고 안심하고 있었다. 그러나 3년 6개월쯤 되었을 때 너무 힘들어 못 하겠다고 사표를 들고 경주로 찾아왔다. 다시 전국연맹과 대구 경북 YMCA 사무총장 협의회가 소집되었다. 그러나 이번에도 지원하는 간사도 없고 책임지겠다는 YMCA도 없었다. 모두가 3년 반 전의 입장과 다르지 않았다. 다시 말해서 연명(延命)이 의미가 없다고 '산소호흡기를 떼자'라는 쪽으로 의견이 쏠렸다.

YMCA가 해산되면 모든 위탁시설은 전부터 운영의 의지를 품고 기회를 엿보는 다른 단체로 위탁법인이 바뀌니 사업 자체는 별문제가 없겠지만 YMCA는 지역사회에서 불명예 종말을 고하게 될 것이고 기독교에 대한 신뢰도 동반 추락할 뿐 아니라 선교의 장도 잃어버리고 말 것이다. 도저히 그럴 수는 없다는 생각으로 갈 사람이 없다면 내가 직접 가겠다고 선언했다. 내가 영천으로 가는 대신 신영철 사무총장을 경주로 원대 복귀시켰다. 28년간 흘린 수많은 사람의 땀방울을 헛되지 않게 하기 위해서도 그렇지만, 지역의 군소 상인들에게 남긴 2억원이 넘는 미지급금을 해결하지 않고 해산해 버리면 YMCA 공신력은 물론이요, 기독교 전체에 돌아올 비난을 면하기 위해서라도 살려야 한다고 믿었다.

2003년 10월부터 영천 YMCA에 부임해서 보니 본부인 YMCA는 명맥만 유지하는 형편이고, 정부 위탁기관인 사회복지관과 자활 후견기관(현 지역자활센터)과 어린이집은 활발하게 운영되고 있었다. 그래서 자활 후견기관장과 YMCA 사무총장을 겸직하면서 YMCA 자립을 위해 심혈을 기울였다.

영천에 부임한 지 얼마 지나지 않았을 때인 2003년 11월 22일 노무현 정부의 인사수석 보좌관인 정찬용 씨가 영천을 방문하였다. YMCA

가 주관으로 영천의 기관장과 시민단체 대표들을 초청하여 대화의 시간을 가졌다.

간담회는 "참여정부의 인사정책과 정부 기구와 시민단체의 협력관계"라는 주제로 발제하고 참석자의 질의에 답변하는 자리였다. 바쁜 중에도 영천 같은 소도시까지 찾아준 정 수석에게 고마운 마음을 느꼈다. 그의 의도는 YMCA에 힘을 실어 주기 위해서라고 했다. 그러나 대구경북의 정서는 보수성향이 강하여 중앙정부와 상관없이 지방정부와 지방의회는 계속 보수정당이 장악하고 있었기 때문에 그 일 이후로 오히려 어려움이 많았다.

영천에서 삼 년 반을 봉사하면서 위기의 영천을, 회원을 몇 배로 늘리고 회비 수입을 10배 넘게 높여서 재건에 성공하였다.

2억이 넘던 미지급금들을, 채권자들을 직접 찾아가서 일부는 기부금 처리하기로 하고 일부만이라도 갚겠다고 양해를 구했더니, 포기하고 있었는데 그렇게라도 성의 표시를 해주니 고맙다고 했다. 못 갚은 금액만큼 감사패를 만들어 드리며 모두 청산하였다. 이제 남은 것은 연맹

정찬용 청와대 인사수석의 영천 방문(2003. 11. 22 석류원 한식당)

분담금 미납금만 남게 되었다.

영천에 근무하면서 지역신문을 보니까, 당시에는 무상급식이 제도화되지 않아 급식비를 내고 점심을 먹는데, 장기간 급식비를 못 내 급식대상에서 빠지게 된 결식아동들이 70여 명이나 된다고 했다. 학교를 방문하여 실태를 알아보았더니 편부모 가정이 많이 밀집해 있는 원룸형 임대아파트 거주자들이 대부분이라고 했다. 그곳 주민 대표들의 협조로 주민회의실을 빌려 무료 공부방을 운영하면서 하루 한 끼의 밥을 제공하는 사업을 시작하였다. 처음에는 정부 보조가 없어서 전적으로 자체예산과 후원금으로 운영했으나 나중에는 정부 지원사업이 되면서 영천에서 제1호 지역아동센터로 지정되었다.

그리고 영천 공단에 근무하는 이주노동자들을 위한 외국인노동자 무료 진료사업을 영천시 의사회와 약사회의 후원을 받아 경상북도공동모금회와 공동으로 시행하여 많은 성과를 올렸다.

"어려울 때 친구가 진정한 친구(The friend in need is the friend

| 연　　도 | 1994 | 1995 | 1996 | 1998 | 2002 | 2003 | 2004 | 2005 | 2006 |
|---|---|---|---|---|---|---|---|---|---|
| 회원 (명) | 703 | 617 | 553 | | 167 | 66 | 113 | 250 | 226 |
| 회비(만원) | 1973 | 2037 | 1654 | 1430 | 296 | 271 | 667 | 1220 | 2550 |
| 회비 백분율 | | | | | | 100 | 246 | 450 | 941 |

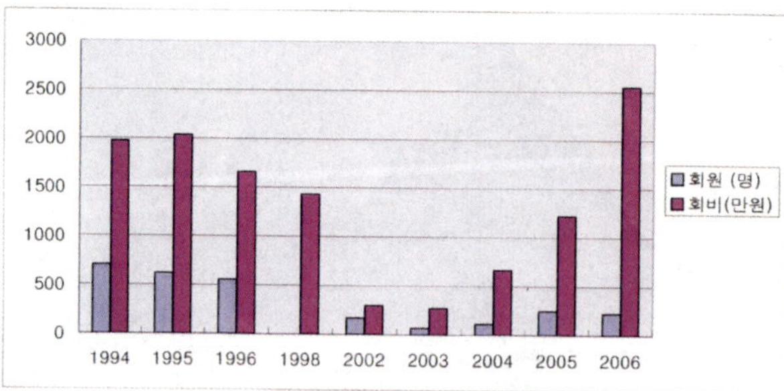


**영천 YMCA 연도별 회원모집 현황**

indeed)"라는 격언이 있는데, 어려운 영천 YMCA를 위해 마중물 한 바가지씩 부어달라고 호소한 결과 회비가 9.5배나 증가하였고 사업도 활성화되어 가기 시작하였다. 물론 전성기에 비해서는 미약하기 짝이 없었지만, 소생의 희망이 없다고 연명치료를 포기하던 임종 직전의 환자 형국은 탈피하여 매년 성장해 가기 시작하였다. 이런 변화의 배후에는 영천시 기독교연합회의 협조가 큰 힘이 되었다. 특히 영천제일교회(민광 목사), 중앙교회(림춘광 목사), 영천문화교회(이관영 목사) 영천동일교회(김태환 목사) 등 많은 교회에서 YMCA를 초청해 주셔서 순회예배를 드릴 수 있도록 허락해 주시고 후원해 주신 덕분에 많은 격려와 도움이 되었다.

영천 YMCA가 위탁운영 중인 사회복지관과 지역자활센터의 전신인 사활 후견기관은 활발한 활동을 이어 가고 있었고 본부인 YMCA도 오랫동안 옥죄던 부채를 청산하여 홀가분해졌다.

2005년 11월 10일 수덕 예식장에서 영천 YMCA 창립 30주년 기념식을 가졌다. 이 자리에서 손이목 시장과 박달희 시의회 의장 장혁대 영천 교육장에게 명예 회원증 전달식을 가지고 기념 강연은 정부공직자윤리위원장인 이남주 전 연맹 사무총장을 모시고 "사회발전과 NGO의 역할"이란 주제로 강연을 한 후 뷔페 식사로 친교를 나누었다. 이제는 영천 YMCA도 침체를 떨치고 제2의 도약을 꿈꾸는 단계에 이르러 영천에서 정년까지 봉사한 후에 노후를 영천에서 보낼 각오로 경주의 아파트를 팔아서 영천자활 후견기관에서 가까운 곳에 거처를 마련했다. 공사는 자활센터의 집수리사업단에 맡기어 움막 같은 주택을 마련했다. 그런데 이곳이 부동산 중개인의 농간으로 맹지(盲地: 타인의 토지에 둘러싸여 도로에 직접 연결되지 않은 토지)인 줄도 모르고 사들이

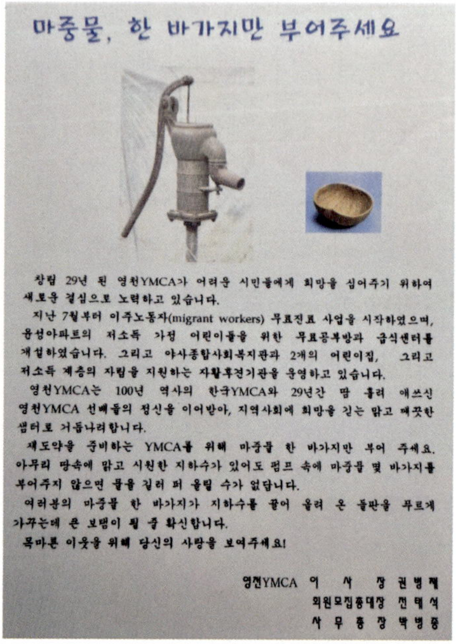

마중물, 한 바가지만 부어주세요

창립 29년 된 영천YMCA가 어려운 시민들에게 희망을 심어주기 위하여 새로운 결심으로 노력하고 있습니다.

지난 7월부터 이주노동자(migrant workers) 무료진료 사업을 시작하였으며, 움싱아파트의 저소득 가정 어린이들을 위한 무료공부방과 급식센터를 개설하였습니다. 그리고 야사종합사회복지관과 2개의 어린이집, 그리고 저소득 계층의 자립을 지원하는 자활후견기관을 운영하고 있습니다.

영천YMCA는 100년 역사의 한국YMCA와 29년간 땀 흘려 애쓰신 영천YMCA 선배들의 정신을 이어받아, 지역사회에 희망을 긷는 맑고 깨끗한 샘터로 거듭나려합니다.

재도약을 준비하는 YMCA를 위해 마중물 한 바가지만 부어 주세요. 아무리 땅속에 맑고 시원한 지하수가 있어도 펌프 속에 마중물 몇 바가지를 부어주지 않으면 물을 길러 퍼 올릴 수가 없답니다.

여러분의 마중물 한 바가지가 지하수를 끌어 올려 온 들판을 푸르게 가꾸는데 큰 보탬이 될 줄 확신합니다.

목마른 이웃을 위해 당신의 사랑을 보여주세요!

영천YMCA 이 사 장 권병재
회원모집총대장 전태석
사 무 총 장 박병중

영천 모금 권유문

게 되어 집을 팔 수가 없어 영천을 떠나지 못하는 굴레가 되고 말았고, 영천을 제2의 고향으로 삼고 살게 된 계기가 되었다.

무료 공부방과 결식아동 급식사업도 정착이 되고 이주노동자 무료 진료사업도 활성화되어 지역사회에서 YMCA의 존재 의미를 인식시키며 소생의 희망을 키워갈 즈음, 2007년 1월의 어느 날 울산 YMCA 김용호 사무총장이 찾아오셨다.

울산 YMCA가 내부 갈등으로 지역 언론에 오르내리고 소송전까지 벌어져서 감당하기가 힘들 지경인데 김용호 사무총장은 정년도 지났지만, 당뇨가 심하여 더 이상 근무할 수가 없다면서 분쟁을 수습할 역량 있는 사람으로 추천을 받았다면서 와서 좀 맡아 달라고 간곡하게 부탁하셨다. 마지막 봉사로 분쟁을 수습해 보고 싶은 사명감이 발동하여 흔

# 영천YMCA창립 30주년 기념 행사

이남주 정부공직자윤리위원장 강연

평화의 아침을 열어가는 영천YMCA창립 30주년 기념 행사가 지난 10일 수덕예식장에서 개최됐다.

박병종 사무총장의 사회로 진행된 기념행사에서 권병채 이사장은 "자활후견기관, 복지관 등 복지사업에 주력하고 있는 영천YMCA가 적은 힘이지만 영천 발전을 위해 앞으로도 계속 노력하겠다"고 인사했다.

권 이사장은 손이목시장, 박달회 시의회 의장, 장혁대 교육장에게 명어 회원증을 전달했고, 이들은 "개화기 때 청소년들에게 꿈과 희망을 심어준 역할을 해왔고 지금은 생명운동 지역사회 운동을 활발히 하고 있는 영천YMCA의 발전을 기원"했다.

이어 이남주 정부공직자윤리위원장의 사회발전과 시민, 시민단체의 역할에 대한 강연이 있었다.

이 위원장은 "현대 사회가 투명사회로 나아가고 있는 만큼 YMCA도 투명사회운동으로 나가야 한다"면서 시민단체가 사회구성원들의 조종자 역할을 해야 한다고 말했다.

영천YMCA는 '96년 아사종합사회복지관 개관, '97년 아사종합사회복지관 부설 어린이집 개관, 2001년 영천자활후견기관 개관, 2004년 윤성마을 무료공부방 개소 등 지역사회 복지를 위해 앞장서고 있다.

영천 YMCA 창립기념행사
영천 시민신문 기사

# "침체 떨치고 제 2도약 기틀 다진다"

영천YMCA 창립 30주년 기념식

'사회발전과 NGO의 역할' 강연

경북동부신문 기사

쾌히 수락하였다.

내가 영천을 떠나게 되자 연맹에서는 후임자 선임 문제를 고민하면서 의견을 물어 왔다. 나는 제일 먼저 떠오르는 사람이 영천에 살고 있는 남명자 간사였다. 그녀는 대구 YMCA 간사로 근무하다가 정경호 목사와 결혼 후 정 목사의 미국 유학으로 함께 도미하여 체류하다 돌아와 경력 단절 상태에 있었다. 남명자 간사를 후임으로 추천하였더니 연맹 지방부장인 송진호 간사가 즉석에서 좋다고 하더니 대구 YMCA 근무하던 한상문 간사를 사무총장으로, 남명자 씨를 지역자활센터 관장으로 발령을 내었다.

3년 전까지만 해도 연명 치료하지 말고 산소호흡기 떼자고 가장 강력히 주장하던 송 부장이 이제는 두 사람의 중견 간사를 추천할 만큼 포용력 있는 YMCA로 자리 잡도록 성장시킨 것에 보람을 느끼며 영천 YMCA를 떠나 울산으로 또다시 옮겨갔다.

## 15. 울산으로부터 호출

울산 YMCA는 남구 신정동에 있던 회관을 매각하고 북구 진장 명촌 지구에 회관을 신축하였다. 회관 개관을 앞두고 복지관장과 YMCA 사무총장 직무대리를 겸직하고 있던 정◯화의 겸직을 해제시키고 원래 직책인 복지관장직만 수행하게 인사 명령을 했다. 이에 불만을 가진 정 관장은 YMCA회관 건축 과정에 비리가 있었다고 2천여 회원들과 전국 YMCA에 허위 사실을 퍼뜨리고 전 직원들을 동원하여 이사회규탄 촛불집회를 YMCA회관에서 가졌다. 이에 이사회에서는 집회를 주동한 직원을 징계하고 나를 신임 사무총장으로 선임 결의하였다.

2007년 2월 1일 울산 YMCA 제4대 사무총장으로 취임하였고 2007년 3월 24일 사무총장 이취임식 및 회관 준공식을 거행하였다.

그러자 직원들의 항의 집회는 더 거세졌고 이사회에서는 정 관장을 명예훼손으로 고발하였으나 1심에서는 사실에 근거했고, 공익의 목적이 있다고 판단하여 위법성조각사유(違法性阻却事由)가 있다고 판단

울산 Y 회관 준공

하여 무죄로 선고하였다.

나는 부임하자마자 직원들을 설득하면서 건축 특별감사를 요청하였다. 연맹에 특별감사를 요청하는 한편, 지하실의 서류 창고를 샅샅이 뒤져 문서 확인 작업을 하면서 재판 업무에 매달렸다. 문서 확인 작업에 매달린 지 며칠 만에 결정적인 단서를 발견하였다.

그것은 정관장이 사무총장 직무대리직을 겸직할 때 지역의 언론사에 해명자료를 낸 공문이 발견되었다. 그것은 시공업자를 최저가 응찰한 업체를 1위 업체로 잠정 결정하고 정회를 한 후 사실확인을 하여 다음날 다시 속개하여 확정하기로 했는데 사실을 확인한 결과, 1위 업체가 세금 체납한 것이 밝혀졌고, 공사실적도 허위임이 밝혀져 실격 처리를 한 후 2위 업체를 시공업체로 확정한 것이므로 법적인 하자가 없다고 해명하는 공문이었다. 그런데 본인이 하자 없다고 확인해 주었던 사실을 인사 불만을 이유로 사실을 왜곡하여 분란을 일으켰다.

이 문서를 증거자료로 첨부하여 첫째, 사실에 근거하지도 않았고, 둘째, 공익을 위한 목적이 아니라 사욕을 위해 분란을 일으켜 개인의 명예와 단체의 공신력에 심대한 상처를 입혔으므로 징계가 마땅하다고 항소장을 작성하여 접수를 시켰다. 그 결과 2심에서 승소를 하게 되었고 정관장은 명예훼손에 대한 벌금 300만 원을 물게 되었다. 이에 불복한 정관장은 대법원에 상고를 하였으나 2010년 1월 28일에 상소가 기각되고 손해배상금이 천만 원으로 최종 결정되어 3년간의 지루한 소송이 마무리되었다.

그러나 그 과정에서 20여 차례의 송사를 치르는 진통을 겪어야 했다. 그리고 소송 과정에서 YMCA 이사회에 맞서서 집단행동을 계속하던 사회복지관은 위탁 반납하기로 결의하고 2007년 6월 5일 자로 남구복지관은 남구청으로 반납되었다. 복지관은 사실상 반납하기 전에 위탁 취소 위기에 놓여 있었다.

그것은 복지관장이 재단과의 분쟁을 일으키며 방만한 운영으로 2007년 한 해에만 두 번이나 경고를 받은 바가 있는데 또 다른 건으로 3번째 경고를 발송 준비 중이라는 정보를 알게 되었다. 삼진아웃제가 적용되어 뺏기기 전에 반납하자는 이사회의 결의로 울산시 남구청에 반납하고 말았다.

이제 3년간의 시련이 끝나고 상처를 치유하고 공동체를 재건하는 일을 하려고 준비하고 있을 때 또 다른 시련이 닥쳐왔다.

내가 사무총장으로 부임한 이후 기획실장이나 사무부총장이란 직함도 사양하며 사무처장이라 자임하던 이◯자라는 직원의 배신에 시달려야 했다.

울산 YMCA에는 사무총장인 나 외에도 재정을 담당하는 직원은 사무국장이라 부르며 자기는 사무처장이라는 직함을 고집하였다. 그리고 내가 소송에 전념하는 동안 대외 활동을 대행하면서 자기가 실무책임자라고 말하고 다녔다.

그녀는 사무총장인 내게는 비밀로 한 채 이사회를 소집하여 사무총장에게 비리가 많은 것처럼 모함하고 사무총장은 분쟁 해결을 위해 온 용병과 같다. 분쟁이 해결되었으니까, 용병은 필요 없으니, 고향으로 돌아가게 하고 울산은 울산 사람이 맡아야 한다고 하였다 한다. 그리고 사무총장을 3년 임기제로 바꾸는 헌장 개정 운동을 하였다.

헌장이 개정되자 이사회를 통하여 나에게 사임을 요구하였다.

그러나 내가 법률 불소급(不遡及)의 원칙을 들어서 모든 법은 제정된 후부터 적용되지, 소급 적용을 할 수 없으므로 향후 3년이 더 지나야 불신임할 수가 있다고 주장하자 사임 요구는 무위에 그치게 되었다.

그러나 이 처장이 소집한 불법이사회에서 모함했던 내용들을 믿은 이사들이 해고결의를 하게 되었다. 나는 부당해고에 맞서 노동위원회에 제소하여 지방노동위원회에서부터 행정법원에 이르는 재판 끝에 해고무효와 복직 판결이 내려졌다.

이사회에서는 행정심판에 불응하여 형사고발을 하였으나 무죄판결이 났다. 그러나 이에 불복하여 대법원까지 갔으나 혐의가 없다고 선고유예로 끝났다. 이에 따라 명예 회복을 위한 나의 마지막 요구인 복직 후 사임안도 수용되지 않았다.

재판이 끝나고 복직 판결이 났지만, 전국연맹에서 분쟁 조정을 위해 파송된 송모 간사가 직무대행을 맡아 있다가 복직판정이 났으면 해직된 사무총장의 복직을 권고하고 직무대행직을 사임하는 것이 마땅하지만 자기가 후임 사무총장으로 발령을 받게 됨에 따라 연맹의 처사가 못마땅하였지만 더 이상 시비를 가리지 않고 29년간 헌신한 YMCA를 처음이자 마지막으로 쫓겨나는 아픔을 감수하기로 했다.

그동안 진행된 모든 재판에서 내가 이겼고 재판비용 청구 소송까지 완전 승소를 하였으나 법적으로 보상받을 수 있는 소송비용이 실제 소송비용에 미치지 못하여 정신적인 손해는 말할 것도 없고, 금전적으로도 손해가 컸다.

이 처장은 자신의 정년 연장과 명예욕을 충족시키기 위해 근거 없는 허위 고발을 한 책임을 물어 이사회로부터 해고 조치를 당했으며, 나는 그녀의 경솔한 행동과 배신에 대한 최소한의 응징은 필요하다는 생각으로 명예훼손과 모욕죄로 고발하여 벌금형을 받게 하였다.

울산 YMCA에서의 활동을 통해 YMCA에서도 하나님 나라의 질서

인 사랑과 정의보다는 세속적인 욕망에 매여 살아가는 인간의 추악한 음모와 권모술수가 작용하고 있는 현실을 직시하고 씁쓸하게 울산을 떠나게 되었다.

울산에서의 정신적 충격으로 난생처음 대상포진과 우울증에 시달리기도 하였지만 끝까지 격려해 주시고 함께해 주신 울산대 철학과 김진 교수를 위시하여 중경 이사장 박덕창 장로, 김수정 장로, 유동필 이사, 김정규 이사, 최병한 이사, 권완용 이사, 김광명 이사, 유인만 감사의 신뢰와 지지에 감사를 드린다. 그리고 물러난 상사를 위해 신임 인사권자에 맞서서 불이익을 감수하면서까지 힘이 되어 주고, 증인이 되어 준 이명녀, 김경애, 김창열, 김나연 등 많은 직원에게 감사를 드린다.

이명녀 실장은 나중에 울산 남구의회 의원으로 재선에 성공하였고 부의장으로 선출되었으며 YMCA 재정 이사로 아직 봉사하고 있다.

## 16. 은퇴 후의 삶

은퇴를 영어로 retirement라고 하는데 "tire를 갈아 끼우고 다시 달린다"라는 의미라고 하는 농담이 있다. 그러나 심신이 지쳐 있어 달리기를 멈추고 실컷 쉬고 싶은 마음이 간절했다. 그래서 주변의 평생교육기관인 도서관과 향교를 찾아 서도(書道)와 문인화(文人畵) 수업을 받으며 마음을 진정시켰다. 그리고 몇몇 평화통일 운동에 참여하여 운영위원과 공동대표로 추대되어 활동하고 있다. 너무 정적(靜的)인 활동만 하니까 몸이 점점 퇴화하는 것 같았다. 특히 서도에 오래 매달리다 보니까 몸이 굳어지는 것 같아 fitness 클럽에 등록하여 매일 근력 운동(weight training) 유산소운동을 꾸준히 하기 시작했다.

몇 년간의 취미활동은 심리적 안정을 회복하는 데 많은 도움을 주었다. 은퇴 후 4년째 되는 해 2014년 4월부터 지인의 권유로 정당 활동에 참여하게 되었다.

YMCA 근무할 때부터 정치와 경제의 민주화와 복지제도에 관한 관심과 더불어 남북 교류에 관심이 많은 편이었다. 그래서 민주당의 정책을 지지하는 편이었다. 그래서 경주에 있을 때는 내가 호남 출신으로 오해를 받기도 하였다.

그러나 나는 YMCA는 비정치(Non-Politic) 비정부(Non-Government) 비영리(Non-Profit) 3원칙을 지켜야 한다는 것을 금과옥조(金科玉條)로 알고 있었기에 임기 중에는 정당활동을 비판하는 입장이었다. 그러나 은퇴를 한 이후에는 소신에 따라 자유롭게 정당 활동을 해도 무방하다는 신념에 따라 더불어민주당의 전신인 새정치민주연합에 입당하여 운영위원과 다문화 위원장을 거쳐 2016년부터 영천 청도지역의 지역위원장을 맡았다.

## 17. 지역감정 극복과 정치발전을 위한 결단

마중지봉(麻中之蓬)이란 말이 있다. 삼밭에서 자란 쑥은 붙잡지 않아도 곧게 자란다는 뜻이다. 반면에 바람이 부는 벌판에서는 삼대(麻)도 바람에 넘어져서 곧게 자라기가 힘들다. 우리나라가 정치인들의 필요에 따라 지역감정을 부추겨 이득을 챙기는 악습이 자리 잡은 지 오래되었다. 정치적 이념보다는 지역에 따라 정치노선이 정해지는 현상이 심하다. 그래서 이 지역에서 충신이 다른 지역에 가면 역적이 되고 이 지역에서 역적이 다른 지역에서는 충신이 되는 기현상이 정치 풍토를 병들게 하고 있다. 정치가 발전하기 위해서는 이러한 지역감정을 극복하고 감정의 바람 앞에 맞서서 개똥쑥도 곧게 자랄 수 있는 환경을 만들어 주는 것이 절실히 필요하다고 믿는다.

누구나 다수의 편에 서기를 좋아한다. 그러나 소수의 편이 되고자 하는 용기가 없다면 다수의 횡포가 지배하는 사회가 되고 말 것이다. 내가 사는 대경 지방은 60년대까지만 해도 진보적인 지역이었으나 이 지역 출신 보수 대통령이 다섯 사람이 나온 이후 정치 지형에 큰 변화가 일어나 극보수화 내지 극우화되어 버렸다. 이명박 정부와 박근혜 정부의 거듭된 실정을 보면서 이런 정치의 퇴보를 멈추고 건강한 정치환경을 만들기 위하여 지역에서 미운털이 박히더라도 민주당에 힘을 실어주고 국민주권이 보장되는 나라를 만들고 싶었다.

2016년에 더불어민주당의 전신인 새정치민주연합의 상무위원으로 참여한 후 제19대 대선과 제7회 전국동시지방선거에 선거대책위원장을 맡아 문재인 대통령의 당선에 역할을 하였고 그 이듬해 치러진 지방선거에서는 4명의 지방의원을 당선시킨 후 젊고 참신한 인물을 발굴하여 위원장 자리를 넘겨주고 현장에서 물러났다.

그러나 2년의 임기 동안 지역위원장으로서 유감없이 일하였다. 내 전임위원장이 안철수를 따라 다수의 당원과 동반 탈당하여 국민의 당으로 옮겨가는 바람에 사고지역이 되어 휴경지와 다름없는 상태에서 흩어진 당원들을 모으고, 공개 강연회와 골목 당사를 운영하며 조직을 확

**2016년 9월 28일 문재인 전 대표 영천 방문 사진**

장해 갔다.

그리고 박근혜 퇴진 촛불집회를 지역의 시민단체와 연대하여 7차례나 영천시청 앞에서 가졌는데 영천에서 사상 최대 인파가 모여 시가행진까지 벌였다.

이날의 집회를 "영천 투데이"에서는 다음과 같이 보도했다.

**인구 10만 영천에서도 "박근혜 하야하라"#촛불집회**

- 스님도 "억울하고 분통 터져 못 살겠다"

기사등록 2016-11-05 20:32:07 수정 2016-11-05 20:47:12

[영천 투데이=장지수 기자] 5일 인구 10만밖에 안 되는 경북 영천에서도 학생, 스님, 일반인 등 100여 명이 영천시청 소공원 숲에 모여 한목소리로 '박근혜 대통령 하야'를 외치며 분노한 민심을 보여주고 있다.

이날 집회는 지역 야 3당(더불어민주당, 정의당, 녹색당)이 주관해 저녁 6시부터 20시까지 진행됐으며 영천지역에서 정권 반대 촛불시위에 자발적으로 100여 명의 시민이 모인 것은 매우 이례적이다.
이들은 "이번 박근혜 정부 국정농단 사건에서 더 이상 대통령으로서 자격이 없음이 확실하게 증명됐다"라며 "박근혜는 더 이상 버티지 말고 하야하라"라고 목소리를 높였다.
이날 집회 첫 시작에서는 정당 관계자와 시민 등 50여 명이 모였으나 30여 분 뒤 지나는 학생들과 일반시민, 스님 등이 합류해 자연스럽게 100여 명으로 늘어났다.
집회에 참여한 고등학교 2학년 한 여학생은 자유발언대로 나와 "지난 서울 집회 때도 많은 학생이 참여한 것으로 안다. 이 나라를 바꿀 수만 있다면 우리 학생들도 참여해 힘을 보태고 싶다"라면서 박 대통령의 하야를 촉구했다.
더불어민주당 박병종 영천·청도지역위원장은 "뽑기는 박근혜를 뽑았는데 나라는 최순실이 다스렸다. 선출도 안 된, 임명권도 없는 개인이 대통령 머리 꼭대기에 앉아 권력으로 나라를 운영했으니, 이것이 정상적인 국가냐?"며 개탄했다.
길 가던 스님도 "분통이 터져 못 살겠다"라며 촛불시위에 동참했다. 경북 영천시 화산면 M 사찰의 한 스님은 시청 앞을 지나다가 집회 관계자에게 "자유발언을 하고 싶다"라며 마이크를 요청했다.
스님은 이 자리에서 "우리도 사람이다. 올바른 대한민국을 만들어 달라고 내 한 표의 주권 행사를 해주었더니 이 꼬라지가 무엇입니까?"라며 분통을 터트리고 "박근혜는 하야하라, 새누리당 해체하라, 국회는 각성하라"라는 등 구호를 선창했다.
한편 집회를 주관한 지역 야 3당은 이날 "국민의 뜻이다. 대통령을 수사하라"라는 등 구호가 적힌 A4용지 크기의 유인물을 시민들에게 나누어 주고 "▲박근혜는 국정농단 책임지고 자진 사퇴하라, ▲관련된 모든 사람은 공직에서 물러나고 사법부의 엄정한 심판을 받아라. ▲K-2 군사공항 영천이전계획 원천무효, ▲사드 배치 철회, ▲위안부 관련 한일외무장관협정 재협상 등 7개항"을 발표하고 강력하게 박근혜 하야를 외쳤다.

영천 촛불집회

영천 촛불집회(자유발언_스님)

박근혜 대통령 탄핵안이 2016년 12월 9일 찬성 234표 반대 56표로 국회를 통과하였다는 뉴스를 보고 영천의 촛불집회는 피로가 누적되어 그만하기로 하고 헌법재판소 탄핵 심판이 내릴 때까지 대구와 서울로 합세하기로 하였다.

국회 가결 후 석 달 만에 헌정사상 처음으로 현직 대통령이 파면되었다. 재판관 전원일치의 의견으로 탄핵안을 인용했다. 현직 대통령이 파면됨에 따라 차기 대통령선거일이 5월 9일로 결정되고 그때까지 황교안 국무총리가 대통령 직무대행을 맡게 되었다.

나는 이제 영천청도 지역위원장으로서 대통령 선거 지역선거대책본부장을 맡아서 자유한국당의 지지율을 53.86%로 묶고, 민주당의 지지율은 지역에서는 15%만 돌파해도 성공이라 했지만 18.67%를 득표하였고 안철수 후보(국민의 당)는 13.98%를 얻었다. 야권의 분열이 없었다면 30%를 넘길 수 있었던 선거였다

대선이 끝난 다음 해에 치러진 지방선거에서는 영천청도 지역의 민주당 역사상 처음으로 4명의 당선자를 내었고 민주당이 영천시의회 부의장에 당선되는 쾌거를 이루었다. 비록 2년의 짧은 지역위원장 임기였지만 유능한 후임자를 발굴하여 자리를 넘겨 주었고, 대통령 선거와 지방선거를 치르는 의미 있는 경험을 한 후 지금은 지역위원회의 상임고문 역할을 맡아서 배후에서 돕고 있다.

## 18. 통일 운동 단체 활동과 대통령 표창

정당 활동과 함께 시민운동으로 '희망래일'과 '겨레 하나 영천지부'의 회원인 동시에 '평화통일대구시민연대' 공동대표로 활동하고 있으며 6년간 봉사한 민주평화통일자문회의에서는 의장인 문재인 대통령의 표창을 받았다. 그러나 정권이 바뀌자, 새 정부의 통일정책에 회의를 느끼어 그만두고 말았다.

통일은 어느 날 갑자기 될 수도 없고 되어서도 안 될 것이다. 지금의 남북 간 격차는 국민 총생산액(GDP)을 기준으로 볼 때 40배의 차이가 나며, 이념의 격차와 사회 시스템의 차이도 너무 커서 이대로 통일이 된다면 활강 항공기가 갑자기 수직 착륙하는 것과 같은 충격으로 남북 모두가 큰 충격과 혼란에 빠질 것이다.

오랜 교류와 소통으로 신뢰를 쌓고 서로가 그로 인해 유익한 관계를 지속하는 가운데 이념과 경제 수준의 격차가 줄어들어 통일해도 쇼크를 감당할 수 있게 되었을 때 이루어지는 통일이 바람직할 것이다. 이

민주평화통일자문회의 의장 표창

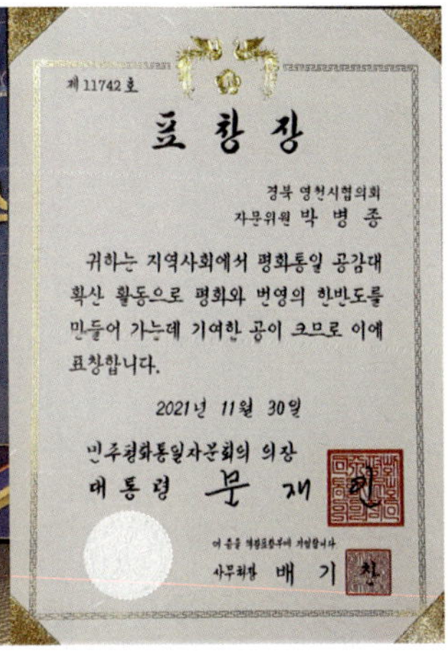

제 11742 호

표 창 장

경북 영천시협의회
자문위원 박 병 종

귀하는 지역사회에서 평화통일 공감대 확산 활동으로 평화와 번영의 한반도를 만들어 가는데 기여한 공이 크므로 이에 표창합니다.

2021년 11월 30일

민주평화통일자문회의 의장
대 통 령 문 재 인

이 증을 의장표창부에 기입합니다
사무처장 배 기 찬

문재인 대통령 표창장

러한 통일을 연착륙(soft landing)이라고 한다.

통일이란 말을 우리는 '하나로 다스리는 통일(統一)'로 생각하지만 북에서는 '하나처럼 소통하는 통일(通一)'을 바라고 있다. 다시 말해서 남한의 정치체제로 북을 삼키는 통일을 원치 않는다는 의미이다. 그러므로 당장 갑작스러운 통일(統一)을 하기보다는 서로 상품을 사고팔며, 통신을 교류하고 문화를 교류하며 여행의 문호를 여는 삼통(三通)을 통해 신뢰를 쌓아 적대감과 이질감을 최대한 해소한 후에 통일해야 할 것이다. 그러므로 1단계 통일(通一) 이후 2단계 통일(統一)을 이뤄가는 것이 바람직할 것이다.

김구 선생은 통일이 제2의 독립이라고 말씀하셨다. 일본에 강점당하기 전에는 한반도 전체가 우리의 국토였다. 해방된 후 전범국가인 일본이 독일과 같이 분단되었어야 했는데 일본 대신 한국을 남과 북으로 나누었다. 그러므로 완전한 독립은 일본 강점 이전 상태로 통일이 되어야 완전한 독립이라 할 것이다. 나는 해방 이후 태어나서 독립운동에는 참여하지 못했지만 제2의 독립인 통일 운동은 필생의 사명으로 알고 참여하고자 한다.

## 19. 역사 해설가로서의 새로운 삶

신체적인 조건에 상관없이 호적상의 나이가 이제 75세가 넘어서니 사회가 나를 외면하기 시작한다. 건강 상태는 타고난 건강 체질에 꾸준히 해온 운동 덕분에 20kg짜리 상자도 거뜬히 들어 옮길 수 있다.

몇 년간 헬스클럽에 다닌 덕분에 근력도 한창때 못지않다. 처음에는 건강을 위해 사우나 딸린 헬스장을 비싼 회비를 내고 다녔는데, 이제 돈을 내고 운동하는 것보다는 생산적인 일을 하면서 운동 효과도 얻을 수 있는 일을 하기로 했다.

나의 아버지는 "일하기 싫거든 먹지도 마라. 내 아버지가 일하시니 나도 일한다."라고 하신 예수님 말씀을 좌우명으로 삼고 돌아가실 때까지 일을 하셨는데, 나는 평생 육체노동으로 돈을 벌어 본 적이 없었다. 그에 대한 후회가 몰려와서 더 늦기 전에 인력시장에 나가 온갖 잡일을 해보았다. 낡은 지붕 위에 올라가 지붕을 보수하는 일도 해보고, 신도시 공사장에 나가서 도롯가의 길말뚝(bollard) 설치 공사, 보강토 쌓는 일, 마늘밭 피복 비닐 걷는 일과 마늘 수확하는 일, 과수 적과(摘果)와 수확하기 등 온갖 일을 가리지 않고 해보았다.

"어두운 밤 쉬 되리니 네 직분 지켜서 찬 이슬 맺힐 때 일찍 일어나 일할 때 일하면서 놀지 말아라 일할 수 없는 밤이 속히 오리라."

나도 누군가에게 도움이 될 수 있다는 생각과 신성한 노동에 대한 보수를 받는다는 보람에 일이 힘들 땐 병원에서 진통제를 처방받아 가면서도 즐겁게 일을 했다."

그러나 외모 때문에 아무리 열심히 일을 해도 초보 일꾼처럼 보였고, 일을 제대로 안 해본 사람처럼 보였는지 일터에서 쫓겨난 적도 여러 번 있었다. 한번은 오전 일을 마친 뒤에 그만하고 가라고 해서 두말 안 하고 돌아오는데, 주인이 전화해서 미안하다고 다시 와달라고 사정했다. 사연을 들어보니 주변에서 같이 일한 사람들이 "그분은 주인이 보든 안 보든 얼마나 열심히 했는네 왜 보냈느냐"라고 이구동성으로 항의해서 전화했다고 하면서 미안하다고 했다. 그 밖에도 공장 철거 작업 도색작업 등도 마다하지 않고 하였고 어떤 곳은 농촌봉사활동으로 여기고 일할 테니 신경 쓰지 말라고 하면서 일을 마치고 품삯도 받지 않고 기쁘게 도와주고 온 적도 여러 번 있었다. 새벽 일찍 일어나 도시락을 들고 가기도 하고 현장 주변의 식당에서 단체로 식사하면서 난생처음으로 몇 달 동안 노동을 체험해 보았다.

그리고 윤석열의 대통령 당선 이후 세상 잃은 것 같은 충격으로 밤잠을 이룰 수 없어 여러 날을 뜬눈으로 지새우다가 마음을 달래기 위해 영서 번역 작업을 해보기도 하였다. 30여 년 전 미국 체류 중에 사 온 조지 워싱턴의 전기 "왕이 되지 않으려 한 조지 워싱턴"과 미국의 제2대 퍼스트레이디인 "애버게일 애덤스"의 전기를 번역하여 출간하였다.

조지 워싱턴은 미국 독립전쟁의 영웅으로 부하들에 앞서서 최전방에서 부대를 통솔하느라고 치아 관리를 못 해 모든 이빨을 상아로 만든 의치를 끼우고 있었다고 한다. 그런데 대통령 취임식장에서 연설 중 상아로 만든 의치가 덜럭거려서 연설을 중단하고 원고로 대신했다는 이야기는 고의로 병역을 피한 국가지도자들에게 충격을 주기에 충분한 이야기였다. 두 권 번역을 끝내고 세 번째 책을 번역하던 중에 대구 YMCA 서병철 사무총장으로부터 만나자는 연락이 왔다.

서병철 총장은 내가 경주 YMCA 사무총장으로 근무할 때, 포항 YMCA 간사와 사무총장으로 있으면서 여러 가지 연대활동을 함께 했던 후배이자 동지였다. 그리고 그의 부인이 된 문숙영 간사는 경주 YMCA에서 함께 일하다 서 사무총장과 결혼으로 포항으로 옮겨간 인연이 있어 아주 친하게 지내던 후배였다.

그의 요청에 따라 대구 YMCA 국제협력위원으로 참여하게 되었고, 또 2024년 2월부터 교남 YMCA회관의 YMCA 역사와 기미년 3.8 독립만세운동기념관의 명예 관장으로 일하고 있다.

신채호 선생은 "역사를 잊은 백성에게 미래는 없다."라고 하였고, 하버드대학 교수인 조지 산타야나(George Santayana)는 1905년에 저술한 'Life and Reason'이라는 책에서 "과거를 기억하지 못하는 사람은 과거를 반복하는 벌을 받는다"(Those who do not remember the past are condemned to repeat it.)라고 하였다.

그러나 학교 교육이 입시 위주기 때문에 역사를 선택하는 소수의 학생 외에는 역사를 잘 알지 못한다. 역사를 깨쳐 교훈으로 삼아 고통스러웠던 과거를 되풀이하지 않고 정의와 평화를 사랑하는 하나님의 나라를 이 땅 위에 건설함으로써 조국의 밝은 미래를 만들어 가야 한다는 사명감으로 즐겁게 맡은 일을 감당해 가고 있다.

그리고 지구온난화 방지를 위한 탄소 중립화 운동에도 빛마루태양광발전소를 통해 미력이나마 최선을 다하고 있다.

이제 중 · 노년이기에 접어든 나에게 앞으로 어떤 소명(calling)을 주

실런지 알 수 없으나 죽는 날까지 마르틴 루터 킹의 말처럼, "네가 처한 모든 곳에서 네가 당한 모든 일에 너의 최선을 다하라"라는 교훈을 따르는 삶을 살고자 한다.

아래의 책들은 20대 대선에서 지지하던 후보가 247,000표 (0.73%) 차이로 패배하여 손바닥에 왕(王) 자를 쓰고 나와서 왕이 되고자 하는 윤석열 후보가 당선된 후 불면에 시달리다 잠 못 드는 밤을 달래기 위해 내가 번역한 책들이다.

내가 번역한 책들

제3장

# 푯대를 향한 달음질

이상점

지난 70년간 제 삶의 발자취를 신앙이라는 프리즘을 통하여 되돌아 보게 됨에 감사드립니다. 17살에 기독교 신앙을 접한 이래 대학 시절 에큐메니칼 학생기독교운동체인 KSCF 활동은 이후 내 인생의 방향을 설정한 커다란 전환점이었습니다.

그 후 결혼과 함께 청소년 사회선교 기관으로서의 YMCA 운동에 투신하여 38년을 봉직하면서 지역사회에서 청소년 · 청년 운동가, 시민사회운동가로서 활동하였습니다. 1983년 대구 Y에서 시작하여, 1990년 포항, 1997년 대구, 2003년 전라도 광주 4년을 거쳐, 충청남도 당진 Y, 세종 Y를 개척 · 창립하였습니다. 2018년 12월, 만 65세로 세종 YMCA에서 YMCA 간사직을 마치고 2021년 2월에 세종 YMCA가 세종시로부터 수탁 운영하는 새롬청소년센터 관장직을 끝으로 YMCA 실무자로서의 직은 마무리하였습니다.

한편 한국기독교장로회 대구노회에 속한 기관 목사로서, 지역 현장에서는 협동 목사로서 청소년, 사회선교의 현장에서 지역을 넘어 복음을 전하는 데 진력하였습니다.

그간 인도하신 하나님께 감사드리며, 남은 생을 그간의 경험을 토대로 땅끝까지 복음을 전파하라는 '오이쿠메네' Spirit에 따라 러시아 연해주에 복음의 씨앗을 뿌리고 선교의 발판을 일구는 데 진력하였습니다. 한국기독교장로회 총회 파송 선교사로 〈동북아생명누리협동조합〉을 통한 팀 목회(team ministry) 방식으로 지난 3년간 연해주 우수리스크에 상주하면서 현지법인 〈유한책임회사 생명누리〉를 설립하여 660ha의 토지를 49년 임대하여 농장개발의 터전을 구축하였습니다. 또한 동생협 교육문화위원회를 가동하여 동북아역사문화탐방을 계기로 연해주 현지 빠르치잔스크 6번 학교와 거창고 샛별초 · 중학교와 자매결연을 체결함으로써 민간교류의 발판을 마련하였습니다. 나아가 한국과 러시아 YMCA 연맹이 블라디보스토크 YMCA를 설립하도록 가교의 역할을 감낭하여 청소년 · 청년 선교의 발판을 형성하였습니다. 앞으로 여러 단체와 협력하여 연해주가 남북 화해의 얍복강이 될 수 있도록 사회선교사, 교육문화선교사, 청년 선교사로서 그 역할을 감당코자 합니다. 이제 세종시와 러시아 연해주를 왕래하면서 시민사회의 지평을 열어가기 위해 푯대를 향하여 위에서 부르신 부름을 상을 위하여 달려가고자 합니다.

이 자서전은 제가 살았던 시대적 배경을 10~20년 단위로 먼저 서술하고, 자서전 쓰기 모임의 진행자와 참가자의 질의에 본인이 답하는 식으로 기술하였습니다. 그러기에 본문 중에서 시대적 상황은 평어체로, 문답은 경어체로 기술되었습니다. 아울러 제가 협동목사로 몸담았던 세종장로교회에서 〈삶, 신앙 이야기〉 이름으로 간증했던 글의 일부를 문장 안에 녹여 내었습니다.

# 1. 해방정국과 6 · 25 전쟁 후 대구지역 사회

## 해방정국과 10월 항쟁

1945년 8월 15일, 한국을 병탄하고 아시아를 송두리째 점령하려던 일본 제국주의 침략 세력은 히로시마와 나가사키에 원자폭탄이 투하되자 연합국에 무조건 항복을 함으로써 한국은 36년간의 일제 학정으로부터 해방되었다. 끓어오르는 감격 속에서 거리마다 태극기가 물결쳤으며 목메어 그리던 대한의 독립을 환호하였다.

16일에는 대구형무소에 갇혔던 정치사상범으로 옥고를 치르고 있거나 예비검속으로 대구경찰서 유치장에 갇혀 있던 애국지사들이 석방되었다. 반월당(半月堂, 조선인들이 애용하던 수예점) 네거리에서는 간단한 가두 환영식이 벌어졌으며 이어서 남성정(南城町, 현 남성로)의 제일교회 예배당에서 감격스러운 환영식이 있었다. 8월 18일에는 공회당(현 시민회관 자리)에서 건국준비위원회 경북지부가 주최한 해방경축 시민대회가 열렸는데 공회당 앞 대구역 광장에는 손에 손에 태극기를 든 인파로 가득하였다.

해방의 감격과 함께 시급한 일은 치안유지였다. 치안유지와 독립 대한의 앞날을 논의하기 위해 대구지역에서도 그간 항일 독립운동을 주도해 왔던 지도자들의 다양한 모임이 이루어졌다. 그들은 조국의 독립을 위해 분골쇄신한 열사들과 옥고를 치르다가 먼저 간 동지들의 명복을 빌면서 한편으로 해방정국의 대구지역 치안유지에 관한 대책과 새로운 나라에 대한 궁리에 몰두하였다. 특히 대구지역에서 건국의 사랑방 역할을 한 중심은 조양회관과 복양당 한의원이었다. 조양회관은 일제 초기 대구를 중심으로 '대동청년단'을 결성하여 조선 국권 회복을 위해 노력하며 민족의식을 일깨워 온 서상일이 자신의 사재를 털어 지은 것으로, 해방 전 17년간 동아일보 대구지국이 있던 곳이었다. 조양회관에서 서상일과 뜻을 같이한 인사로는 대구 YMCA 지도자인 백남채를 비롯하여 신간회 대구지부의 중심 회원이며 조선일보 대구지국장인 장인환, 교육자와 목회자로 민족사상을 고취해 온 배은희 등이었으며 이들은 '건국준비 경북치안유지회'를 조직하였다.

한편 김관제의 복양당에는 1923년 의열단 폭탄 암살 사건에 가담하여 옥고를 치렀으며 신간회 대구지회장으로 활약했던 이경희, 1920년대 노동운동을 통해 입신하여 무정부 조직인 북풍회 집행위원을 거쳐 1944년 8월부터 여운형이 주도해 온 건국동맹 경북도책으로 활약해 온 정운해, 역시 같은 건국동맹 경북도책을 맡았던 이상훈 등의 노장층이 있었다. 중 · 소장층으로는 대구고보 5학년 때 대구의 독립 만세운동에 적극 가담하여 옥고를 치르고 그 후 사립학교 교사로 있으면서 저항 문인으로 활동했던 백기만, 일찍이 1930년대에 대구 YMCA 지도자로 활동했던 기독교사회주의 목사였던 최문식, 이재복 등이 포함되어 있었다.

해방 직후 1946년 10월 1일은 대구에서 10월 사건이 일어났다. 10월 항쟁은 일제하에서 구조화된 사회구조 및 정치구조가 해방과 더불어 변화되어야 함에도 불구하고, 그대로 유지 또는 재건된 데서 민중의 저항을 불러일으켜 발생한 것으로 보고 있다. 최소한의 생존권적 요구가 해방정국이라는 시험적 무대에 거친 모습으로 투영되었다. 특히, 대구지역의 기독교 즉, 장로교 목사이면서 1948년 대구를 중심으로 발생한 10월 항쟁을 주도한 이재복과 최문식, 이들은 '패배한 혁명'이었기에 결국

'빨갱이 목사'로 단죄되었고 한국의 현대사와 교회사에서 그 이름이 지워졌다. 그러나 이 두 인물의 활동 행적을 통해 그리스도인에게 던져진 10월 항쟁의 의미와 그 역사적 교훈은 이제 재평가받아야 한다.

## 한국전쟁과 대구

전쟁 초기부터 대구 사회 또한 비상 계엄하의 전쟁 상태에서 벗어날 수는 없었다. 공산군의 공세를 저지하지 못한 국군은 계속 후퇴를 거듭하였고 정부는 대전을 거쳐 7월 16일에는 대구로 천도하였다.

대구 시내 각급 학교를 비롯한 여러 시설은 군 기관에 전용되었고 북쪽으로부터 밀려오는 피난민의 유입으로 빈터나 유휴지뿐만 아니라 개인의 주택, 공공시설은 물론이고 심지어 도로까지 점유되는 상태가 되었다. 도로 곳곳에서는 청 · 장년들의 강제징집을 목적으로 가두 검문을 하고 용감한 청년들은 자원입대하는 광경도 잇달아 볼 수 있었다. 7월 21일 계성중학교 운동장에서는 침략을 규탄하는 국민 총궐기대회가 열리고 27일에는 문화극장에서 임시국회가 소집되었다. 각 동별로 자위대가 조직되고 학도호국단에서는 학도의용군을 편성하여 속속 전투에 참여하였다. 그러나 전세는 계속 불리한 입장에 있었고 왜관, 군위, 영천이 점령당하자, 대구 위기설이 나돌기 시작하였다. 당시 내무부장관 조병옥의 대구를 사수한다는 주장과 8월 중순 유엔군의 대대적 반격 작전이 시민과 국민에게 용기를 주었다.

그러나 8월 17일 공산군 4개 사단 병력이 군위 방면에서 대구로 향하여 맹렬한 공격을 개시하여 이튿날에는 대구 북방 12km 지점까지 육박하였다. 이를 저지하는 가산과 다부동 혈전이 전개되고 있을 무렵,

팔달교 넘어 칠곡, 동명 지점까지 잠복하여 침투해 들어 온 적병이 발사한 박격포탄 3발이 태평로 2가 미창(米倉) 앞 판자촌에 떨어져 시민들을 긴장하게 하였다. 사태가 심상치 않게 되자 도청에 있던 정부는 다시 부산으로 이전하였고 대구시에는 소개령(疏開令)이 내렸다가 전세가 호전될 기미를 보이자, 그날 오후 취소하였다. 소개령에 따라 가옥을 버린 채 남쪽으로 향하던 피난민들은 다시 소식을 듣고 되돌아왔으며 대구는 유린을 면하고 사수되었다. 수도가 부산으로 천도한 이후 9월 초순에는 전쟁이 시작된 이래 가장 치열한 낙동강 전투가 벌어져 방어선을 형성하였고 9월 15일 인천 상륙작전의 성공으로 9월 28일 서울을 탈환하면서 유엔군과 국군의 본격적인 반격 작전이 전개되었다.

9월 30일에는 38선을 돌파하고 북진을 계속하였으며 동해안으로는 청진까지, 중부에서는 초산 및 혜산진의 압록강까지, 서부에서는 선천까지 도달하였다. 그러나 중공군의 개입으로 전투는 새로운 양상을 띠게 되어, 한때 한강 이남까지 후퇴하였다가 곧 공산군을 38선 이북으로 밀어냈다. 이즈음 전선은 점차 교착상태에 빠졌고 1953년 7월 27일에 유엔군과 공산군 사이에 휴전이 성립되었다.

전쟁으로 인한 피해는 이루 말로 다할 수 없이 가혹하였다. 당시 대구는 낙동강 방어의 성공으로 직접적인 피해는 없었으나 전쟁의 영향은 클 수밖에 없었다. 피난민의 증가로 인구가 격증하였고 다시 1 · 4후퇴로 북한 지방의 피난민이 유입되어 도시의 변두리는 물론 도심지 내의 도로까지 점유하여 판자촌이 형성되었다. 실례로 대구시청에서 남쪽으로 뻗은 삼덕동 도로는 60년대 초기까지 피난민의 판자촌으로 점유되어 있었다.

## 2. 부모 형제와 소년기

### 부모

제 아버님은 1919년 지금의 포항시인 영일군 죽장면 감곡리 산골짜기에서 태어났어요. 포항시의 제일 북쪽으로 청송 골짜기와 경계를 이루는 곳이었습니다. 죽장면에서 저희 아버님은 삼 형제 중에서 막내였습니다. 제 아버님은 배움을 제대로 갖지 못한 분이었어요. 3형제분 중 형들이 공부하고 하니까 막내는 공부할 기회가 없었어요. 구종반이라 그러거든요. 9명의 사촌 중에 제일 막내니까, 여기 골짜기 있어서는 다른 수가 없다고 진작에 판단하고, 지금 말하면 열네 살 때 가출했어요. 이른 바 가출 청소년이었지요. 선친 이야기에 따르면 경상도 사투리로 "숟가락 몽디 하나 없이" 집에서 나오신 거예요. 그래서 그때부터 대구로 나오셨고 나중에는 중국 대륙을 거쳐 일본까지 가셨어요. 장자 우선으로, 아래로는 뭐 안중에 없는 거예요. 그래도 저희 둘째 아들은 한학을 공부하시고 대구 동인동에서 한약방을 운영하셨어요, 그래서 어릴 때 "큰아버지"(중부) 집에 가면 늘 먹을 게 많았던 것 같아요. 큰어머니한테 잘 하면은 뭐 먹을 것도 좀 주기도 했지요. 그런데 큰어머니가 자기 아들딸은 잘 먹었어요. 손자들은 잘 먹이는데 우리한테는 신경을 안 쓰는 것 같아 늘 부러웠던 때가 있었습니다.

포항 죽장이라고 하는 이름 그대로 "죽장에 삿갓 쓰고 방랑 삼천리"라고 하는 그 죽장은 청송 골짜기로 들어가는 거의 초입에 있었습니다. 거기에서 저희 아버지가 태어났지요. '막내니까 여기 있다가는 널픈(넓

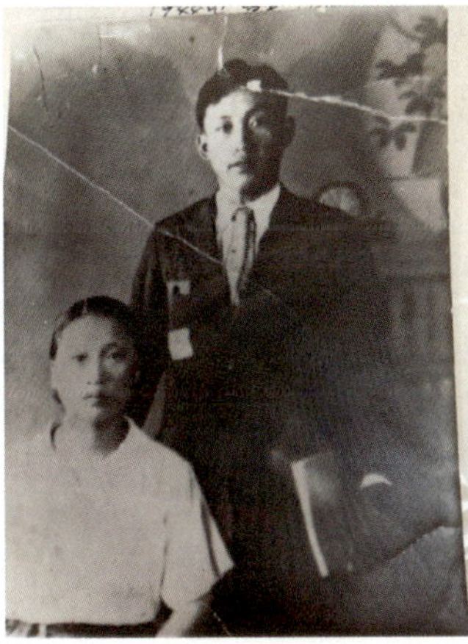

1945년 부모,
일본 요코하마 인근 오미야

1945년 어머니,
일본 요코하마 인근 오미야

은) 수가 없다'라고 생각하여 일찍 죽장 골짜기를 나왔지요. 가출 청소년이었어요. 아마 열 한 서너 살 때 나왔다고 이야기를 들었어요. 저희 아버님 이야기에 따르면 '숟가락 몽둥이' 하나 없이 그냥 맨몸으로 나왔어요. 그렇게 해서 포항 시내를 가지 않고 서울로 바로 갈 여건이 안 되고, 그때는 뭐 서울로 가지 않잖아요. 대구로 나와서 우리끼리 저렇게 둘째 형님 있는 한약방 집에 같이 얹혀서 살기도 하다가 눈칫밥 먹기 어렵고 하였지요.

당시 일제하 1920년 전후로 이때가 굉장히 나라가 어려울 때잖아요. 그래서 많은 젊은이들이 실제로 많이 만주로도 가고, 그렇게 했을 때 저희 아버님도 만주로도 가고 러시아 연해주도 왔다 갔다 하셨지요. 상해까지도 가고 상해에서 배를 타고 어떻게 미국까지 가려고 하는 그런 꿈도 가지고 있었던 거지요, 저는 제 아버지의 그런 돌아다니는 그것을 좋아하는 그런 것에 피를 좀 가지고 있었던 거 아닌가 이런 생각이 듭니다.

제일 큰아버지는 그냥 죽장을 지키고 계셨고 그 아들은 말하자면 해방 바로 직후에 10월 사건 때 행방불명되었어요. 그 당시는 잘 몰랐는데 나중에 알고 보니 흔적도 없이 돌아가셨다고 합니다. 제게 큰 종형이 바로 공부를 많이 했는데 결국은 10월 항쟁 때 희생되었거나 월북한 거로 보이는데 확인할 방법이 없었지요.

일제시대와 6 · 25를 경험한 분들이 우여곡절 없는 분이 없었지만, 제 선친도 우여곡절을 많이 겪었습니다. 꽤 돈을 많이 벌어 보기도 하고 망해보기도 하고 그랬지요. 제일 막내로 대구로 일찍 나오시어 자수성가로 어느 정도 자리 잡았습니다. 1942년에 제 어머님과 만나 결혼하셨어요. 그리고 결혼하고 얼마 후 일본으로 건너갔어요. 일본으로 건너가서 한 2년 있는데 태평양전쟁이 터지면서, 해방 바로 직전에 귀국하셨어요.

결혼 당시 어머니와 6살 차이였습니다. 아버지가 전라북도 장수 출신의 어머니를 만났습니다. 그 당시에는 같은 동네 사람들끼리 만나지, 멀리 전라도 사람과는 거의 만날 기회가 거의 없을 때였지요. 어떻게 됐냐면은 제 외할머니가 재가하셔서 자녀 넷(의붓아들 1명 포함 아들 2, 딸 2)을 데리고 전라도 장수로 지나 경상도로 오셨어요. 전라북도 장수에서 넘어오면 육십령이라고 있습니다. 지금은 도로가 상당히 좋은데 육십령이라 하면 장정 포함 60명의 사람이 모여서 건너오지 않으면 도적들에게 다 털려버리는 곳이라 들었습니다.

그렇게 전라도와 경상도의 경계가 육십령인데 그 어린아이들 손을 잡고 넘어와서 거창 지나 달성군 성서면 혼림이라고 하는 곳에 자리 잡았습니다. 경상도 대구 제일 서편 외곽에 낙동강 바로 건너오는 곳에 성서라고 있어요. 지금 계명대학교도 있고 성서공단이라고 있는데, 그

성서에 자리 잡으셨지요. 아버지는 그 어머니를 소개받아 만났어요. 우리 아버지가 그때는 잘 나갔을 때라 돈도 좀 벌었던가 봐요. 산판도 하고 그렇게 해 가지고 꽤 괜찮은 색시라고 소개받아 만났는데 그분이 저희 어머니였어요.

당시 외할머니가 저희 어머니 형제, 외삼촌 그리고 저희 이모 이렇게 해서 3남매를 데리고 대구 외곽 당시 달성군 성서 이곳에 와서 살고 있었어요. 그런데 보통 옛날에 결혼할 때 보면 가까운 데서 결혼하잖아요. 제 어머니는 포항 출신의, 대구에 있는 제 아버지와 결혼하였지요.

선친은 일찍 죽장을 나왔기에 한동안 고향 죽장에 가면 저의 집은 택호가 제대로 없이 지내다가 후에 성서댁(대구댁)이라고 불렀어요. 그러나 익숙하지 않았어요. 고향 어른들은 제 부친을 "번개 참봉"이라고 했어요. 당시 시골에서는 찾아보기 어려울 정도로 동에 번쩍 서에 번쩍하여 빠르게 움직였다고 그리 불렀나 봅니다.

## 소년기

저는 1954년에 누님, 형, 동생 3명 등 6남매 중 셋째로 태어났어요. 제가 태어나고 소년기 성장한 곳이 동대구역 근처 대구 변두리 신천동이에요. 지금 대구법원이 있는 곳 거기서 18살까지 살았습니다. 거기서 초중고 다니고 대학 입학 직후 집을 옮겨서 수성못 근처에서 대학 4년을 보냈습니다. 당시 대구 한복판은 대구역 근처 중앙통이 제일 중심부고 그 중심부 한복판에 요즈음의 경상감영공원이 있는데 그 근처에 향촌동이라고 있었지요. 서울 같으면 명동, 부산 같으면 광복동이었습니다. 그곳을 중앙통이라 불렀는데 거기에서 초등학교 5학년 이후부터 고

1까지 청소년기에 신문 가판 등 고학을 하였습니다.

제 아버지는 여러 가지 사업을 했어요. 6 · 25 바로 전에는 산판(나무 베어 파는 일)도 해서 돈도 벌고 고물 장사도 하셨어요. 산판하고 고물 장사하면 돈이 되는 것이거든요. 그런데 돈을 아무리 많이 벌어도 한쪽에는 돈을 버는데 관리가 안 되니까 한쪽으로 새는 거예요. 산판은 당신이 직접 하는 건 아니고 산에 나무를 떼 가지고 팔아 돈을 버는 일이었지요. 고물 장사도 좀 하셨어요.

제가 초등학교 들어갈 즈음에 신천동에서 가위공장을 운영했어요. 과수 전지하는 가위공장이었어요. 전지가위 만드는 일을 하려면 프레스가 필요해요. 요새는 프레스가 있습니다마는 옛날에는 프레스가 없고, 모루라고 하는 데다가 해머를 가지고 때린답니다. 때리면 벌겋게 자른 것을 그걸 녹여서 치고, 그라인드에 갈고, 그래서 우리 집에 직공이 그때 한 너댓 명 정도 있었던 것 같더라고요.

전지가위, 적과 가위에는 스프링을 만들어야 하거든요. 일본말로 '야끼'(담금질)라고 해서, 청산 가루를 넣어 가지고 그걸 강하게 만드는 공정도 보았지요. 가위공장은 작은 대장간을 포함하는 가내 수공업이었지요. 그래서 집에 직공 대여섯 명이 먹고 일하며 지냈지요. 어머니는 늘 그 일을 뒷바라지했어요.

어린 시절 제가 한 일 중의 하나는 가위 제품 포장을 돕고 화물 보내는 일을 거드는 일이었어요. 형은 글체는 저보다 잘 쓰지만 제가 산수와 문장은 나았던 거 같아요. 물표(수하물표)라고 해 가지고 어디 멀리 보내면은 글 쓰는 건 형하고 저하고 맡아서 했지요. 온 집안이 가위공장에 매달린 그야말로 가내 수공업이었어요.

대장간이면 부자라야 되잖아요. 그런데 돈을 벌었지만, 돈이 없이 늘 쪼들렸어요. 말하자면 경영 관리를 잘못하신 거였지요. 아버지는 전국 각지에 물건값을 수금하러 다니는데 수금이 안 돼 물건은 가고 물건값은 안 오고, 재룟값은 들어가야 하고 직공 월급은 줘야 하고, 그럼, 어머니는 늘 빚을 얻으러 다니는 거지요. 열심히 팔잖아요. 팔러 가는데 수금이 잘 안 돼요. 결국은 빚만 지는 거예요. 저희 어머니는 늘 빚만 대고 하다가 결국 현금 회전이 안 되니까. 제가 고등학교 2학년 때쯤 해 가지고는 빚 청산하고 통장에 0원. 그런 어려움들이 많았습니다.

**1963년경 웅변 연습 대구달성공원**

**1963년 웅변대회 수상 후 스승, 형들**

어릴 때 공부를 제대로 배운 거는 우리 집에 세 들어 살았던 선생님 통해서 배움의 동기를 갖게 되었어요. 웅변도 그때 배웠어요. 1960년대 초, 대구 신천동 우리 집이 별로 안 좋은 집이었지만 그래도 방이 네 칸이었어요. 거기에 동아대학교 나왔던 김상석(김일) 선생님이 우리 집에 살고 있었는데 결핵 환자로 어머니하고 같이 왔는데 그분이 학동들을 모아놓고 공부를 많이 가르치고 말하자면 학당을 만든 거지요. 약간의 월사금을 선생님께 드렸던 거 같아요. 우리 집 대청마루에서 학습하던 슬로건이 있는데 "알자 배우자 성공이 온다" 그게 슬로건이야. 못하면

회초리 들고 막 때리고 서당 하듯이 그러면서 그분한테 단련 받고 학교 외의 공부를 배웠거든요. 그 선생님에게 웅변도 배웠어요. 원고를 주고 외우게 하고 그 원고대로 발언하게 하고 산에 올라가서 고함도 지르고, 웅변대회 하러 서울로 가고, 광주도 가고 초등학교 때 그렇게 상도 꽤 받았어요. 그게 제 특별한 어릴 때의 소중한 경험입니다.

## 3. 학생의거의 도시가 군사정권의 발상지로 변모

1960년대 초 4 · 19 학생혁명과 5 · 16 쿠데타가 이어지면서 대구지역사회에도 커다란 변화의 소용돌이가 있던 시기였다. 자유당은 독재체제를 유지 · 강화하기 위한 방안으로 상상을 초월하는 불법선거가 획책되고 있던 1960년 2월 28일, 대구에서 민주당 선거유세가 실시되었다. 이날은 일요일이었는데 '학생들을 등교시켜 유세장에 참가하지 못하도록 하라'라는 불법적인 지시가 내려지자 이에 반발한 대구 시내 고등학교 학생들은 경북고 800여 명 학생들의 시위를 필두로 대구고, 대구상고, 경북여고 등과 중학생까지 가세한 학생시위대는 학원에 대한 정치적 간섭을 배격하는 구호를 외치며 명덕네거리로 쏟아져 나왔으니, 이것이 마산의 3 · 15 학생의거를 거쳐 4 · 19 학생혁명에 불을 붙인 2 · 28 학생의거였다.

부정부패로 얼룩진 당시의 기성세대나 기성 정권에 불신을 품고 있던 학생들은 2 · 28 학생의거와 4월 학생혁명에 앞장섰다. 독재 정치와 부정 축재에 저항하는 국민의 힘 또한 이 젊은 학생들의 의로운 궐기를 통하여 발현되었다. 대구 2 · 28 학생의거에서 시작된 4 · 19 혁명은 한국 사회 전체는 물론 한국 기독교계와 한국 YMCA에도 커다란 충격과 변화를 주었다.

자유당 정권하의 한국교회는 이승만 대통령의 영도하에 반공 이념으로 일체화되어 독재정권에 전폭적인 지지를 보내고 있었다. 그래서 자유당 정권이 권력 연장을 위한 반민주적 작태를 연출할 때도 방치해 버렸고, 오히려 정교 일체(政敎一體)적인 안일한 생각으로 기독교가 한국의 국교인 듯 착각에 빠지기까지 하였다. 그러기에 기독교장로회 등의 일부 교단이나 교회 일각의 기독 청년들을 제외하고는 교회의 자기반성에 인색하였고, 4월 혁명이 민족 통일 운동, 혁신계의 노동조합운동 등의 단계로 접어들자, 보수적 입장을 표출하였으며, 급기야 1961년 5 · 16 쿠데타가 일어나자, 하늘의 도움처럼 환영하였다.

한국 YMCA 또한 한국 기독교계의 보수적 범주에 있었지만, 젊은 기독 청년들의 자유롭고 진취적인 입장을 수용하면서 최소한의 자기반성 위에서 YMCA의 새로운 지평을 열기 위해 노력하였다. 자유당 정권 말기 대한 YMCA 연맹 위원장이었던 이기붕의 몰락에 이어 그해 8월 김태묵 연맹 총무도 퇴진하여 도미하였고 김치묵 부총무가 총무서리를 맡았다. 연맹은 10월 28일을 '한국 YMCA 날'로 정하고 한국 YMCA가 역사적 전통을 올바르게 계승하여 현대적 사명을 완수하기 위해 노력하는 모습을 보였다.

## 4. 청소년기

저는 중학교 고등학교를 사립학교인 대구 대륜중 · 고등학교에 다녔어요. 대구에 미션 스쿨로 계성중 · 고등학교가 있는데, 이와 비슷한 수준의 학교로 민족학교라고 해서 1921년에 세워진 대륜학교에 다녔어요. 난 초등학교에서 상위권이긴 했으나 두각을 나타낼 정도는 아니었던 것 같아요. 그러니까 대구 신천초등학교 시절 한 반에서 아주 잘하지는 못했습니다. 중학교 입시인 1차에서 경북대학교 사대부중에 응시했어요. 반에서 한 5등 안에 들어가는 아이들이 시험 치는데 거기 응시해서 떨어졌지요. 그럼 2차로 가는 대륜중학교에 입학하였지요. 계성중학교는 1차였던 거 같아요. 어렸을 때 아버지가 사업을 했으니까 먹고 사는 데는 지장이 없었다고 여기는데, 사실 그 반대였어요. 말하자면 틀은 되는데 실제로는 가난했어요. 그러니 학비 조달이 어려웠지요.

저의 형제 5남 1녀 중 대학을 간 사람이 나밖에 없지요. 누나는 초등학교 마친 후 경북 의성 도리원 생사공장에서 기숙하며 일하고 한 번씩 다니러 대구 집에 왔어요. 형은 고등학교까지 졸업하고, 나는 대학까지 갔지요. 동생들도 중학교, 고등학교까지 다녔어요. 옛날에 다 그랬지요. 저는 어렸을 때부터 여러 형제 중에서 공부를 좀 하는 편이었던 것 같아요. 그러기에 늘 누나와 형제들에게 미안한 마음이 있었어요.

저희 아버님 당신은 공부할 기회가 없었지만, 자녀들이 공부하는 것을 원했어요, 굉장히 공부 잘하는 것을 바라고 공부하는 것에 대해서 해야 한다는 이런 원칙을 갖고 있었어요. 저희 어머니는 없으면 안 하는 거다. 아버지하고 어머니는 그런 면에서는 차이가 있었어요. 그래서 아버지는 빚을 내더라도 일단 공부를 하자, 그렇게 했는데 공부를 안 하려고 하지 않으면, 하려고 하는 아들한테나 딸한테는 했는데 저희 누님이 한 명밖에 없는데 누님은 공부를 안 시켰어요. 그래서 저나 저희 동생들을 위해서 누님은 많이 희생됐어요.

1960년대에 누님은 대구 근처에 의성군 도리원이라고 하는 생사공장에 다녔어요. 거기에 생사라고 해서 생실을 만드는 곳입니다. 생사는 누에로 굉장히 좋은 비단 만드는 거잖아요. 그러니까 그걸 해서 일본이나 외국으로 수출을 다 하는 거예요. 1970년대 같으면 서울로 가서 봉제 공장이라도 있지만은 1960년대는 그런 봉제 공장 자체가 없었어요. 그래서 대구에서 가까운 곳에 가서 일하고 학비 마련하고 그렇게 했는데. 그것도 이제 나중에 이제 누나가 결혼하니까, 뭐 집을 도울 일이 별로 없어요.

그런 중에 저는 공부해야 할 때지요. 어머니는 돈 없으면 하지 미리, 아버지는 해라, 그런 것인데 말로는 하라고 하지만 돈이 뒷받침되어야 하지요. 결국은 어머니가 간혹 가다가 등록금을 구해주는데, 중학교 때부터 제 형하고 제 바로 위에 형, 세 살 터울 형은 일찍부터 학비를 벌러 나선 거지요. 이렇게 어려운 사정으로 아무것도 못 하겠다고 생각하고 대구 중앙통으로 간 겁니다. 그곳은 굉장히 번화가입니다. 당시 대구의 중심지였지요. 거기에 일찍 진출했어요. 무엇에 진출하냐면은 신문도 팔고 일종의 신문 팔고 뭐 여러 가지 고학하는 일들이 꽤 있었습니다. 신문도 팔고 껌도 팔고 하는 일 그래서 저는 형 따라가서 처음에는 그 재밌겠네, 싶어서 따라갔는데. 나중에 신문 팔다가 뭐 여러 가지 하여튼 어려움도 많이 겪고, 그래서 한 4~5년은 그렇게 해서 돈을 버는 것이 이런 것이구나, 라고 하는 경험을 그렇게 했습니다.

이렇게 초등학교 3, 4학년 때부터 벌써 생활 전선에 나가 이른바 알바를 하며 사는 거예요. 그건 알바를 넘어 생활비 마련이었어요. 껌 팔고 신문 팔았지요. 대구에 향촌동이라고 있었습니다. 지금 대구의 동성로는 젊은이들을 위해 새로 조성된 거고 1960~70년대 향촌동은 성인들이 이용하는 고급 식당과 술집이 있던 유흥가였어요. 거기서 고학 생활했어요.

그때는 껌 팔고 이러면 거리의 아이들이었잖아요. 불량 아이들도 만나지요. 그 일을 저의 형이 먼저 가서 시작해서 저도 뚫고 들어갔지요. 그럼 나는 동생으로 그 형한테 따라다니면서 배워가며 일했어요. 형이 덩치는 작고 해도 깡다구가 있었거든요. 그리고 나중에 안 거지만 그 뒤에 향촌동 주먹세계에 놀던 장조카가 있었어요. 그는 아재한테 건드리지 말라고 하며 형과 저를 돌보았던 거 같아요. 장조카는 아까 이야기했던 10 · 1 사건 때 아버지를 여기고 혼자서 대구로 나와서 건달이 되었던가 봐요. "딱부리"라고 하는 별명을 가진 주먹 잘 쓰고 발차기 잘하는 장조카가 한 명 있었는데 나중에 알았지요. 나이 많은 그 장조카를 보고, 제 형은 어릴 때니까 늘 형님, 형님, 하고 따라다닌 거지요. 우리 아재 건드리지 말라고 해서 향촌동에서 보호받으면서 그래도 신문 같은 데라도 위치가 좋은 데 가면, 누가 시비 걸면 저 우리 아재데이, 나이 어린 아재다, 했던 거지요. 그럼 나는 이제 그 형 뒤를 밟아 가지고 이제 신문 같은 거도 팔고 껌도 팔며 고학 생활했어요. 그렇게 해서 허우대는 멀쩡한 가위공장이지만, 돈이 없이 고생했어요.

어렸을 때와 청소년기 때는 이제 뭔가 이렇게 돈을 막 벌어서 부자가 되고 싶었겠네? 라는 질문에 답 드립니다. 그렇지는 않았어요, 그건 내 학업과 생활에 필요한 수단이었어요. 그 당시 매주 주간한국, 주간 중

1967년 중학교 1학년 시절

1972년 대구감리교회 교인야유회, 칠곡 가산

앙, 선데이서울 등 주간 잡지와 신문이 나오는 때였지요. 그걸 내가 직접 팔았는데. 그 파는 중에서도 한 주일에 한 이틀 그 가판대 위에서도 내가 늘 책을 봤어요. 간혹 지인이나 어른들이 지나가다가 격려해 주었어요. 향촌동에 사는 내 고등학교 친구들이나 중학교 친구들이 '니 뭐 하노?' 하면 '야 신문 파는 거, 아이가' 그러면 친구 아버지도 오고 어른들이 와서 기특하다며 더 사주고 했던 거 같아요. 아시다시피 밥 삼시 세 때 제대로 못 먹으면 국수 끓여 가지고 그 멀건 국수를 먹고 그리 살았지요.

돈이 없고 땟거리 없을 때가 많았어요. 내가 고등학교 3학년 때는 빚잔치하고 완전 알거지가 되어 셋방에 살 형편이 되어 수성못 근처 두산동으로 이사 가게 되었지요. 이때 저로서는 학비 등 돈이 많이 실제로 필요할 때였지요.

## 5. 기독교 신앙을 접함

저는 1971년에 처음 교회에 나갔습니다. 그때 제가 속해 있는 동네의 교회는 대구감리교회였어요. 장로교 일색인 대구지역에서 감리교회가 드물다는 건 나중에 알게 되었지요. 이 교회는 당시 개척된 지 얼마 안 된 교회로 동네 언덕 제일 높은 곳에 있었어요. 교회 근처에 지금 계명대학교 의료원, 당시 동산병원의 간호보조학원이 하나 생겼어요. 간호보조학원은 간호보조사 양성기관이었지요. 그 학원을 운영하는 김모 원장이 대구감리교회의 여장로였고 독신이었지요. 저는 집 근처 바로 그곳에 처음 교회를 가게 되었어요. 감리교회인 거기서 처음 신앙생활이 시작되었지요.

지대 높은 곳을 경상도 사투리로는 '산만대이'라고 그럽니다. 저의 집은 산만대이에서 조금 반대편에 있었는데 땡땡! 하는 소리가 들릴 때마다 저 사람들 왜 잠도 안 자고 왜 저렇게 시끄럽게 하냐고 어릴 때 그런 마음을 가지고 있었습니다. 저는 열일곱 살인 고등학교 1학년 때 친구의 권유로 처음 교회에 나갔습니다. 지금은 사춘기가 더 빠르지만, 그때는 아마 열다섯 여섯 살 때 이때가 예민할 때인데, 그때 마음으로는 교회 다니는 친구들이 조금 경상도 사투리로는 약았다, 얍삽하다, 꾀도 많아 보여서 그래서 어떻게 저렇게 행동이 약삭빠를까? 생각했습니다. 그래서 좀 얄밉기도 하고 나는 바보처럼 사는데 저 사람들은 왜 저렇게 할까? 하고 여겼지요. 제 앞집에 제가 길 갈 때마다 두근거리는 여학생이 한 학년 아래이긴 한데 교회에 다니는 것 같아요. 그 집은 좀 잘 살았거든요. 저런 친구들은 다 교회에 가서 그렇게 하는가 보다, 라고 하는 열등감도 있고, 좀 약삭빨라 보이고 남녀를 막론하고. 제 주위에 있는 친구들 지금은 장로가 되고 어떤 친구는 교회도 안 다니는 친구 있는데. 좀 보니까. 그렇게 영 마음에 안 들었어요. 그래서 괜히 쓸데없이 교회 다니는 친구들 발로 차려고 하고, 막 싸우려 하고, 시비 걸기도 하고, 여학생들 고무줄도 끊기도 하고 그런 망나니 때였습니다.

제가 고등학교 1학년 때인 1971년입니다. 이웃에 사는 내 친구 중의 한 명이 저를 전도했어요. 지금도 NHA라는 이름으로 그 교회 출신 친구들이 만나고 있는 벗 중에 지금 엄모라고 하는 장로가 제게 낚시를 던진 겁니다. 이 친구가 한번은 "이상점, 교회 한번 가볼래. 가면은 재미있는 것 많다. 탁구 칠 수 있다. 탁구장이 있고, 피아노도 있다. 너 노래 좋아하면 여학생들하고 같이 피아노치고"라는 거예요. 그때 처음 나간 게 대구감리교회입니다. 마을 언덕 위에 있는 그 교회로 간 그게 처음 예수 믿게 된 동기였지요. 처음에 몇 년 열심히 교회 다니고 부흥회도 다녔지요, 청소년기 때는 빠지잖아요. 온갖 집회가 있으면, 인근에 좋은 집회 있다 그러면 떼거리로 같이 가는 거예요.

주일학교 반사도 하고, 또 성가대 했어요. 학창 시절에 남학생들은 거의 뭐 노래 잘 못 해요. 음악 시간 때는 그냥 자잖아요. 근데 교회에 가서 음률이 어떻게 되고, 화음은 어떻게 되는가를 처음 알게 되었지요. 그리고 괜히 노래도 못하는 게 다른 여학생들 앞에 노래 좀 잘하고 싶어, 밤에 늦게 서로 경쟁도 하던 기억들이 많이 납니다.

한 번은 어머니가 교회에 여학생들하고 이렇게 시시덕거리는 것을 봤는가 봐요. 교회 가지 말아라, 어머니는 교회 가는 자체가 안 좋은 거예요. 어머니는 다른 종교를 가지고 계셨습니다. 정일교라고 하는 일종의 그 불교를 유불선을 통합하는 대구 성서 외곽에 '미묘바른님'이라고 제가 어릴 때 기억이 딱 나서 적기도 했지요. 주문을 외우듯이 하는 간단한 암송문이 있어요. 그걸 벽에 붙여놓고 외우고 이렇게 했는데 어릴 때 저 보고도 따라 하라고 했었지요. 어머니가 처음에는 절에 다니셨다가 제가 초등학교 시절에 이 정일교를 신실하게 믿었지요. 어머니는 여러 아들 중에 제가 그냥 그 어머니를 잘 따랐거든, 그런데 정일교에 안 가고 교회를 가니 안 가면 좋겠다고 했지요. 그런데 한 번은 그래서 교회에 올라와 가지고 제 머리채를 잡고 끌고 가는 거지요. 얼마나 부끄러웠는데 많은 친구, 특히 남녀 학생들과 사람들 보는 데서. 집에 와 가지고는 성경책을 아궁이에다 넣고 불 지르고 그렇게 했어요. 그래도 교회 가고 싶은 것이에요.

그 후 어머니와는 오랫동안 신앙을 달리했어요. 그러다가 어머니를 위해 저는 기도만 할 뿐이었습니다. 대구의 고등학교 동기 친구 중 김모 장로가 1978년경 부모님을 전도했어요. 저희 아버지가 몸이 안 좋을 때 동산병원 간호사였던 자기 부인을 통해 저의 집을 도왔습니다. 어머니를 통해 아버지한테 약을 갖다주면서 약을 매개로 해서 아버지를 변화시키고 아버지를 교회에 가게 하고, 어머니도 교회에 가게 한 거지요. 그게 제가 신학교를 1977년도 입학했는데 그때 제 친구가 저 수유리까지 와서 "야 상점아, 뭐라 뭐라, 하면서 네 어머니한테 내가 전도했다"라고 자랑하는 거예요. "야 나도 못했는데 네가 했구나"라고 말했던 것 같습니다. 저도 못 했는데 제 친구가 제 어머니를 그리고 아버지를 교회로 인도했으니까. 제가 1972년에 머리카락을 잡혀서 그 많은 여학생 앞에서 수치스럽고 부끄러움 당했잖아요. 그러나 그럼에도 불구하고 제가 더 열심히 교회 나가고 찬송하고 또 열심을 내니까 어머니도 나중에는 손 놓고 아 그런가 보다, 라고 인정을 하게 된 거예요. 그래서 완전

집에서는 이제 열외가 되었던 것 같아요. 그리하다가 7년 후에 어머니가 아버지와 함께 예수 믿고 그렇게 신앙인이 되었습니다.

1960, 70년대 당시에는 고등학교 1학년 정도가 되어야 사춘기라고 했거든요. 그 시절에 대구감리교회를 통해서 노래하는 것도 보고 듣고 찬송하는 것도 하게 되었지요. 그리고 그때 큰 교회가 아니니까 주일학교 반사도 하고, 반사라고 해서 주일학교 아이들 반을 나누어서 찬양하고 지도하고 성경 공부하는 거 인도하는 것이었습니다. 반사 생활을 통해서 오히려 내가 배웠지요. 나도 이제 막 예수 믿고 얼마 안 되는데도 어린아이들, 초등학생들 반사도 하고 성가대하고 그런 교회 문화를 접했어요.

당시 부흥회 같은 데 가면, 내가 들어보지 못한 세계에 대해서 알게 되었지요. 그래서 우리 교회뿐 아니라 부흥 집회를 여러 군데 많이 했지요. 그런 부흥회를 쫓아가서 듣기도 하고 하는 것은 아마 기독 청소년들은, 많이들 그렇게 했어요. 그리고 배우게 되고 접하게 되고 성경도 외우게 되고 암송도 했지요.

저는 청소년기에 교회를 처음에 접하면서 성령의 뜨거운 체험이나 방언 체험 등의 경험은 없었어요. 그런 경험을 별로 간구하지는 않았는데 그러나 혼자 외로울 때는 기도할 수밖에 없을 때가 있었죠. 그런 거를 이제 몸에 배어가는 시대였어요. 그래서 내가 결혼할 때 이 집안은 크리스천 커뮤니티에 있는 집안이지만 나는 그야말로 평지 돌출이었지요. 예수 믿는 것도, 혼자 친구의 권유로 했지만, 신학공부도 하게 되고 그렇게 해서 청소년기 보냈는데 교회 가면은 이성을 만나잖아요. 그게 매력이었지요.

교회 가면 남자도 많고 여자들 많잖아요. 그런데 학교에 다니지 못하는 중학교 고등학교도 다니지 못하는 여자애들도 있었어요. 그러면 우리 어릴 때 여학생이란 말 학생이라는 말이 익숙하여 나오더라도 조심하자고 했어요. 특히 대학 다니는 학생들은 거의 없었지요.

좋아했던 여자 교회 친구 여자 친구들이 있었느냐는 질문인데, 제가 짝사랑하고 그런 정도에서 원 사이드로 내가 일방적으로 좋아했던 거였어요. 마음을 가지고 있었던 여자가 한 명 있었는데 한 살이 더 많았지요. 그런데 이 친구는 공장에 다녔어요. 나는 고등학교까지 가려면 한 40분 가방 들고 가거든요. 가는 길에 그 여자 안모라고 하는 친구를 보고 싶어 가지고 그 집 앞을 지나가는 거지요. 그러면 지나가질 안 해요. 그녀가 퇴근하는 시간하고 내 등교 시간이 같아야 되잖아요. 혹시 보고 싶어서 그 길로 가곤 했어요. 이후 거기서 끝났어요. 그녀가 인천으로 일찍 시집가 버렸지요. 아쉽게. 3년을 가슴 두근거리면서 마음에 품고 있다는 게 얼마나! 그러니까 다른 여성을 짝사랑한 거지요. 한 살 많은 누나니까, 나를 동생으로 생각했겠지요. 초등학교만 졸업하고 공장으로 바로 갔지만, 교회에서 만난 그 여성은 나에게 이상형으로 보였지요. 가슴이 뜨거웠지요. 그러기에 당시 일기의 주인공으로 등장했지요.

## 6. 개발독재와 사회정의의 외침

1970년대 한국 사회는 1960년대부터 추진해 온 경제개발계획이 일정한 성과를 거두며 고도 경제성장을 향해 줄달음치고 있었다. 그러나 고도성장은 저임금과 저 농산물가격에 기초하였기에 성장의 몫이 제대로 분배되지 않음으로써 소외된 노동자, 농민, 도시 빈민들의 고조된 불만이 사회 곳곳에서 표출되기 시작하였다. 1970년 11월 서울 평화시장의 젊은 노동자 전태일이 스물두 살의 젊은 나이로 '근로기준법을 준수하라', '우리는 기계가 아니니 어린 동심을 보호하고 일주일에 한 번이라도 햇빛을 보게 해달라'라고 외치며 근로기준법 책자를 손에 쥔 채 분신이라는 극한적인 의사 표현으로 자기 몸을 불살랐다. 그의 희생은 한일회담을 반대한 6 · 3사태 및 3선 개헌 반대 운동을 전개하던 당시의 학생들과 지식인들에게 커다란 충격을 주었으며 그들에게 민중과의 연대에 관한 각성을 촉구하였다.

1971년 8월에는 경기도 광주 대단지 사건이 일어났다. 급격한 도시화로 인해 파생된 부작용에 대처하는 정부 계획의 졸속함 때문이었다. 열악한 환경 조건 하에 다수 인구가 밀집 생활하는 데서 오는 도시 빈민의 생존권 수호를 위한 집단적인 표현이 일어났다. 민중의 생존권 요구가 치열하게 전개되기 시작하던 무렵인 1970년대 초에 정부는 새마을 운동을 시작하였고 1973년부터는 근면, 자조, 협동이라는 기치 아래 농촌뿐 아니라 도시주민을 포함한 범국민운동으로 확대 발전시켰다. 이 새마을사업으로 낙후된 농촌 농업 부문은 일정 정도의 성과를 거두고 농촌사회에 활기를 불어넣었다.

1972년 7 · 4 남북공동선언은 남북한이 평화통일을 향한 계기를 마련할 수 있다는 기대를 품게 했으나, 그 역시 남북한 쌍방이 독재정권을 유지하기 위한 정치적 돌파구로 활용된 것에 불과하였다. 1972년 10월 유신체제의 출범은 신체의 자유와 노동 3권을 포함한 인간의 기본권이 유보된 가장 혹독한 정치체제인 이른바 '한국적 민주주의'가 한국사회 전체를 꽁꽁 얼어붙게 했다. 유신반대 운동이 거세지면서 70년대 중반에 긴급조치 1~9호가 발동되어 유신헌법을 부정 · 반대 · 왜곡 · 비방하거나 헌법의 개정 · 폐기를 요구하는 행위 또는 그것을 청원 · 발의하는 행위 등을 금지하며 이를 위반할 시는 영장 없이 체포 · 구속하고 비상군법회의에서 처단하였다. 유신시대의 대표적인 용공 조작 사건이었던 '민청학련' 사건으로 수많은 기독교 지도자와 KSCF 출신 기독 학생 및 양심적 민주인사들이 옥고를 치르기도 하였다. 1970년대는 개발독재에 의해 경제성장을 향해 줄달음치고 있었으나 사회 전반에 빈부의 격차가 심하고 권위주의적 군사문화가 팽배하고 있었다.

이러한 어둡고 캄캄한 시절에 민중의 횃불이 되고 소외의 뿌리를 찾아서 그 아픔을 치유하고자 하는 신앙 고백적 결단에 의한 기독교 사회운동이 양심적 종교인, 지식인, 청년 학생 사회에서 일어났다. KSCF는 학생사회개발단운동을 전개하였으며, 한국 YMCA도 바로 이러한 시대의 아픔과 더불어 살면서 다수의 시민 대중에게 올바른 역사의식을 일깨우고 민중의 고난에 동참함으로써 이 땅에 하나님 나라가 실현되는 사회개발 운동을 전개하기에 이르렀다.

## 7. 대학 시절 기독 학생운동 서클, KSCF 활동

저는 1973년에 경북대학교에 입학했습니다. 초등학교에 이어 중학교나 고등 2학년 때까지 고학했지요. 아버지가 경영 능력이 부족하였지요. 가위공장을 운영했지만, 빚으로 운영하니까 빚잔치하고 나면 하나도 없었다고 했잖아요. 대학 입학할 때도 이모한테 가서 등록금을 빌려서 납입했어요. 다행히 경북대학교는 국립이라 입학금은 얼마 안 되었거든요. 그러나 그것도 빌려야지 될 정도였고, 그다음부터는 계속 아르바이트 하면서 공부한 거지요. 근데 어머니는 공부하는 걸 싫어했고 아버지는 공부하는 걸 굉장히 좋아했어요. 아버지는 공부하고 싶어도 못 하셨으니까. 한 놈은 대학 가야 안 되겠냐고 생각했어요, 아버지는 못 배운 게 한이 된 거지요. 아버지께서 제가 경북대학교 합격했다고 하니까 버선발로 방에서 그냥 쫓아 내려오셨어요.

그런데 어머니는 그때부터 등록금 마련을 걱정했잖아요. 아버지는 그냥 앉아 있기만 했지요. 아들이 합격한 건 좋아했지만, 등록금 마련할 능력이 안 되는 거야. 그러면서 '아들 등록금 좀 마련해 보소'라고 하니까 이모부한테 간 거지요. 대구 인근 옥포에서 농사를 짓는 이모부에게. 그러니까 그 이후부터 제 삶은 그야말로 고학이었어요. 아까 초중고 시절 신문팔이, 껌팔이는 아주 작은 거였지만, 대학이라는 건 돈이 많이 들어가잖아요. 그래서 대학 마치면 누나나 형이나 아버지나 아버지도 그렇고 좀 아들이 적당한데 회사취직이라도 집안을 좀 그래도 좀 뒷바라지하면 좋겠다는 마음을 다 가지고 있었지만 그걸 못한 거를 저는 늘 마음에 빚을 가지고 있었습니다. 어머니한테 특히.

제가 경북대학교 사학과에 다녔어요. 제가 입학하던 1973년에 같은 교회 출신의 친구가 경북대학교에 입학했지요. 그 친구는 경제학과에 가고 나는 사학과 가고, 이 친구는 경북고등학교 졸업해서 공부를 잘했지요. 내가 수학을 내가 잘 못했어요. 수학 2는 안 해도 되지만 수학1은 무조건 돌파해야 했어요. 그때는 수학1을 안 하면, 학교 본고사 시험 칠 자격도 없는 거였지요. 그래서 수학 잘하는 그 친구한테 도움받아 겨우 40점을 받아서 예비고사 통과하고, 그리고 본고사 쳐 가지고는 대학에 입학했지요.

경북대학교 학부 시절에 본인이 저의 관심 분야나 동아리 활동에 관해 이야기를 이어 가겠습니다. 그렇게 해서 1학년 들어가서 동아리를 자연스럽게 기독 학생 동아리를 찾았어요. 누가 소개해 주고 추천하는 사람 아무도 없어요. 소개하는 사람 없지요. 당시 내가 알고 있던 인맥이라고 하는 거는 그때까지는 대구 감리교회 목사님, 양 목사님 그리고 내가 알고 있는 친구 둘이 모두였어요. 대학교에 들어간 사람이 둘밖에 없으니까 없어. 그러면 누가 선배라도 앞에 대학교를 누가 갔으면, 야 가면 그거 어디 가라, 하지만 없었지요.

그래서 내가 기독 동아리 5개를 다 쫓아가 봐서 내가 염탐했지요. 그래서 3개를 일단 택했어. 내비게이터라는 아주 보수적인 동아리가 하나 있고 SFC 그다음에 UBF가 있는데 이름도 비슷해요. KSCF 하고 SFC 이름도 비슷해. 헷갈렸어요.

일단 KSCF라는 기독 동아리에도 가입했지요. 여기도 가보고 저기도 가봤는데 제일 부지런하게 나한테 밀착해 가지고 따라왔던 선배가 영남대학교 상대에 다니고 있던 UBF(유니버스티 바이블 펠로우십) 선배였지요. 이 사람들은 딱 와서 학교 마치면 학교 바깥에 기다리고 있는 거예요. 수업 없으면 나를 데리고 와서 벤치에 앉혀 가지고 성경 학습 등 이래 가지고 자꾸 쿵작쿵작하는 거야.

그래서 그 UBF가 좋아 가지고 1학년 때는 여름 방학 때까지 따라다녔던 것 같아요. 그렇게 해서 주암산이라고 대구 부근의 기도원에 워크숍도 갔어요. 그러면서 KSCF도 동아리도 가는 양다리 걸치기를 했어요.

CCC는 몇 번 더 갔다가 이거 재미도 없었지요. 내 친구에게 너는 CCC 가라 하고 나는 KSCF와 UBF에 다녔지요. KSCF를 본격적으로 알게 된 게 2학년이었어요. 박병종 선배가 있었다는 걸 이야기는 들었지요. 재학시절 나한테 직계 선배는 대학교 1학년 들어갈 때 4학년이었던 공과대학 학생이었지요. 당시 인문계 학과 선배들은 아무도 없었어요. 당시 공대 K 선배들은 인문학적인 소양이 내가 보기에 별로 없는 것 같은데 딱 한 명은 그래도 감각이 있었어요. 지금 말하는 전점석 선배와 동기였던 선배가 있었지요. 그는 그 당시 기독교 학생들이 진보적인 안병무 서남동 박사 같은 이런 글들을 읽고 소개하고 이런 책도 읽어보라고 하며 현대 신서 등을 소개해 주었어요. 조용웅이라고 하는 경북대 기계공학 출신이고 신대균 전점석 선배와 다 계성중학교 동기였지요. 그 양반 통해서 내가 터득하게 되고 임원이 되어 1974년 12월 말 때 KSCF 동계대학에 참가하게 되었어요.

1974년이면 제가 신앙 생활한 지 뭐 불과 한 이삼 년밖에 안 됐습니다. 이삼 년밖에 안 됐는데, 대학을 대구에 있는 경북대학교에서 사학을 공부했습니다. 그때 대학교 2학년 시절 때, 제가 신앙의 눈을 다시 뜨게 됐습니다. 그때 이제 학창 시절 때 보면 동아리가 많습니다. 그런데 지금 보면 요새는 동아리가 학교 학생들이 컴퓨터 동아리, 만화 동아리, 노래 동아리, 이제 이런 여행하는 동아리 이런 거지만은. 그 당시에는 그런 동아리보다도 크게 이제 이런 재미있는 건 많이 없고. 레크리에이션 하거나 다 비슷하긴 하지만 저는 이제 예수를 믿고 하니까 무조건 처음에 찾은 것은 기독교 동아리, 예수 믿는 학생들 그걸 찾으니까 굉장히 많아요. 한 네댓 개쯤 돼서 제가 열거하면 여러분이 대표적으로 잘 알고 있는 CCC(대학생선교회)라는 게 있습니다. 또 UBF(대학생성경 읽기)는 성경 하나를 가지고 매일 읽기를 합니다. 읽게 하고 해석하게 하고 안 오면 막 학교까지 쳐들어옵니다. 뭐 그렇게 아주 집요하게 찾아왔어요. 저는 덜 집요하고 느슨한 KSCF(기독학생회)라 하는 동아리에 정착하게 되었어요.

그러던 중 KSCF에 한 번 큰 사건이 벌어졌습니다. 제가 2학년 때쯤 저하고 관련되어 있거나 가까이 있는 사람들 많은 사람이 감옥에 가요. 깜짝 놀랐죠. 뭐 무슨 나쁜 도둑질을 했나, 또 사람을 이렇게. 나중에 알고 보니까 그때는 잘 몰랐어요. 그리고 그걸 이유를 몰랐는데 저보다 이년 좀, 몇 년 선배들이 그걸 가지고 잘못되었다고 유인물을 만들고 그렇게 합니다. 그래서 일종의 이제 데모를 한 거예요. 그런데 데모했는데 데모하는 학생들을 또 잡아가 학교를 제적시키고 나중에 알았습니다마는 그걸 민청학련사건이라고 하는 이름으로 엄청나게 간첩으로 몰아갔어요. 그래서 그 대부분의 간첩에 그 주범이 누구냐면 우리 크리스천들이어서 그러니까 예수 믿는 사람들을 간첩으로 이렇게. 왜 간첩이냐면은 북한을 고무 찬양한 거다, 고무 찬양하는 거 아시죠. 북한을 좋다고 그냥 북 치고 장구 치고 찬양 고무 찬양이라는데 북한을 고무 찬양하였다. 북한 고무 찬양하는 게 아니 없고 다만 이 성경에 있는 대로 너희는 눌린 자를 자유케 하고, 그리고 가난한 자를 위해서 살고 이런 등등은 성경 말씀을 그대로 갖고 해석하고 학생 시절의 정의를 위해서 외치고. 그리고 1970년대 군사정권 아까 우리 목사님께서 잠깐 말씀하셨습니다마는 특히 우리 한국기독교장로회 대다수의 목사님이 그런 건 아닌데, 일부의 목사님들은 굉장히 진취적이었습니다. 그리고 구원은 한 사람 한 사람이 개인이 거듭나는 것뿐 아니고, 사회 전체가 함께 구원받고 변화해야 한다고 하는 이런 신학적 노선을 명확하게 가지고 있었고, 우리 교단 안에서도 거기 이제 선교사는 있었습니다. 그래서 그런 것을 특별히 잘할 수 있는 데가 바로 젊은 학생들이었습니다. 근데 그

중에서 학교 간 학생들은 아마 지금은 나이 또래가 좀 덜하지만, 특히 10대 20대 젊은 시절일 때는 어떤 생각을 가지냐에 따라서 그 생각이 옳다고 믿으면 그걸 있는 대로 실천하잖아요.

1974년 12월 26일로 기억나는데 안양의 농민교육원이라는 곳이 있었는데 KSCF 동계대학에서 민청학련을 알게 되었어요. 그 사건이 터져 가지고 하여튼 서울에 있는 K 사람은 많이 연루되었지요. 나는 민청학련이라는 걸 모르고 갔어요. 그때 아무도 그걸 이야기해 준 사람도 없고 신문도 모르고, 바보였지요. 그러다가 여러 대학교 효성여대, 한국사회사업대학, 그다음에 영남대학교 선배들 그리고 경북대학교 조용웅 등을 포함해서 몇 명이 안양의 동계대학에 가서 거기서 '이런 세상이 있었구나'를 알게 되었어요. 그런데 동계대학에서 모두가 다 울음바다가 되었지요. 바보 축제라고 하는데 막걸리를 내놓고 마시더라고요. 예수님이 좋아하는 막걸리 축제라며 그래서 놀랐지요.

쇼크도 받고, 그리고 그거는 그냥 문화적인 쇼크이고 다른 거는 왜 우리가 어떻게 살아야 하느냐? 라고 하는 기독 학생의 삶에 관해서 이야기했지요. 당시 그때 서울지역 KSCF 임원들이 상당히 민청학련사건으로 구속 됐잖아요.

KSCF가 상당히 많이 구속됐는데 그중에 구속되지 않은 대구의 한국사회사업대학이라고 송방호라는 사람이 광주 출신인데 그때 이제 임시 전국 회장이 돼 가지고 대회를 진행하였습니다. 그와 같이 대구 내려와서 본격적인 활동을 시작했지요. 그해 말 제가 경북대학교 KSCF 회장을 맡으면서 2학년 말에 와서 여기 와서 바이블 스터디도 만들고 여러 대학에 이야기하고 그야말로 아마 제가 알기로는 그때부터 약 한 2년간을 사도바울처럼 살았던 것 같은데요.

경북대학교 학생운동에서 KSCF가 상당히 비중이 생겼어요. 제 시대에 그 비중을 만들어 가는 시대지요. 제가 이제 본격적인 학습을 만들어 가지요. 서클의 기본 틀은 박병종 선배가 만들었지만, ROTC 출신으로 군대 가버린 후 운동적 계승은 다소 약한 듯했어요. 당시 만약 박병종 선배가 군대 안 가고 계속 있으면서 이걸 지도하고 있으면 또 달라질 수 있는데 안 계셨지요. 그 단절된 갭을 채운 선배가 72학번 조용웅 선배였어요. 70학번 선배들이 이른바 인문학적 소양을 가지고 민청학련 같은 사건 등에 우리가 기독교에서 이렇게 살아야 한다는 이야기를 한마디로 해줘야 하는데 그렇지 않았지요. 비교적 그런 건전한 기독 스쿨로 존재했던 거예요.

근데 이걸 본격적으로 운동으로 전환하기 위한 태세를 갖춘 것은 학생사회개발단이라고 합니다. 본격적인 "운동의 세례"를 받고 그 학사단 운동을 우리가 실천하자고 하는 것을 직접 한 것은 조용웅 선배와 더불어서 제가 힘을 기울인 것 같아요. 우리가 신학과 운동에 관해 공부해야 하고 어려운 이웃과 함께 살아야 하는 거라 이야기하면서 대구 인근 슬럼 지역, 공장 근로자 야학하자고 하는 비전을 아주 구체적으로 제시한 사람은 이 조용웅 선배 한 명이었어요. 그리고 영남대학교 등은 떨어져 있으니까 이 선배들은 70학번이나 71학번 정도 됐는데 거기는 직접적으로 만나서 하지도 않고 그런 정도였어요.

학생사회개발단 활동을 전개했어요. 대구지역 학생사회개발단은 1976년까지는 야학까지는 아직 진전되지 않고 빈민촌 봉사활동 수준이었어요. 빈민촌 가서 돕는 일들은 실태조사, 빈민가정 돕기, 자녀들과 같이 놀아주는 거였어요. 처음에 실태조사를 하잖아요. 빈민촌 학생사회개발단 활동할 때는 학생 신분이기 때문에 일단 그 현장에 대해서 마음으로 느끼고 돕는 일이 먼저였지요. 그다음에 농활과 같은 그런 방식으로 우리가 빈민촌에 가서 활동한다, 이렇게 생각하면 되었지요. 제가 빈민촌 실태를 조사하고 활동하는 것은 저는 제가 있던, 제가 고향이었던 신천동 외곽에 그쪽도 가고 그랬어요.

박병종 선배의 언급에 따르면 "그 뒤 이야기하기 전에 내가 졸업하고 난 뒤에 후배들한테 전화가 많이 왔는데 뭔가 하면, 수련회를 갔는데 신필균 간사가 담배를 피우면서 그룹 호의를 하더라. 그리고 막걸리로 애찬식을 하더라. 이런 것 때문에 충격을 받아 보수적인 대구지역에 순수한 신앙 가진 사람들이 이걸 받아들이지 못해 가지고 탈퇴하겠다, 막 이런 전화가 오더라고. 그래서 내가 이해시키고 한다고 좀 애를 먹였던 적 있는데 그때 탈퇴하느냐 마느냐 할 때 그 갈등 어떻게 조정됐는지 이야기 좀 해주면"

저는 탈퇴에 대해서 자세하게 잘 모릅니다. 일부 이야기가 있다는, 그런데 그럴 때 아마 두 번 정도는 그런 행사가 있을 건데 나간 사람도 있지만 그냥 계속 활동한 사람들이 많았던 거로 압니다. 아마 그때는 저도 놀랐지만 나도 피워야 하겠다, 나도 막걸리 마셔야 하겠다, 이런 생각으로 그냥 저는 바로 들어간 거고, 그걸 받아들일 수 없는 사람들은 제 동기 중에 지금 늦게 합동 목사가 됐고 포스코 입사한 친구도 있었어요. 이런 친구들은 감당 못 했지만, 나하고 동기고 내가 있으니까 내가 회장 할 때 모임 탈퇴하지 않았어요. 하지만 KSCF는 항상 긴장하고 조심을 하지요.

그리고 여학생들이나 어떤 사람들은 나가는 사람도 있고 그래 대구가 보수적인 것뿐 아니고 부산도 그렇고 광주도 그렇고 예수 믿는 사람들이 어떻게 막걸리를 마시고 술 먹고 있고 여자가 담배 피우고 있느냐는 생각을 했던 거 같아요. 그러니까 소화를 못 시켜내는 거지요.

질문이 있으니, 황주선 선배와의 첫 만남을 이야기해 드리겠습니다. 주석 형은 동계대학에서 처음 만났습니다. 1974년 12월에 안양농민교육원에서 KSCF 동계대학에 참가하였는데 그때 처음 만났어요. 주석 형은 그때 제대하고 나와 가지고 내가 지금 기억하는 "털셋 스토리"로 여러 사람을 웃겨가면서 침울한 분위기를 부드럽게 끌고 갔지요. 그렇게 해서 처음 만나고 그다음 이후부터 학습을 통해서 직접 만나지는 않고 학사단 활동을 했으니까 학사단의 전국적인 네트워킹을 만들어 가는 활동으로 연결되었던 것 같아요. 대학 시절에 서울에 가서 교감을 나눈 것은 오히려 신대균 씨였지요. 그는 자기가 사는 삼양동 집에 가서 면벽하면서 이야기하고 등등, 했는데 그 양반이 말투가 워낙 적은 사람이니까 그 정도 차원이었고 대구지역에서 실제로 학습하고 동기를 부여한 것은 조용웅이라고 하는 경북대학 기계공학과 72학번 선배였어요.

제가 학창 시절 때 KSCF 활동을 본격적으로 한 2, 3년을 하면서 경북대학교 학생운동이라는 게 몇 가지 중요한 의미가 있는 곳임을 알게 되었어요. 그건 나중에 늦게 확인된 바인데 거기가 여정남이라는 사람이 민청학련으로 사형되었지요. 내가 다녔던 학교 선배였잖아요. 그 처형 당시 저는 여정남 선배에 대해 전혀 몰랐지요. 인혁당과 민청학련의 연결고리에 딱 타겟이 여정남이라는 경북대학교 정치학과 인물이었지요. 그와 비슷한 또래에 있었던 사람 중의 한 명이 이강철이란 선배였어요. 참여정부 시절 정찬용 선배가 청와대 인사수석 하실 때보다 나중에 시민사회수석도 했지요. 그는 노무현 대통령 되는데 이강철이라는 사람은 뒷받침한 한 사람이었어요. 제가 학창 시절에는 그 선배를 몰랐지요. 이강철은 이미 민청학련사건으로 감옥에 가 있었기 때문이었는데 제가 1983년 대구 YMCA 간사가 활동하던 유화 국면 때 그를 처음 만나게 돼요. 그리고 이강철 선배보다 제가 더 존경하는 사람은 임구호라는 사람이 있어요. 임구호, 이강철 여정남 등이 있는데 민청학련 이전 경북대학 내에서 학생운동 주도했던 정사회 이런 그룹으로 기억합니다. 이들이 끊임없이 대구에서 서울과 1960년대에 학생운동의 맥을 이어 가고 있었어요.

서울에서는 KSCF가 같이 학생운동 중심부와 거의 같이 만나 있었기에 민청학련사건과 직접 연루되었지요. 그러나 대구 KSCF는 서울 K와 달리 기독 학습서클로 존재하고 있었던 것 같아요. 그런 상황에서 우리 스스로가 학생운동 진영과 만나게 되었지요. KSCF 활동을 하니까 만나자고 연락이 오고, 연대활동의 출발이 이루어졌던 것 같아요. 그리고 그걸 본격적으로 더 잘하는 것은 제 학번 세대가 아니고 75, 76, 77, 요 세 학번 세대 후배들이 경북대학교와 대구 경북 지역 학생운동의 중심부에 들어가지요. 그렇게 해서 이제 경북대학에서 중심이 돼서 연합 시위를 주도한다거나 하는 일이 생겼지요. 지금 이제 그 친구들이 다 KSCF에서 학습하고 공부하고 학사단 활동을 했던 거고, 저는 그 일의 그루터기 역할을 했던 것 같습니다. 그런데 그거 제가 혼자 한 게 아니고 바로 그걸 가능할 수 있도록 했던 여러 선배가 있는데 그중의 한 명이 조용웅이고, 박병종 선배는 그 전에 이 조직의 기초인 경북대학교 KSCF와 경북지역 KSCF 연합회의 틀을 만들었지요.

그때 젊은이들을 고양하는 시가 있었는데 아브라함 이야기를 많이 했습니다. 아브라함과 이삭 그래서 이삭 이야기를 많이 하면서, 이삭은 아브라함만의 아들이 아니고 하나님의 아들이다, 그러니까 어떻게 그래서 하나님께서 이삭의 목을 따려고 할 때 스톱 시켰잖아요.

1974년 경북대 & 동산간대
KSCF 농촌봉사활동, 청송 안덕초교

1976년 겨울 대구지역KSCF 임원,
대구제일교회, 전국장로교청년연합회 대회

그런 생각이 저희, 저를 포함해서 많은 기독 청년 학생들의 젊은 가슴 속에 있었어요. 그래서 우리가 공부하고 이렇게 예수 믿는 것은 내가 더 돈을 많이 벌고 출세하려고 하는 것이 아니고 더 낮은 현장으로 가서 거기에서 삶을 살아야 한다고 하는 것을 우리의 선생님들한테도 듣고, 그리고 저도 그걸 배운 것을 그대로 친구들과 후배들과 많은 사람들한테 이야기하고, 이야기한 것을 말로만 해 가지고는 안 되잖아요. 실천해야, 나부터 실천해야 하니까 그래서 그냥 노동의 현장에 직접 봉사활동도, 그래서 그때 대학생들 봉사활동 하는 걸 가장 주도적으로 적극적으로 한 게 바로 이 기독 학생운동의 학생사회개발단이라고 했습니다.

그래서 서울에 있는 팀들은 청계천에 지금 있는 김진홍 목사 그 당시에 활빈교회라고 했습니다. 그 당시에 1970년대 활빈이란 말은 활빈당이라고 하는 그 홍길동이던가요? 홍길동의 당을 활빈당이라고, 가난한 사람들을 구제한다는 그런 측면에서 활빈인데 그 교회 담임이 김진홍 전도사였습니다. 그때 활빈교회라고 했는데 나중에 이분이 전향한 것뿐이지만 그 당시에는 굉장히 젊은 전도사로 많은 젊은 청년 학생들을 감동시켰어요. 자기가 직접 슬럼, 즉 빈민촌이나 판자촌으로 중랑천에서 그렇게 활동하고 있으니까, 학생들이 대거 내려간 거예요. 가서 그들과 같이하고 그러니까, 정부에서는 반정부 운동으로 몰아갔지요. 왜 그러냐 하면 부끄러운 일을 자꾸 외국에 알리고, 구제 물품 받고 그리 하니까 이들을 결국은 반정부 단체로 몰아갔지요. 그러면 모여서 그 교회에서 기도하고 예배 보고, 군부독재 타도하자 그러고, 뭐 그런 정도였지요. 그래서 저는 젊은 시절에 지금 전두환 군사정부가 들어서기 직전 박정희 군사독재 시절 군사정부와의 싸움에 온 정신을 다 바친 겁니다.

## 8. 신학대학원 수학과 군복무

이런 생각을 갖고 대학 학창 시절 한 삼 년을 보내고 나니까, 제가 했던 이야기들에 대한 책임을 져야 되잖아요. 제가 들었던 말, 했던 말, 졸업 후 실천하려니 결국은 할 수 있는 거는 아무것도 없이 느껴졌어요. 바로 그냥 나도 똑같이 감옥에 들어가서 앉아 있는 것밖에 없이 보였어요. 그러나 저는 감옥 가지 못하고 오히려 제 후배들을, 감옥을 많이 보냈잖아요. 당시 1977년부터 이후 1984년까지 KSCF 후배들이 감옥에 많이 갔어요. 제가 못 가고 그러니까 얼마나 비겁한 거예요? 저의 후배라고 하지만 지금 생각해 보면 별로 차이도 안 나요. 제가 지금 살고 있는 세종시 근처 바로 옆에 지금 다 있습니다. 한 후배는 고향인 아산에 살고 있고, 인천 출신인 한 후배는 천안에서 살고 있고, 한 후배는 원주 출신인데 대구 살고 있습니다, 이 친구들이 불과 1년 2년밖에 차이 안

나지만 그 당시에는 학교에서는 한 학년 차이가 꽤 큰 차이입니다. 우리가 예수 그리스도의 삶을 그대로 본받아서 군부독재를 타도하자 이렇게 된 거예요. 그리고 없는 사람들을 위해서 살자고 한 거였지요. 그게 그냥 그대로 빨갱이 덮어 씌워져 감옥 간 거예요.

어쨌든 이런 일련의 과정에서 제가 대학 4학년이 되었어요. 당시 제가 다녔던 대구감리교회 양 목사님 하시는 말씀이, 앞으로 이제 마치면 어떻게 살려고 하느냐 하셨지요. 제가 학생 신분으로 서클에서 열심히 공부했던 분들의 책이 전부 기장의 한신대에 있는 교수님들이었어요. 그분들 중에서는 학교에서 해직되기도 했지만, 그분들 안의 역사와 정원, 여러 가지 많은 책이 우리 기장에 있는 목회자들, 신학교 교수들입니다. 그래서 그런 분들 밑에 가서 나는 공부해야 하겠다고 해서 신학교, 다른 교회 기장에 있는, 대구에 있는 성락교회라고 했습니다. 성락교회 목사님이 저희 워크숍 할 때 강의도 하고 해서 그분한테 찾아가서 '추천서를 좀 써 주십시오'라고 해서 추천서를 받았어요.

그래서 대구감리교회 양 목사님이 저한테 '어떻게 할 거냐?'라고 묻길래 저는 '한신대 대학원에 가려고 합니다'라고 말해. 한신의 한 자가 딱 나오니까, 들고 있던 책을 제게 던지셨어요. 아마 그분도 저희 어머니가 저의 머리채를 쥐고 그냥 끌고 가듯이 그분도 한 4년간 젊은이를 우리 교회에서 내가 있는, 속해 있는 교회에서 양육하고 훈련했는데, 하다못해 대전에 있는 목원대학이라도 가고, 감신이라도 가야 하는데 그런 말을, 감 자도 없이 그걸 하시면, 지금 제가 생각하니까, 참 내가 너무 했구나 싶어요. 저는 그때는 신학교라고 하는 것은 한신대밖에 없는 줄 알았어요. 다른 신학교는 신학교와 같지도 않고 전부 비겁한 사람들이 가는 곳이다, 이런 생각을 한 감리교도 얼마든지 자유롭고 열려 있었거든요. 그런데 그걸 사실은 몰랐어요. 근데 제가 봤던 대구감리교회 담임 목사님은 우리 기장 스타일의 우리가 개인 영혼의 구원과 함께 '세상은 이렇습니다'라고 두 가지를 동시에 우리 젊은이들한테 이야기해야 하는데. 그런 얘기를 한 번도 하신 적이 없었던 것 같아요. 너무 그냥 복음적 신앙만 그렇게 얘기하시니까 '감리교는 다 저런가 보다'라고 제가 오해를 했던 거예요. 그래서 지금 생각하면 양 목사님한테는 제가 송구했죠. 그러나 그게 저의 삶을 쭉 엮어가는 그 과정이었다고 이런 생각이 듭니다.

1977년 경북대학교 졸업하던 그해 KSCF 활동의 연장선에서 한신대 대학원에 진학하였어요. 어려운 집안을 경제적으로 돕는 일을 눈 딱 감고 뒤로 하고 수유리로 갔지요. 그래서 한 번은 중간에 KSCF 총무였던 안재웅 목사께 등록금 도움을 한번 받으러 종로5가 KSCF 사무실에 가서, 이만저만 요청하니까 이분이 그때 당시로 5만 원을 주신 것 같아요. 그리고 한 분은 저와 한신대 대학원 M.DIV. 동기였던 이상범 선생이 한 학기 등록금을 도와주었습니다.

나는 그 두 분은 내가 가장 어려울 때 등록금을 도와주는 분이었기 때문에 내가 감사의 뜻을 해야 한다는 생각을 늘 가지고 있었지요. 안재웅 박사는 여러 번에 걸쳐서 돈을 드리면 안 받을 분이니까, 명절 때 등 수시로 선물을 보내 드리므로 내가 마음의 빚을 갚았다고 생각했어요. 한 분 이상범 목사라고 아주 나한테 참 고마운 분인데 대구 출신이면서 계성고등학교 선생 하시다가 사업에 성공했었는데 한신대를 나랑 같이 다니는, 나보다 한 10살 많은 분이었어요. 한동안 소식이 끊겼지요. 그간 주소도 모르고 잊어버리다가 최근에 만나 뵙고 식사 대접하고 작은 선물도 드렸더니 너무 좋아하는 거였습니다.

1977년이면 지금부터 48년 전입니다. 48년 전에 한신대 대학원 들어갈 때 우리나라에 있는 신학대학교의 학제가 전면적으로 바뀔 때 저는 제1기입니다. 1기쯤 될 때인데 보통 우리나라의 신학교는 고등학교 마치면 바로 신학교로 가게 됩니다. 그러면 가게 되는데 1976~7부터 대학 신학교 안에 M.Div(신학대학원)라고 하는 미국이라든지 외국처럼 일반대학을 마치고 한 3년 정도 대학원 과정을 하면 신학교를 수료한 것으로 인정해 주는 그런 학제가 생기게 되었습니다. 그래서 일반대학을 많이 나온 사람들을 유치하려는 방법도 되기에 주요 신학대에서는 교육부에 등록했습니다. 그래서 M.Div(신학대학원)라고 하는 이 과정이 3년 공부하게 되는데, 저는 2년 공부하고 도저히 계속할 만한 돈도 없고 나이도 들고 힘도 들었어요.

2년 신학수업 후 1년을 남겨두고 1979년 1월부터 제 고향에 내려왔습니다. 내려와서 그냥 있었더니 제가 속한 한국기독교장로회 대구노회에 있는 선배 목사이던 김영환 목사께서 군위 오천교회 교육전도사로 추천하셨습니다. 안동 방향으로 대구에서 군위 효령면 오천교회에 여전도사님 노 전도사님 한 분 계시는데 그분을 도와서 교회 좀 도와드리면 좋겠다고 해서 제가 그래서 한 1년간을 헌신했습니다. 그전에는 신학교 다니면서 이제 서울에 있는 새밭교회 이런 데는 그냥 학생 전도사로 교육 파트를 맡아서 목회를 배운 경험이 있었지요. 그런데 실제로 풀타임은 아니지만, 매주 토요일 날에 가서 주일날까지 김원자 전도사라는 노 여전도사님을 도와서 말씀도 전하고 학생들도 가르치고 그렇게 한 것이었지만 풀타임 사역한 건 아니었어요. 그러나 그때가 제게 큰 의미가 있었던 것 같습니다.

군위 오천교회 앞을 흐른 강변은 물이 아주 깨끗했지요. 워낙 물이

맑아서 다슬기가 너무 많은 거죠. 그 동네에서는 경상도에서는 다슬기를 보고 고디라 그러거든요. 경북 북부 지역서는 골부리 그럽니다. 충청도에서는 올갱이지요. 아무튼 골부리 그걸 잡아 가지고 그 권사님들이 우리 그 전도사님 오셨다고, 매일 저녁 가 가지고 노 여전도사님하고 함께 먹곤 하던 기억을 잊을 수 없어요. 두세 교인들이 오셨어요. 다음에 이 젊은이가 안 올까 싶어서 가서 맛있게 해주시고. 배가 나오면 배 주고 하셨지요. 그때 그 신앙을 의지했던 그 마을 군위의 조그마한 마을이긴 하지만 그 마을에 우리 권사님들과 함께 같이했었던 그 추억이, 저는 지금 잘 잊을 수 없는 저는, 시골 교회는 그때 사실 처음이었습니다.

휴학하면서 경북 군위에 교육전도사 하면서 집안일도 살필 즈음이었어요. 이때 대학을 마치고 내가 이렇게 해 가지고 살 수가 있겠나? 그래서 전부 다 후배들도 감옥 가고, 뭐 하는 것이냐고 생각하니 내가 부끄럽더라고요. 내가 군대 가는 대신에 감옥에 바로 가야 되겠다 싶어서 여러 가지로 노력했는데 그중의 하나가 연합집회라든지 이제 이런 것들을 하게 되는 것이었어요. 그건 보통 학교에서 하는 건데 저와 기독청년 학생 동료들은 1979년 4 · 19 집회를, 대구 성락교회에서 행사하고, 시국 선언문을 낭독하는 등 집회를 가졌습니다. 그렇게 했는데 다른 동료들만 끌려가고 저는 또 별 크게 조치가 없이 군대 가게 되었어요. 1982년 3월에 군 제대 후 한신대 신학대학원으로 다시 복귀하여 1년을 수업했지요.

저는 3년 공부하는 과정 중에 2년간만 공부하고 나머지 1년은 군대 갔다 와서 마무리 공부했지요. 그러니 군대를 늦게 갔습니다. 강원도 양구에 자대 배치되었더니 신학교 다니다 오고 나이도 많고 하니까 군대 고참이 군종 사병 활동을 하라고 제안이 있었어요. 군종 사병 하라고 쫓아 왔던 선임 병장이 대대의 포대에 있었어요. 나는 대대 본부 포대에서 통신병이었거든요. 현장에 가면은 필요하면 차출한다고 듣기는 했어요. 주일에 군대 교회에 가보니까, 고참이 “야, 신학교 다닌 거 보니까 군종이 좋겠다”라고 했어요. 그때 생각했어요. 나는 나가도 어차피 목사 되어 활동하니 여기서부터 목회자 안 하겠다고. 나는 그냥 관측병이 좋다고 했지요. 산에 따라가서 관측병이 돼 가지고 멀리 있는 좌표 따고 그래서 포술 그것만 열심히 했지요. 그러나 가능하면 예배당에는 놓치지 않고 가려고 하고, 기도하고 나라와 민족을 위해서 기도했지요. 보초 섰을 때도 늘 우리가 KSCF 때 불렀던 노래 부르면서 마음도 달랬지요.

신학교 다닐 때는 내가 신학교 다니다가 군대 갔으므로 병종 형님도 알지만 내가 전주 인근 삼례 출신의 K**라고 하는 여학생과 사귀었지요. 1977년부터 2년간 신학대학원 다녔고, 그리고 1년 후에 내가 군대를 1979년 11월에 가게 되었는데 그때 10 · 26에 이어 12 · 12 사건이 터져 바로 못 가고 12월 말에 갔거든요. 그래 그 기간까지 포함해서 한 3년간 한신대에서 전주 출신의 한 여학생이랑 사귀었지요. 그 중간에 누가 다리를 놓았냐면은 거창 출신으로 P**이라고 당시 한신대 2학년 학생이 있었어요. K**라고 하는 그 학생하고 둘이 굉장히 친했거든요. 한 학번 차이라도 그래서 서울대 등 여러 군데 학생운동 친구들이 도바리(도망) 할 때는 갈 데 없으면 꼭 그 P** 시골집으로 피신했던 거지요. 거창 가지리라고 가면 나도 가서 며칠 지내고 했지요. 그렇게 지나다가 군대 가서 5 · 18을 겪게 되잖아요. 5 · 18 사태로 쇼크를 많이 받았어요. 그 여자 친구가 5.18 직전에 군대를 한두 번 정도 면회 오더니 그다음부터 면회하러 오지 않았지요. 나는 가슴이 아프고 펄펄 끓었지요. 어떻게 도대체 왜 이럴 수가 있나? 하고 생각 들었지요. 그래 가지고 1980년 10월에 첫 휴가 나와서 만났더니 이제 안 만났으면 좋겠다고 하더군요. 나는 가슴이 너무 아팠지요. 가슴에 담아 두기로 했습니다.

군 제대하고. 1982년 3월에 남은 신학대학원 1년 공부를 마무리는 해야 하잖아요. 저는 청계천3가에 있던 로고스 출판사에서 또 번역하며 주경야독했던 거지요. 이후 한 1년간 번역 일하며 한 학기 신학공부 마무리하다가 1983년 결혼과 동시에 YMCA에 들어가거든요. 1982년 3월 이후 1년은 아주 드라마틱했지요. 서울 생활이 다시 시작되지만, 몸과 마음이 벅찼지요. 한신대 등록금은 그때 비쌌어요. 그즈음 막 비싸질 때라, 번역을 해서 학자금을 마련했어요. 한신대학원 다니던 신학생 몇 명도 함께 번역 작업을 했지요. 당시 제가 영문 번역을 제법 많이 했습니다. 한신대 전경련 박사나 이런 분들이 복음 신서라든지 이런 걸 주면 저와 같은 대학원 학생들이 주로 번역 작업을 했지요. 대학원 학생들이 번역을 하면은 거기다가 마지막에 교수가 수정해 놨는데 거의 수정 없어 책을 바로 내는 거예요. 하고 나면 제가 틀린 것도 있다고 느꼈지요. 그렇게 해 가지고 수입을 만들고 하다가 본격적으로 로고스 출판사로 기억이 나는데 거기서 낮에 번역 작업하며 대학원 총 6학기 중 5학기째 강의를 마쳤습니다. 6학기째는 논문학기였지요.

대학원 다니거나 대학원 마칠 때 목회해야 하겠다는 생각이 있었습니다. 당시 민중교회 목회를 해야 하겠다고 생각했지요. 그래서 민중교회 출발 준비를 위해 동월교회라고 허병섭 목사가 했던 월곡동으로 자주 갔지요. 한신대에서 가깝기도 하고. 한신대 74학번으로 민중 목회하는 오용식 전도사와 가까이 지냈지요. 보통 활빈교회 김진홍 목사나 동월교회의 허병섭 목사는 개별적으로 하는 분이고 이걸 집단으로 학교

단위에서 훈련하고 이제 본격적으로 한 것은 오용식 등을 포함해 이쪽이 이제 민중교회(빈민교회) 1세대라고 생각되네요. 빈민 선교 운동이나 민중교회 활동을 봤기 때문에, 나도 저렇게 해야 하겠다고 생각했지요. 서대문 기장 선교교육원에서 예배를 보던 민중교회인 신명교회에 출석하며 KSCF 선배인 이광일, 노창식 전도사 등과도 교분을 가졌지요. 제대 후 한신대 복학한 1982년 3월 이후 약 1년은 주경야독하며 심신이 매우 어려운 상황을 보냈습니다. 그해 12월까지 오용식 목사 댁, 삼양동 자취, 후암동 박철수 전도사 월셋집 기식 등을 전전했습니다. 그러던 중 주경야독으로 소화기 건강이 좋지 않아 원주 영강교회 노창식 전도사에게 가서 단식지도를 받았지요. 처음으로 가진 단식이었는데 복식 과정을 제대로 못 하여 속은 계속 불편했지요.

1982년에 제대하고 나와서 남은 신학 공부 1년을 더 하기 위해서 사실은, 저는 그때 사실은 죽다가 살았어요. 여러 가지로 사귀던 여학생과 이별이라는 가슴 아픈 사연도 있었고, 제대 후 보니 제 집안은 가위공장 파산으로 거의 풍비박산 났지요. 그러나 제가 돌볼 수가 없으니까, 어머니는 요정 식당 같은 데서 일하는 사람들 여성들의 옷을 빨아주는 일을 하셨어요. 그걸 해 가지고 사시고, 저희 아버지도 그때 거의 수입이 없었고. 집은 세 들어 사는 형편이었어요. 그때 상황은 말할 수 없이 어려운 상태였습니다. 그게 그리고 저는 뭐, 지 좋아하는 거 한다고 집은 안 돌보고 신학교 갔다는 고뇌가 있었어요. 형은 크게 수입이 별로 없었지요. 그래서 제가 서울 세운상가에 있는 로고스 출판사에서 번역일을 했어요. 제가 번역하는 데 소질이 좀 있었어요. 좋아하고 해서 영어 번역이었습니다. 거기서 나오는 성서 주해 번역이었습니다. 신학교 다닐 때 교수님들이 맡기는 논문들이 자기 이름으로 나오지만, 그걸 실

1978년 한국신학대학교 대학원 연수회, 수원 내일을 위한 집

1981년 군복무 포병 관측반, 강원도 양구

제로 번역하고 작업하는 것은 대학원 학생들이 많이 하니까. 그때 한번 해봤던 경험을 토대로 해서, 군대 가 있으면서도 번역하는 일감을 받이서 번역해서 번역료를 어머니한테 보내 드리기도 해요. 나와서는 번역하는 걸 주경야독으로 실제로 했어요.

그렇게 하다 보니까. 젊은 나이인데도 여러 가지 스트레스도 많고, 집안에 스트레스도 있는 거 있고, 여러 가지 있는 것 중에 그러다 보니까 몸이 어떨 때 밥 먹고 하는데도 배에서 꼬르륵꼬르륵 소리가 나는 거야, 보니까. 몸이 다 망가진, 내장이 그냥. 그래서 그걸 갖고 단식도 했는데, 원주 영강교회 전도사로 있던 노창식 친구 전도사가 있는 교회에 머물면서 단식 도움을 받았지요. 단식 후 복식을 잘해야 하는데, 어린 마음에 복식 하는 걸 제대로 새기지 못했어요. 다니던 서울 신명교회(담임: 이광일 목사)에서 크리스마스 파티를 여는데 그 단 거를 다 먹고 다음에 완전 도루묵이 돼 가지고 몸이 더 망가졌어요. 그렇게 29살 고개를 어렵게 넘기고 있었지요.

## 9. 시민사회의 새로운 지평을 열며

10 · 26 사건으로 숨 막히는 유신독재 체제의 족쇄가 풀렸다. 민주화를 향한 1980년의 봄은 5월 광주민주화운동으로 이어졌으나 12 · 12 쿠데타로 실권을 장악한 신군부에 의해 무참히 짓밟혔다. 1980년 5월 광주의 참상은 사람들에게 너무나 큰 충격을 주었다. 광주의 참상은 제도언론을 통해서는 알 수가 없었지만, 사람들의 입을 통해 점차 국민들 사이에 퍼져 나갔다. 온갖 방법을 동원해 광주의 진실을 은폐하려 했으나 1981년 서울대 학생 시위를 시작으로 하여 학원에서부터 그 진실을 밝히고 광포한 파쇼정권에 반대하는 싸움이 벌어지기 시작하였다. 학원에는 사복경찰이 상주하였고 주동자는 무조건 구속되었으며 단순 가담자도 강제 징집되어 보안사에서 '녹화사업'이라는 미명하에 세뇌 교육을 받아야 했다. 그러나 학생 시위는 해가 갈수록 빈번해졌고 1982년 3월에는 '부산 미문화원 방화 사건'이 일어나면서 광주항쟁에 대한 미국의 책임을 묻기 시작했다. 1984년 유화 국면에 접어들면서 학생들을 비롯한 재야와 청년은 물론이고 노동 현장과 농민 · 도시 빈민 · 문학과 예술분야 · 종교 등 사회 전 부문에서 이른바 민중민주 운동이 거세게 불붙기 시작하였다. 죽음을 넘어 시대의 아픔을 뚫고 민주의 혼이 되살아나고 있었다.

1985년 2 · 12총선은 1986년부터 국민 다수의 민주화 열망을 수렴한 야당과 재야 민주 세력이 직선제개헌 투쟁의 물꼬를 열었다. 그러나 청년 · 학생 · 노동자 등 민중민주 운동 세력은 1986년 5 · 3 인천사태를 계기로 단순한 정치권의 변화보다 근본적인 사회 개혁을 지향하고 있음을 보여주었다. 이를 기점으로 한국 사회구성의 문제를 포함하여 운동방식을 놓고 운동 세력 내부에서도 현격한 차이를 보이기 시작하였다. 제5공화국 정권은 대중조작과 용공 조작 등을 통하여 운동권에 대한 탄압을 노골화하였으며 그 폭력성과 야만성은 1986년 7월 부천서 성고문 사건과 1987년 1월 박종철 고문치사 사건으로 드러났다. 고문치사 사건은 4 · 13 호헌 조치가 나오면서 전국민적인 저항을 유발하는 계기가 되었다. 종교단체와 민통련 · 노동계 · 학생운동 진영 · 야당 등 각계각층의 민주 세력이 총결집한 '민주헌법쟁취 국민운동본부'가 결성되어 6월 10일 이후 보름 이상 전국 대도시에서 호헌 철폐 국민 운동이 전개되었다. '호헌 철폐 직선 개헌, 대통령을 내 손으로'라는 구호하에 이른바 '넥타이 부대'로 불리는 사무직 노동자까지 포함한 전 시민적 참여하에 이루어진 6월 민주화 대항쟁은 마침내 6 · 29 선언을 얻어내고 직선제개헌을 쟁취함으로써 이 나라 민주주의 발전에 큰 획을 그었다.

4 · 19 이후 최대의 시민 항쟁이었던 6월항쟁은 한국 사회의 전반적인 흐름을 바꾸어 놓았다. 6 · 29 선언으로 사회 전반에 민주화의 공간이 확대되자 가장 먼저 진출한 것은 노동자들이었다. 울산 현대엔진의 노동조합 결성으로 시작된 1987년 7~9월의 노동자 대투쟁은 요원의 불길처럼 삽시간에 전국적으로 번졌다. 이러한 폭발적인 노동자 대투쟁은 이른바 '민주노조'가 등장하면서 노동운동을 포함한 민중민주 운동에 획기적 변화를 불러오게 하였다. 6월항쟁 이후 계속된 시민사회의 요구는 제6공화국이 들어서는 1980년대 말 1990년대까지 계속되었다. 정치적으로는 민주화의 진전과 제도적 정착, 경제적으로는 경제적 불평등의 해소와 경제정의의 실현, 사회 문화적으로는 다양성과 다원화

의 실현 등으로 이어졌다.

1980년대 군사정권의 어둡고 캄캄한 시절, YMCA는 어떤 자리에 있었던가? 1980년대 초부터 연맹을 비롯한 전국의 주요 시 청년회는 이러한 시대적 사명을 수행하기 위하여 기독 청년 학생운동 출신의 활동가를 실무 지도력으로 충원하면서 민주화를 위한 기독교 사회 운동체로서의 기반을 공고히 해 나갔다. 대학 Y가 KSCF로 통합된 이후 10여 년간 단절되었던 지도력의 공백이 메워졌다. 70년대 학생 기독교 운동의 경험을 축적한 실무 지도력의 가세는 1980년대 한국 YMCA가 민족 · 민주 · 민중운동의 전통을 살려 공개 합법 기구 운동체로서의 YMCA가 시민운동을 전개하는 데 결정적으로 기여하였다.

1970년대 한국 YMCA 사회개발 운동을 선도했던 대구 YMCA는 학생 기독교 운동 및 고교 Y · 대학 Y 운동을 경험한 탄탄한 유지지도력이 중심축을 이루고 있었다. 또한 기독 학생운동 출신의 실무 지도력을 채용하여 고교 Y 출신을 비롯한 기존의 실무 지도력과 유기적 조화를 이루며 시민운동의 합법적 공간으로서의 자기 역할을 일정 정도 수행할 수 있었다. 대구 YMCA는 1980년대 중반 대구지역 민주화운동이 발양되는 산실의 역할을 하였다. 특히 1987년 6월 민주화 항쟁 당시 최루탄으로 사망한 이한열 군을 추모하는 대구 시민분향소가 대구 YMCA 운동장에 설치되었다.

민족 · 민중 · 민주 운동의 열기가 사회변혁의 한 축을 형성하던 80년대 중반 공개 합법 기구 운동체인 YMCA는 '시민운동'이라는 새로운 운동 개념을 제시하였다. '백 보 앞을 내다보고 일 보 전진'하는 자세로 시민사회를 변화시켜 나가고자 했다. 민중운동을 포괄하는 YMCA 시민운동은 1990년대의 열린 시민사회에서 시민운동에 대해 보편적인 지지를 얻기까지 시민운동의 풀(Pool)로서 역할을 감당하였다. 1980년대 YMCA는 시민운동의 본질과 전략을, 시민사회를 향해 실천적으로 변증하며 확대해 가는 도상에 있었다.

당시 대구 YMCA가 전개한 시민운동은 몇 가지 영역으로 나눌 수 있다. 1960년대 말부터 활발히 전개해 온 시민의식개발을 위한 시민논단 및 시민대학, 억울하고 힘없는 민중과 아픔을 함께 나누는 시민중계실, 시대적 과제 해결을 위한 시민행동 프로그램으로서의 시민 캠페인, 청년 · 학생과 근로청소년 · 농민, 즉 기층 민중의 의식화 및 조직화를 통한 시민운동 주체세력의 형성 등이었다.

## 10. 결혼과 YMCA 운동 입문

### 결혼

그렇게 지내던 중에 1982년 가을에 한 번은 박병종 형이 대구에서 전화가 와서 참한 아가씨가 있는데 결혼할 마음 없는지 물어왔어요. 형은 KSCF 선배였지만 대학 시절은 못 만나다가 1978년도에 저보다 1년 후에 한신대 대학원 입학을 해서 거기서 1년간 같이 공부를 하면서 잘 알게 된 오빠가 여동생 소개를 한 거지요.

병종 형은 이번 자서전 녹취 과정에서 다음과 같이 진술했습니다 "내가 대학원 들어가서 보니까 대학원에 학부생들하고 일반대학 나와서 대학원 온 학생들하고 약간 갈등 관계가 있어요. 잘 안 어울려요. 그런데 이상점 총장이 중간 조정 역할을 너무 잘하더라고요. 학부 출신들 일반대학 출신들 우리 야구 게임 한번 하자 등 하면서. 화해의 역할, 중재자 역할, 이런 거 참 잘 해요. 그래서 활동성도 있고 다부진 면이 있고 해서 가만히 보니까 우리 아버지가 굉장히 무서운데 우리 어머니가 내조를 하면서 가정을 잘 이끌어 가시는데 그래서 이상점 얼굴에서부터 우리 아버지 모습을 조금 봤어요. 그리고 내 여동생은 어머니를 그대로 쏙 빼닮았으니까, 둘이 궁합이 맞겠다 싶은 생각도 들고 또 서로 좀 채워줄 수도 있겠다, 그런 생각이 들었어요. 그래서 내 여동생, 그때 영어 선생 했다고, 중학교. 그래서 살림은 좀 버티면 될 것 같고 그래서 한번 소개했죠. 그래서 처음에는 별로 안 좋아하더니 나중에 만나보고는 ---"

1982년 말 가을 2차 단식을 하려고 준비하고 있는데 전화가 왔습니다. 박병종 형은 제가 속해 있던 기독학생회 운동의 선배였는데, 한신대 대학원 M.div는 저보다 한 해 뒤에 들어오셨어요. 거기서 정식으로 알게 되고, 제가 누군지 알게 되고, 저는 늘 형님하고 선배라고 하는데, 이분이 저를 아니까 대구에 참한 사람이 있는데 한번 만나 보려냐고, 그래서 저는 그렇게 사람을 중매로 결혼하는 것은, 생전 처음이거든. 그전에는 더러 사귀기도 하고 했죠, 서울에서. 그래서 그때 한번 말 듣고 우리 한번 만납시다, 하고 한번 내려오라고, 그래서 처음 만난 게 제 처를 만났어요. 그때 마음속에, 이게 사람이 처음 만났는데 좋고 끌리고 하는 이게 아니었어요. 그래서 저는 그때 기도하면서 살아가면서 앞으로 계속 더 좋아지게 해주십시오. 저는 지금 간혹 가다가 제 처를 이래 보면 '40년 전보다 내가 그때보다 조금 조금씩 더 좋아한 것은 확실하구나. 내가 나한테 부족한 걸 채워주는 좋은 사람이구나'라는 걸 늘 느끼고서 감사하고. 그때 결혼할 때는 감흥이 가슴 속에 바로 들어오는 게 아닙니다. 그런데 그렇게 하면서 깊은 것이 생겨나는 것을 하나님께서 저를 응원해 주시고 도와주셨던 것 같습니다.

제가 그때 제 장인어른 이야기를 하지 않을 수 없습니다. 제 처는 자기 아버지 이야기를 참 많이 하셨는데, 참 귀하고 외유내강한 분이었어요. 엄격하면서도 굉장히 자상하고 비교적 준수한데 체구는 아마 저 정도 되었을 거예요. 그런데도 굉장히 강단이 있고, 그러면서 노동을 한 번도 놓치지 않으시고, 늘 공부하고 토론하는 걸 좋아하시고, 그리고 저를 만나서 저를 인정해 주고, 저도 그분이 굉장히 좋았어요.

1982년 겨울이던가 그 소개를 받던 시절에 제가 알던 당시 삼류 영화배우 겸 연극인이 있었는데 지금도 한 번씩 연락하는 박철수라고 하는 후배가 후암동 그 선배 연극인 집에 기식하고 있었는데 나도 함께 더부살이하고 있던 시절이었어요. 1982년도에 한신대학원 복교하여 마지막 논문을 쓰기 위해 처음에는 삼양동 오용식 전도사 집에 가서 한 석 달 지냈지요. 오용식은 동산간대 KSCF 후배의 남편이기도 했지요. 근데 그 집에 내가 불편한 집이지만 그래도 처음에는 자리를 잡아야 하니까 거기서부터 시작하고 삼양동에서 자취하고 그 후 후암동 연극인 선배 집에 있으면서 마무리 논문을 쓰고 있는 참 어려울 때였어요. KSCF 선배인 이광일 목사가 목회하던 신명교회에 다니면서 신명교회 사람들하고 친하게 지내기도 했지요. 원래 첫 번 선을 보고 한번 만나고, 처음에 내가 바로 혹할 수가 없잖아요. 사람이 뭐 어떻게 바로 혹합니까? 그래서 기도! 정말 기도했어요. 어떻게 하면 되는지 하고 하나님께 기도드렸어요.

저의 처 박현은 몇 번 선을 봤다고 나중에 이야기를 들었는데, 당시 나는 중매라고 하는 걸 처음 했어요. 중매 체험하고 그리고는 기도하며 내가 하나님께 서원했어요. 내가 지금 혹하지 않는다고 해서 나중에 안 혹하는 게 아니고 점차로 조금씩 조금씩 좋아하게 해 주십시오. 죽을 때까지. 지금 많이 좋아진 거 같아요. 서로 까불기도 하고. 그런데 병종 형님한테 감사하다는 마음은 있었지만, 한 번도 제대로 감사 표시를 못 했어요.

## YMCA 운동 입문

그러던 중 1983년 4월 1일, 그래서 대구 YMCA와 인연을 맺게 된 사연이 있어요. 이제 병종 형님이 이런 자리도 있더라, 저런 자리도 있더라고 소개해 왔어요. 수석 교회도 이렇더라고 했지요. 막상 결혼 하게 되니까 걱정되잖아요. 가진 게 이른바 불알밖에 없다는 걸 알고 있고 선을 본다고 해서 이제 소개는 했지만 제일 큰 오빠를 만나야 되잖아요. 시 달성군 가창중학교 교감과 둘째 오빠와 둘이 대구 성락교회 앞의 지하 다방에서 만나자고 연락이 왔어요. 그런데 입고 나갈 변변한 양복이 없잖아요. 서울서 내려오면서 죽마고우로 건축설계사로 근무하던 엄중식 친구에게 자기가 가지고 있는 양복을 입고 나갔지요. 근데 없는 거 다 알지, 그래서 이렇게 해 가지고 없는 거 다 아신 장모님이 그래서 '야 네가 다 알아서 해라.' 그래도 완전 이제 그냥 간 거예요.

그래서 막상 결혼하겠다고 생각하고 했는데 수석교회, 그냥 수석교회 전도사로 들어가면 그때 이제 안수받기 전에는 준목고시 통과 후 준목이라 하고, 그러고 이후 경력 쌓아 안수받은 목사가 되거든요. 나는 마음속에 교회를 민중교회 또는 빈민교회를 해야 하겠다는 마음을 늘 가지고 있었잖아요.

근데 수석교회 같은 기존교회 목회를 못 하겠더라고요. YMCA를 소개받았는데, YMCA라는 걸 확인하기 위해서 이미 몇 년 전부터 활동하고 있는 세 군데를 탐방차 다녔어요. 세 군데 그래서 마산 황주석 만나고 그러니까 이상익도 그때 처음 보았고, 그다음에 전점석 만나고 대구에는 신대균이 있고 그런 세 사람은 KSCF 통해 다 아니까. 그리고 마지막으로 연맹 이창식 선배를 만나러 갔어요. 나는 그때 그분을 처음 봤습니다. 당시 종로 5가나 KSCF 그룹에서는 YMCA를 뭐 계량주의 운동이라고 보았던 것 같아요.

기독교 좌파라고 할 수도 있는 인권운동 진영에서는 YMCA는 그냥 딴따라 가지고 뭐 하겠나, 이제 이런 생각을 하는 거예요. 그래서 내가 나상기 이광일 선배를 종로 5가 KSCF 사무실에서 한번 만났어요. 두 선배는 '자기 가서 잘해야지'라고 충고 겸 격려해 주었던 것 같습니다.

그때 처음 간 게 대구 YMCA였어요. '천마 장학금'이라고 있었어요. 1980년대 초 먼저 들어온 몇몇 기독 청년 학생운동 선배들이 이미 천마 장학기금이라는 것을 지원받아 지역 YMCA에서 활동하고 있었어요. 나도 그걸 받아서 대구 YMCA 훈련 간사로 Y에 첫발을 딛게 되었지요. 정찬용 선배도 나와 비슷한 시기에 거창 Y에서 시작했을 겁니다. 우리는 그래서 천마 지도력이에요. 천마라고 하는 그 천마가 뭐냐 하면 김봉학 제주은행장이 Y 연맹에 간사 지도력 양성 기금을 내놓아 그의 호를 따서 천마 기금이라고 했던 것 같아요. 기금의 이자로 1년에 1~2명 훈련 간사 지원금을 지역 Y에 지원했어요.

그래서 형편이 되는 지역 Y에서는 월급의 반을 나머지는 연맹이 지원했지요. 이게 한국 Y 간사의 지도력이 성장하고 운동 감각성을 회복하는 데 크게 기여했다고 봅니다 그래서 저는 대구 Y에 신대균 간사가 있는데도 불구하고 연맹 파송 간사로 근무하게 되었어요. 당시 대구 Y로서는 사실상은 낙하산으로 여겼던 것 같아요. 제가 갔을 때 황용원 김종원 간사를 포함해 여러 명의 저보다 나이 젊은 선배 간사들이 있었어요. '가면 고생할 거다'라고 해도 괜찮다고 했지요. 고향이고 대구에서 결혼 생활을 해야 하고, 이미 결정을 한 바 대구 YMCA로 간다고 생각했습니다.

이제 4월 1일 갔더니 20여 명 직원 중 상당수 유치원 선생님이 한 10명쯤 돼요. 월초 주말 직원예배가 있었습니다. 첫 출근을 하여 대구 YMCA 직원들 앞에 소개하니 처음에는 유치원 선생님 등 여직원들이 총각인가 하고 "와!" 하며 보다가 5일에 결혼식 한다니 "에이" 하는 일화도 있었답니다.

그게 Y의 첫 발자취이고 천마 기금으로 한 2년 있으면서 시민중계실 간사를 맡았어요, 신대균 선배하고는 내가 1년 같이 근무했어요. 그리고 이 양반이 서울에서 자기 볼 일이 있으니까 왔다 갔다 하다가 결국 대구 Y를 그만두게 된 거예요. 제가 30살 때 결혼하고 바로 Y 들어오게 된 거지요.

## 11. 지역을 넘어 38년, YMCA 운동에 헌신

제가 YMCA에서 총 일한 기간이 35년간이었어요. Y 퇴직 후 3년은 세종 Y 수탁기관인 새롬청소년센터에서 일했지요. 모두 합쳐서 어쨌든 YMCA 이름으로 38년 근무를 했는데 많이 일했지요. 그러니까 월급은

1983년 대구 YMCA 근로청소년 캠프,
포항 모포리 캠프장

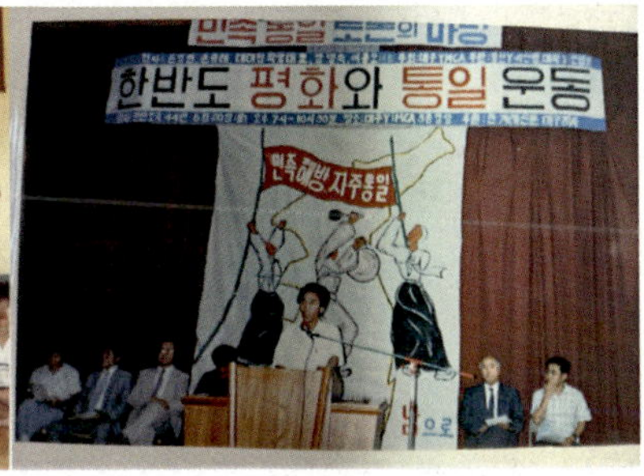


1987년 대구 Y 시민논단–한반도 평화와
통일 운동

교사 월급보다 한 70% 되는 박봉이었지만 교직을 가진 처의 도움으로 그래도 아들 둘을 키우고 생활했습니다.

“나는 작은 YMCA에서 일을 하다 보니까 그때 부러웠던 게 서울 YMCA에 근무하는 친구들하고 대구 YMCA에 근무하는 친구들이 참 부러웠어요. 저 친구들은 월급을 제대로 받겠구나, 그런 느낌이 내가 있었던 기억이 있었습니다.

그래도 어렸을 때 이렇게 어렵게 컸고 공부했는데 대구 YMCA에서 그래도 어쨌든 일을 시작한 거는 좀 안정된 YMCA 간사 생활이 있었던 것 같아요.”(김준식 첨언)

안정되어서 내가 행운이었기 때문에 내가 해야 할 게 있었습니다. 그건 뭐냐 하면은 서울로 이동한 신대균이라는 공백을 일단 메우고 그걸 증폭시켜야 한다. 그래서 대구 Y 사회개발부를 책임 맡아 활동을 하고 청소년 대학생 조직, 농민 조직 등 하고 야학 활동 등 이렇게 했지요. 특히 거창은 대학생 농활 팀을 만들어서 찬용이 형님하고 재미있게 지냈지요. 또 전점석 선배가 1980년 전후에 했던 대구지역 야학 활동을 이어 대구 YMCA 근로청소년 학교라는 이름으로 야학을 만들었지요. 노동에 대해서 저항감이 없도록 근로청소년 학교라는 이름으로 포장을 해 가지고 생활 야학 운동, 노동운동을 만들어내고, 황주석 선배하고 만나면서 산업지역 Y 프로그램 네트워크를 만들었습니다. 황 선배가 주창한 사랑의 와이 형제단 의식은 다소 갈등도 있었어요. 그래도 산업지역 Y 운동을 만들어 나가고 현장을 조직화해 나가는 데 디딤돌이 되었다고 보고, 제가 아마 중간에 코디네이터 역할을 했을 거예요.

그래서 나중에는 1987년 6월 항쟁이 터지면서 연맹에서 주관하는 노동조합 간부교육실행의 실무적인 준비를 황주석 형과 같이했던 기억이 나요. Y에서 농촌 운동하면 정찬용, 노동 운동하면은 황주석이었지요. 전점석은 이미 개별적으로 했기 때문에 자기의 경험을, 이쪽을 통해서 공유하면 되는데 논의 틀 안으로 들어오지 않는다고 닦달했던 것 같아요. 황주석 선배가 워낙 강력하게 밀고 가는 스타일로 하니까 그게 부담스러운 간사는 참여 안 했지요. 7~8개 산업지역 YMCA 간사 모임이라고 하는 걸 만들어서 학습하고 그 프로그램을 공동 실천하기도 했지요, 그 일환으로 저는 1986년 겨울 3개월간 대구 YMCA를 휴직하고 부천에서 노동 체험도 가지기도 했지요. 그러한 경험을 토대로 1989년에 간사 논문도 "YMCA 노동 청년 운동"을 썼지요.

제가 그때 노동 청년 운동에 관해 간사 논문을 쓰면서 제 삶을 고백한 거였지요.

내가 신학교를 갈 때하고 똑같은 마음이었지요. 모두 감옥에 가는데 나만 신학대학원 졸업하고 석사논문을 쓰게 된 것이 너무 죄 된 마음이었다고 고백했지요. Y 들어와서 근로청소년 야학 등을 실무 맡으면서도 내가 직접 노동 현장을 경험해야 한다는 마음이 불일 듯 일어났지요. 그래서 대구 Y 3개월 휴직을 하고 어디 간다는 이야기는 안 하고 전호영 총무께서 휴직 허락을 받았습니다. 그럼, 이 양반이 젠틀맨이 되어 가지고 자세하게 묻지 않고 '그래, 하시라, 그래서 꼭 가야 하나? 일이 바쁜데' 하셨지요. 그래 가지고 황주석 형하고 상의하고 내 처한테는 간다는 이야기 하고, 어디 간다는 이야기는 안 하고, 그러고는 그냥 부천에 도담동이라는 데서 일했거든요.

거기 프레스 공장에 가서 석 달간 노동을 했습니다. 내 옆에서 같이 일하는 젊은 친구들이 진짜로 손가락 잘린 걸 내가 몇 번 봤어요. 작업능률 올리려고 프레스기 안전장치를 빼고 일하다 사고가 많았지요. 이렇게 해서 가슴이 아프게 일 하면서 노동운동에 대해서 불타는 열기를 가지고 있었지요.

1987년 초 부천 성고문 사건 터지고 할 때 제가 부천 도담동 공장에 있을 때 형사들이 눈이 벌겋게 학출(학생 출신)들 중 노동 현장에 있는 자들을 잡으러 막 다닐 때거든요. 당시 위장 취업자를 색출할 때였지요. 그렇지, 만약 위장 취업하면 그 뒤를 봐준 놈까지 위험해지니까. 그래서 내가 아까 이야기했던 기독 학생운동 시작할 때 조용웅 선배가 그때 군포 근처에 살았거든요. 처음은 황주석 형 집에도 몇 달, 나중에 조 선배 집에 몇 달 지내는 등, 석 달을 보냈어요. 그랬던 그 경험이 저한테는 YMCA 운동을 지탱 유지하는 힘이었어요. YMCA에 있으면서 노동운동 민중운동을 지원하는 힘이 되었지요. 내가 직접 노동판에 노동자와 함께 살고 싶다는 몸부림이 노동 현장 체험으로 이어졌어요. 안 그러면 YMCA를 내일모레라도 그만두고 그냥 때려치우고 그냥 나는 노동운동 판으로 간다고 생각했던 거지요. 그러나 늘 가정과 어머니, 이게 생각이 들 때면 현장으로 못 갔어요. 노동교회 민중교회 목회자로 살고 싶은 꿈은 노동 현장 체험으로 위로를 받았어요.

1990년대 초, 대구 · 경북 목회자 정의 · 평화협의회 연수, 안강 옥산서원

1993년 대구 경북지역 Y 지도자 연수, 경주

그리고 1984년경 민중교회였던 대구 이웃교회 창립, 포항 YMCA 총무로 재직 시에는 세한교회 창립 협동준목, 나중 1998년에는 대구열린교회 창립 시 협동목사로 간접적으로 그 꿈을 달랬지요. 세종 YMCA 사무총장 재직 시에도 세종장로교회 창립 협동목사가 저의 목회적 사명이었던 것 같아요. 협동목사로 약 10년간 섬겼지요. 그게 YMCA 간사로서 제 목회 비전이었지요.

YMCA 운동 관련 몇 가지 더 이야기해 드리려 합니다. 제가 YMCA에 참 좋은 선배들, 친구들, 특히 선배들이 나를 이끌어줬어요. 좋은 선배들이 있었기 때문에 내가 있었다고 생각합니다. 내 가족도 있지만 아무것도 가진 것이 없는 저였지요. 그래서 내가 고등학교 한 2학년 기도한 대로 나에게 좋은 사람을 보내주셨어요. 하나님은 기도에 응답해 주시어 좋은 사람들을 만나게 해주었습니다. 친구보다는 좋은 선배들을 만나는 게 나한테 큰 도움이 되었지요. 내 친구들에게는 죄송하긴 한데 나하고 같은 수준의 이야기를 나누는 게 마음에 선뜻 내키지 않았어요. 앞서간 발자취를 따라 늘 새로운 길을 가는 것이나 개척을 좋아했어요. 그러니 나보다 먼저 길을 걸었던 좋은 사람들을 만나게 되었죠. 그 기

1989.11 홍콩 아시아 Y 동맹 중견 간사학교　1991.6. 제주 다락원 한국 Y 간사 연수회

도대로 KSCF를 통해서 YMCA를 통해서 만나고 그래서 여기 계신 분들도 다 만나게 된 거지요.

그러다 보니까 그 길을 갔던 사람들을 보게 되고 후배들도 좋은 사람, 나보다 더 나은 사람을 찾게 되었지요. 내가 이창식 선배한테는 늘 고마운 게 3년은 여기 일하라고 했지만, 너보다 더 좋은 사람들이 항상 YMCA에 오도록 좀 역할을 하라고 자주 말했지요. 너보다 더 좋은 사람, 우리보다 더 좋은 겁니다. 그래서 그런 사람들을 찾기 위해서 많이 노력했던 것 같은데 적어도 그것까지는 이룬 것 같아요. 그간 참 늘 고마운 것은 제가 포항 YMCA에 갈 때도 황용원 대구 Y 동료 왈 "형님이(포항 Y 총무로 일)하지만은 내가 먼저 할 테니까 형님은 홍콩 가서 재미있게 놀다가 공부 많이 배워 가지고 오면 내가 자기 자리 뚫어 놓을게"라 했던 걸 기억해요. 참 고마운 친구예요. 친구면서 후배이긴 하지만 포항 Y 회관과 문제점을 깨끗하게 정리해서 일할 수 있도록 만들어 놓고 제게 물려 주었거든요. 1989년 9월부터 3개월간 홍콩에 있는 아시아 YMCA 동맹에 중견 간사학교에서 공부할 수 있는 기회를 가졌다. 복귀한 이후 1990년부터 1997년까지 포항 YMCA 총무를 맡게 되었어요.

1994년 미국 스프링필드대학교 어학연수

1995년 포항 Y 창립 20주년 기념식

대구 YMCA에서 사회개발부 간사, 회원활동부장으로 재직하는 7년간 청소년 지도력 육성, 근로청소년 학교, 농촌사업, 청년대학생 지도력 육성, 교육민주화운동 그루터기, 시민논단 등의 활동을 주요 활동으로 손꼽을 수 있다. 이후 1990년 이후 포항 Y로 옮겼다, 1997년 다시 대구 Y로 와서 대구 YMCA 80년사를 집필하는 영광을 얻게 되었습니다.

집필 후 광주 Y로 자리를 옮기는 2003년 5월까지 대구 YMCA 청소년쉼터 소장, 중부지회 관장, 기획행정국장 등을 맡으면서 전호영 사무총장의 대외협력 업무를 도왔습니다. 그래서 새 대구 · 경북시민회의(집행위원장: 신현직 계명대 교수) 주관 시민 아카데미를 열기도 하였

1999년 새 대구 · 경북시민회의 아카데미,
경북대학교 교육실

1999년 IMF 극복 대구라운드 세계대회,
대구은행 국제연수원

다. 또한 1998-9년 IMF 구제금융 시대 국제투기자본 극복을 위한 〈대구라운드〉 대회(대표: 김영호 교수) 실무위원장을 맡아 활동하게 되었습니다.

이후 2003년 참여정부가 출범한 직후 광주 Y로 갔지요. 정찬용 선배(당시 참여정부 인사수석) 추천이 큰 도움이 됐지요. 그때 잊을 수 없는 게 2003년 봄에 광주 Y 사무총장 면접하러 광주 Y 인사위원회 갈 때 병종 형하고 광주 도착하기 전, 연락이 와서 만나잖아요. 2003년 봄에 병종 형님과 광주 Y 근처 그랜드호텔인가 커피숍에서 만났는데 형님 왈 "우리 이왕 왔는데 그냥 그대로 인사위원회 가서 우리 각자를 드러내자"라고 하셨어요. 형님한테 늘 미안하고 죄송했어요. 근데 이미 광주에는 찬용 형님이 나하고 마음으로 소통이 돼 있던 상황이고 그 우호적인 말을 이상점을 그냥 오리엔테이션 되는 거로, 인사위원들에게 이야기되었을 거로 봤어요. 그런데 병종 형님은 그걸 모르고 그냥 순수한 마음으로 참여하셨던 것 같았습니다. 이 말을 내가 한 번도 제대로 드린 적이 없고 그전에 그냥 지나가면서 말씀드렸는데 오늘 당사자가 있으니까 처음 말씀드립니다. 저는 처남 매부 간에 이런 일이 다 있구나,

2003년 6월 광주 Y 사무총장 이취임식

2004년 광주대학생 금강산 연수 인솔

2009년 당진 Y 창립인준식

2014 세종 Y 한 · 중 · 일 평화 포럼

생각했지요. 때로 병종 형님이 그 자리에 갔으면 나보다 훨씬 더 유연하게 잘하셨을 거라, 이런 생각이 들기도 했습니다.

그리고 이후 당진 YMCA와 세종 YMCA를 제가 창립을 했지요. 또한 한국 YMCA 청양클럽 창립, 충주 YMCA 재창립 산파역을 담당하지요. 목사들이 교회도 개척하는데 내가 YMCA를 2개 개척하게 된 걸 마음 속으로는 감사하게 생각합니다. 그런데 처음에는 광주 Y 임기 4년을 마치고 연임이 계속 안 되니 나가서 할 게 없잖아요. 그래서 당시 Y 연맹 이학영 사무총장한테 청했더니 이런 데가 있는데 좀 하시렵니까 하길래, 속으로는 '당신이 하시지, 그 어려운 일을!' 속으로 그런 생각이 들긴 했어요. 마음으로 그랬지만 '그래, 하자, 소개해 준 것도 고맙다.' 하고는 당진에 갔는데 당진감리교회라는 큰 교회 방두석 담임 목사가 저를 기다리고 있어서 시작한 거예요.

Y 개척이라 얼마나 어려운 건 아시잖아요. 2007년 당시 광주 Y 이사이며 시민사회 대표로 있던 김성종 친구가 나의 어려움을 덜어 주었어요, 전별금을 모아주고 〈한국컨테이너부두공단〉 비상임 감사 자리를 넘보던 광주의 여러 사람을 다 물리치고 제게 넘겨 주었어요, 광주에

2015 세계 Y 대회 미국 로키산맥

2017. 6. 23 충청지역 간사 워크숍 토크쇼

와서 고생한 경상도 대구 사람 섭섭하게 보내선 안 된다고 하면서, 그게 당진 Y 창립 시 저의 생활과 활동비가 되었어요. 그래 시작하고 좀 돼 가고 괜찮다 싶으니까 영천 Y 총무 재직 시 교통사고로 그만두었던 대구의 권중원 후배도 당진으로 오고, 나중에 권중원 간사 소개로 서산 Y로 박상언 간사도 부산에서 올라왔지요. 중간에는 한국 Y 청양클럽이란 이름으로 청양 Y를 창립하여 노승권 간사와 함께 활동했지요.

그 후 제가 긴장이 조금 풀리기도 하고 조치원으로 자주 가면서 권중원 간사가 자기가 다음 사무총장이 되고 싶다는 표시를 노골적으로 해왔어요. 무얼 들고 바닥에 깨 버리더라고요. 깜짝 놀랐지요. 맞서서 부딪히는 게 싫었지요. 대부분 실무 일을 다하는 후배의 앞길을 빨리 열어 주어야 되겠다고 여겼어요. 그래 가지고 며칠 있다가 '야 알았다. 내가 빨리 나갈게' 하고 대책 없이 그냥 나오기로 이야기했어요. 세종 YMCA는 아직 준비 단계도 아니었지요. 당시 준비위원들이 나는 준비만 해주고 안 오는 줄 알았지요. 준비 위원장 이동규 장로한테 제가 사무총장을 하면 좋겠다, 당진 Y 나와 달리 갈 길이 없다, 그러니 그래, 그냥 해보자고 하더군요.

한국 YMCA 청양클럽은 창립을 해보려고 노력했는데 좋은 실무자가

2017. 11. 홍콩, 아태 Y 연맹 중견 간사학교 강의

2018.07 세종 Y 수탁 새롬 청소년센터 개관

없어서 결국 중단되었어요. 노승권 총무가 청양 왔다가 미국 가고, 충주 Y도 청주 Y 이창호 사무총장 협력으로 부활시켜 두 명의 사무총장이 갔는데 거기도 버티지 않고 가버렸지요. 제대로 실무자가 없으면 안 되었지요. 다행히 제가 창립하고 사무총장으로 기초를 닦고, 적절한 후임 사무총장이 이어받은 2개 Y는 견실하게 성장하는 것 같아요, 저는 Y 개척에 2개, 재창립 Y는 실패했어요. 당진, 세종은 후임자가 잘 들어와서 감사드립니다. 그렇게 한 게 저로서는 보람이지요.

세종 YMCA 창립과 함께 세종시민 연대회의 조직 등 시민사회운동의 발판을 마련하는 데 일조하였습니다. 2018년 세종 Y 사무총장을 퇴

2009년 Y 그루터기 선배회, 광주 무등사랑

2019 KSCF 선배회 대구 역사 인문기행

2018. 12. 1. 세종 Y 끝으로
38년 한국 Y 정년퇴임

2020 세종시학교운영위원장연합회
회장 활동

임 후 2년 6개월간 세종 Y 수탁 새롬 청소년센터 관장으로 재직하였습니다. 이 시기 새롬 청소년센터 인근 새롬중학교 학교 운영위원장을 맡으면서 세종시 전역 학교 운영위원장 연합회장직을 맡아 조례제정 등 초중교 학교별 학교 운영위 역량을 강화하는 데 노력하였습니다. 아울러 틈틈이 연해주 선교사역을 위한 준비 사역과 KSCF 선배회 활동 등에도 협력하였습니다.

제가 YMCA에 사역하는 동안 좌절이 두 번 있었습니다. 어떤 좌절이냐 하면 그게 또 1997년과 2007년 기억이 딱 나는데, 다 같이 7이란 숫자입니다. 숫자 7은 좋은 것, 럭키인데 저한테는 럭키가 아니고 조금 슬펐어요. 포항 YMCA에서 젊은 나이 37살 때 사무총장을 했습니다. 제가 대구에서 포항 가면서 제 처도 그래서 포항으로 가서 직장도 갖게 되고, 교직도 옮겼지요, 이사들과 회원들이 저를 많이 이뻐하고 좋아하고 의기투합해서 일했으며 YMCA도 상당히 성장시켰습니다. 그런데 이제 한 분은 전국 YMCA의 간사 워크숍을 갔다, 오는데 이사 중의 한 명 금방 운영하는 이사가 있었어요. 그 이사가 총무님 좀 봅시다. 그때는 총무라고 했습니다. 총무님 좀 봅시다. 왜 그러냐? 이제, 그만두실 때

안 됐어요? 그만두라고 하는 이유가 뭐 이것저것 그냥 잔잔한 게 특별한 거 없어요. 그러고는 뭐 그때 한 번 쇼크를 받고, 그때 쇼크만 받으면 저는 이렇게 기도원을 갔었어요. 포항에 있는 봉좌산 기도원인가 거기에 가서, 그래서 3박 4일서 또 몸을 추슬렀던 기억이 납니다.

2007년도에는 더 큰 쇼크를 많이 받았어요. YMCA 평간사들은 거기서 그냥 있으면 되는데. 사무총장은 일종의 기한이라는 게, 임기가 딱 정해져 있거나 아니면 하자는 만큼 의사 결정을 이사회가 정하고, 그만하면 좋겠다고 하면은 그만둬야 하는 게 일반적입니다. 근데 우리 앞의 선배들은 평생을 그렇게 한 지역 YMCA에서 있다가 퇴직한 사람도 있습니다. 서울 YMCA나 대구 YMCA 같은 경우는 평생 있었어요. 그런데 저희 때는 임기가 정해졌기 때문에 임기가 연장되지 않으면 그냥 끝나요. 대구에서 제가 광주 Y로 공모해서 들어가서 제 처남하고 아까 저를 중매했던 처남하고 경쟁했어요. 처남도 모르고 가고, 저도 모르고 가서 그 자리에서 만나 가지고, 그래서 처남이 이 서방 여기까지 왔으니까 할 수 없다고 우리는 그냥 선의의 플레이를 하자고 해서 그 처남 형이 그렇게 이야기한 것으로 힘을 얻어서 했는데 이미 이사들은 저한테 마음을 많이 가지고 있었던 저를 굉장히 딱 지지하는 사람 그룹들이 핵심적으로 제가 필요로 했을 때였어요. 그래서 저도 모르고 처남도 몰랐던가 봅니다.

그래서 4년간 근무했는데, 4년 봉직하고는 이사장이 저랑 나이가 동년배 변호사인데, 자기는 직접 이야기하기가 어려우니까, 증경 이사장이던 안과 의사를 통해 가지고 기분 좋은 레스토랑에서 만나 가지고 맛있게 밥 먹고 난 후 영문도 몰랐는데 그만하십시오. 좋게 헤어지자고 합니다. 그래서 어떤 사람들은 그리할 때 막 싸우거든, 근데 저는 두 번다 나를 그만두고 하나님께 매달렸습니다. 장성의 전남대학교 연수원 인근 기도원에서 저희 내외가 기도하면서 앞길을 모색했지요.

그렇게 해서 제 처랑 그때 기도하면서 그때부터. 저는 이제 YMCA를 개척하는 길로 들어갔어요. 당진, 세종 그리고 청양에 있는 YMCA도 개척하고, 충주 YMCA 재건하는 일. 그렇게 했던 것이 저의 후반기 Y 운동 여정이었습니다. 그리고 YMCA에 재직하는 동안에 광주 Y를 제외하고는 어느 지역에 있든 작은 개척교회에 항상 몸을 담았습니다. 개척교회 중에서 대구에 있을 때, 포항에 있을 때는, 이른바 민중교회 협동목회자로 있었지요. 다만 저는 기관 목사니까 노회를 옮기지 않고, 적은 계속 한기장 대구노회에 두었지요. 어디 가서든지 저는 기장인으로서 YMCA맨으로 그렇게 살아왔다, 이런 생각이 듭니다.

이런 모든 일들이 제가 이제 되돌아보면, 50년 전 그 신앙으로 저를 부르셨던 하나님의 뜻이 여러 가지 어려움과 고비 때마다 저를 도왔고, 그리고 학창 시절 때 경험했던 저에게 신앙으로서 살아가는 그 어떤 것이냐? 라고 하는 시각을 동시에 줬던 뜨거운 그 열정이 오늘까지 있어 왔다고 생각합니다.

## 12. 남북 화해의 압복강 연해주

러시아 연해주는 발해의 민족혼과 일제하 신앙에 기초한 독립운동의 거점이며, 지정학적으로 동북아 평화 구축의 최적지이다. 이곳은 남북한, 중러의 접경지역, 미 · 일과의 긴장이 높은 곳이다. 이곳을 평화의 지대로 만드는 일은 중요하다.

또한 환동해 시대, 한 · 러 간 경제협력의 증대에 따른 인적, 문화적, 선교적 교류 확대의 준비가 필요하다. 연해주를 포함한 극동 러시아는 지구온난화에 따른 생태계의 변화로 농사와 생활에 적합한 땅으로 점차 변화해 감. 연해주 특히 동부는 바다와 산림이 우거진 휴양처로 적합하다.

접근성도 뛰어나다. 한국에서 비행기로 2시간 이내이다. 러시아인은 일본과 중국인보다 한국인에 대한 우호적 감정을 품고 있다. 비록 우크라이나 전쟁으로 비우호 국가로 지정되었으나, 무비자 유지로 보아 여러 면에서 한국과의 교류 협력 필요성이 여전하다. 러시아에는 개혁개방 이후 러시아 정교가 있지만 기독교에 대한 거부감 없이 개신교 선교가 중국에 비해 훨씬 수월하다. 따라서 시민사회의 뿌리를 내리기 위해 종교 및 YMCA의 역할이 매우 중요하다.

## 13. 동북아생명누리협동조합을 통한 러시아 선교사역

한국 YMCA전국연맹 사무총장 경선에 떨어지고 세종 Y에서 계속 근무하면서 퇴직하고 나올 준비를 했어요. 잘할 수 있는 게 YMCA 일이라 중국 연변이나 중앙아시아에 YMCA 설립의 꿈을 꾸었어요. 그러던 중 연해주 선교사역을 생각하던 목회자 2명을 만났어요. 정호진, 이오석 목사 등이 몇 년 전부터 준비하던 연해주의 협동조합운동이었어요.

솔빈강이라고도 지칭하는 라즈돌노에강 인근 2021년 전경

2022년 극동 연방내 우수리스크 분교 러시아어학당에서 교수, 중국, 한국 학생

처음은 생명누리공동체협동조합으로 출범하다가 해산 후 〈동북아생명누리협동조합〉을 창립하였지요. 그전에는 Y 사역 마치고 나면 준비를 해서 그냥 막연히 연변에 YMCA를 만들자는 말을 여러 사람에게 제가 계속했지요. 그러다가 퇴직 임박해서는 연변이 쉽지 않아 중앙아시아 YMCA 운동 생각도 했던 거지요. 그러던 중 연해주에 오랫동안 사역에 관심을 두고 있던 이오석 목사와 만나 함께 연해주에 협동조합 방식의 선교사역을 준비하게 되었지요. 그는 나하고 생일도 같은 동갑이에요.

그는 고신 재건파 출신으로 이중표 목사가 담임하시던 시기, 기장 한신교회 부목사로 사역하면서 해외선교 국장을 맡았지요. 그가 서울 호서교회 담임하면서 나를 포함 뜻있는 이들과 더불어 연해주협동조합을 만들어 활동한 것이 최근 5~6년 저의 근황입니다.

"지난 2년 준비하고 3년 동안 거주하면서 활동한 연해주에서는 지금 어느 정도까지 진척되었는지, 예를 들면 몇 년 정도 어느 정도의 목표를 상정하고 있는지"에 대해 말씀을 드리고자 합니다. 제가 속한 교단 차원에서는 2021년 5월부터 금년 2024년 12월 31일까지로 공식 파송 기간을 봅니다 제가 속해 있는 한국기독교장로회 총회 파송 1호 러시아 연해주 선교사입니다. 연령적으로 만 70세가 되는 2024년 다음 해

2024. 8. 세종장로교회 협동목사 은퇴식 후

2025. 3. 대구수석교회, 한기장 대구노회에서 원로 목사로 추대

인 2025년 4월 노회 이후에 은퇴 목사가 됩니다. 거기에 제가 보고해야 할 의무가 있거든요. 그분들이 저한테 헌금을 후원해 주거나 그런 건 없지만 교단에서 전국에 있는 교회에 후원을 요청할 수 있도록 배려해 줬기 때문에 노회를 경유하여 선교사역에 관한 보고를 합니다. 그걸 이제 교단에서는 총회가 바로 하지 않고 소속 노회가 그걸 지도하고 보고하게끔 돼 있어요.

그다음부터는 일종의 프리랜서 선교사라고 해도 되겠지요. 교회법적 뒷받침은 없지만 자유롭게 활동할 수 있습니다. 다른 한편으로 제가 연해주에 3년 머무는 동안 실질적인 뒷받침과 선교사역의 주요한 일감은 동북아생명누리협동조합이었어요. 조합에 저도 공동 출자를 하고 중요한 임원의 역할을 맡고 있어서 협동조합에서 제가 제일 먼저 현장에 파견됐단 말이지요.

조합에서 현장으로 갈 여건이 되는 조합원이 없었기에 제가 현장 파견을 자청해서 해 가지고 사역을 감당한 게 만 3년입니다. 그래서 조합에서 현지 주거비를 지원해 주었어요. 한 달에 45만 원 정도였습니다. 생활비가 월평균 100만 원인데 45만 원 집만 마련해줘도 그게 굉장히 도움이 되었습니다. 식비 포함 생활비 외에 러시아이학당 학비, 해외 교통비도 자담이었는데 나머지 부족한 것은 연해주 선교후원회(회장: 강순홍, 유방기/ 총무 박상언) 및 개별 후원자의 도움으로 지탱하였습니다. 제가 연금이라는 게 국민연금밖에 없어요. 연금은 집에 세하고 뭐 이것저것 내고 하면 제로입니다. 후원자는 교단 소속 교회 및 저의 선교 비전을 이해하고 도와주는 개인 또는 교회였습니다. 그리 많지도 않습니다만 깊이 감사드립니다. 저는 사실은 마음 같아서는 거기서 그냥 뼈를 묻으면 좋겠다고 생각해요.

블라디보스토크는 연해주의 주도입니다. 거기로부터 북쪽으로 차로 1시간 40분쯤 떨어지는 곳에 우수리스크라는 연해주 제2의 도시가 있는데 이곳은 고려인이 제일 많은 곳입니다. 제가 이곳에서 3년간 살았던 곳이에요. 이곳은 극동연방대학교 우수리스크 분교가 있어서 거기서 러시아 어학 공부하며 〈동북아생명누리협동조합〉의 현지 기반 구축 사역을 진행했어요. 현지법인 〈유한책임회사 생명 누리〉를 만들고, 현지 땅 임차하여 농장공동체를 만드는 일에 집중하였어요. 농장은 블라디보스토크 동북쪽으로 차로 약 3시간 떨어진 빠르치잔스크라고 하는 곳에 660ha 땅을 주정부로부터 임차하였습니다. 나는 〈유한책임회사 생명누리〉 대표로서 땅을 임차해 놓고 빠르치잔스크시 브로브니치 마을에 집을 하나 구입하여 농장센터를 조성하고, 한국에서 트렉터 기술자 파송, 현지 고려인 2명 고용 등 현지법인 운영의 기반을 조성했어요. 지난 6월 일시귀국 시에는 고용된 고려인에게 조합 대표를 맡기고 왔지요.

2021 연해주 빠르치잔스크
생명누리 현지 탐방 만남의 자리

2023. 8. 북한과 연해주를 위한 경북 북부 기도와 만남

그간 1년 체류 학생비자 또는 노동 비자로 장기체류하였어요. 앞으로는 무비자로 다닐 예정입니다. 한 · 러 간 무비자는 1회에 2~3개월, 1년 4~6개월 체류할 수 있습니다. 이제 조합의 현지 기반이 어느 정도 조성이 되었지요. 거기에 고려인도 대표도 세우고 나 말고도 한 명의 꽃동네 출신 사람 트렉터 기술자 한 명이 현지 가서 농장 일을 살필 거예요. 빠르치잔스크 현지에 조선족 농부도 연계하였습니다. 그래서 일자리는 이제 어느 정도 조성이 됐고 법적으로 잘 돼 있고 법인도 하나 만들었고 생명누리라고 하는 조합원도 한 200여 명 확보되었습니다.

앞으로는 거기서 재미있는 일들이 많이 생기는데, 그중에 거기를 힐링하는 곳으로 좋습니다. 빠르치잔스크는 우리 한국 강원도하고 경관이 비슷한 데가 있거든요. 물 좋고 산세 좋은 데 그런 데는 힐링센터로 가고, 골프 좋아하는 사람은 골프도 하고, 말도 타고, 그렇게 하고 피정센터도 만들고 싶습니다. 그리고 역사 문화탐방을 한두 번 해보니까 재밌어요. 최근에 조합 교육문화위원회가 진행한 동북아 역사 문화탐방 후 거창고 재단 초중고 학교와 빠르치잔스크 6번 학교의 자매결연 사업이 추진되고 있습니다. 앞으로 농장개발뿐 아니라 교육문화, 힐링이 어우러지는 사업을 추진할 계획입니다.

2022. 2. 빠르치잔스크 브로브니치
생명누리 농장 입구

2024. 4 동북아 역사 문화탐방 1기,
고려인과 윷놀이

3년간은 현지의 본격적인 사역을 위한 준비 기간이었습니다. 연해주와 러시아를 조금씩 알아가고 이해하는 기간이었습니다. 러시아어를 배우며 문화, 관습, 생활을 접하게 되었고, 한민족 고려인과 러시아인을 포함한 다민족 국가를 알게 되었습니다. 개혁개방을 통해 사회주의 체제에서 시장경제 체제로 전환하였지만, 여전히 민간과 시민사회의 자율성이 취약한 상태로 보입니다.

더욱이 2021년부터 확산한 코로나바이러스, 2022년 2월부터 발발된 우크라이나-러시아 전쟁으로 사역이 난관에 봉착하였습니다. 한국과 연해주 간 직항 중단으로 인한 이동 제한과 운항료 폭등, 서방의 제제로 인한 정상적인 환전 불가, 물가 인상 등의 어려움이 닥쳤습니다. 특히 한국이 러시아의 비우호 국가로 지정됨에 따라 현지법인 설립 장기간 대기, 주택 등 자산 매입 등에 한국인 참여 제한 조치 등이 뒤따랐습니다.

두터운 장벽에도 불구하고 하나님께서는 조금씩 활로를 열어 주셨습니다. 6개월의 노력 끝에 2022년 5월에 현지법인 《유한책임회사 생명누리 OOO CEHMЁHHУPИ》을 설립하고, 7월에 빠르치잔스크시와 임대차 계약을 체결하여 관내 브로브니치 일대의 토지 660ha를 49년 임대하였습니다. 통역 포함 고려인 2명을 직원으로 채용하여 법적 토대를 완비하였습니다. 현지 법의 특성을 고려하여 〈유한책임회사 생명누리〉 대표도 본인에서 현지인으로 세웠습니다.

금년 들어서는 조합원 중 농장에 상주하며 농사지을 트렉터 기술자도 노동 비자를 받고 연해주에 들어와서 현지 적응 중입니다. 농장 운행이 용이한 소형트럭을 구입했고, 상주할 주택 겸 사무실이 될 〈생명누리농장센터〉가 매입 완료 단계에 이르렀습니다. 트렉터 등 주요 장비를 확보하여 금년에 일부 토지 개간, 내년 봄에 작물 파종하고 초지를 조성할 계획입니다.

연해주에는 중국에서 사역했던 선교사들이 상당수 포진되어 있습니다. 이들 대부분은 중국의 복음화뿐 아니라 북한 주민을 위한 선교사역을 위해 다양한 교단 및 선교단체로부터 파송 받았습니다. 우수리스크에 기지를 둔 선교단체, 연해주에서 북조선으로 가는 교통의 요충지 라즈돌노에 베이스를 둔 몇 교회와 선교단체, 북조선 접경지역 크라스키노에 있는 덕암재와 몇 교회 등입니다.

저는 38년간의 YMCA 청년 사회선교 운동체의 경험을 토대로, 동북아생명누리협동조합을 통하여 이들 선교사 및 선교단체들과 협력하여 연해주가 남북 화해의 압복강이 될 수 있도록 사회선교사, 교육문화선교사, 청년 선교사로서 그 역할을 감당코자 합니다.

## 14. 나오는 말

얼마 전 2025년 6월 30일에 〈정의와 평화 – 대구경북목회자 정의평화협의회 40년사〉가 발간되었습니다. 대경목정평 40년사 중 제가 대경

2025. 6. 30. 발간 〈정의와 평화, 대구경북목회자 정의평화협의회 40년사〉

2025. 06 27. 대구 포리스트홀 〈정의와 평화,대구경북목회자 정의평화협의회 40년사〉 출판기념회

목정평 창립 전후의 발자취 및 20세기 활동을 정리, 기술하게 됨에 감사드립니다. 이는 1999년 제가 집필자가 되어 발간된 〈대구 YMCA 80년사〉 및 2002년 주필이 되어 발간한 〈복음과 인권; 대구인권위원회 20년사〉가 있었기에 가능했습니다. 이 자료는 앞으로도 지역 내 기독교 사회운동 및 민주화운동을 천착하는 자료로 삼을 수 있을 것입니다.

그간 청소년 사회선교기관인 YMCA와 협동조합운동으로 여러 지역에 옮겨 다니면서도 늘 대경목정평에 소속감을 품고 살았습니다. 기관목사이기에 이전할 필요성이 없기도 했지만, 보수의 온상이라는 TK 지역의 열악한 환경에서 정의 평화를 세우는 목회자 운동에 작은 힘이라도 보태야 한다는 생각이 앞섰고, 함께하는 선후배들과의 동지적 유대가 끈끈했기에 가능했으리라 봅니다.

아울러 〈정의와 평화-대구경북목회자 정의평화협의회 40년사〉를 토대로 가칭 〈대구 · 경북 기독교민주화운동사〉 편찬 작업에 기획, 집필자로 참여하여 진행 중입니다. 목회자, 노동, 농촌, 빈민, 민중교회, 청년 학생, 문화, 안동 등 북부, 포항 등 동부지역 등 각 부문별 대구 · 경

2019년 6월. 큰아들 결혼식 때 가족　　2025년 10월 출산 예정의 손자, 2손녀 가족

북 지역 기독교 민주화운동을 증언, 토론 과정을 거쳐 정리하면서 기독교 민주화운동뿐 아니라 한국민주화운동사에서 대구 · 경북 지역을 이해하는 데 작은 도움이 될 수 있으리라 믿습니다.

저는 1970년 기독교 신앙을 가진 후, 지난 50여 년간 KSCF, YMCA, 목회자 정의평화협의회, 동북아생명누리협동조합 등 기독교 운동체를 통하여 기독 학생운동, 청소년 · 청년운동, 목회자 운동 및 시민운동에 몸담아 왔습니다. 이제 그 경험의 편린에 개인적 삶의 애환을 담아 자서전이란 이름으로 내어놓게 됨을 감사드립니다.

이 자서전은 내 가족은 물론 그동안 해방자 예수 그리스도의 뒤를 따라 함께 고락을 나누었던 수많은 형제, 자매들과 함께한 삶의 발자취라고 말하고 싶습니다. 이제 칠순을 지나면서 뒤에 있는 것은 잊어버리고 남은 생을 하늘 부름의 상을 바라보고 푯대를 향하여 정의 평화의 길로 달음질하기를 기원합니다.

## 제4장

# 꿈이 세상을 바꾼다는 생각

전점석

전적으로 OB AOS(퇴직간사회)와 김준식 총장 덕분에 팔자에 없는 자서전을 썼다. 이럴 줄 알았으면 젊었을 때 더 열심히 할 걸 ……. 처음 해보는 일이라 걱정하는 마음으로 연필을 들었다. YMCA와 함께한 시간을 되새기면서 제일 먼저 생각나는 건 그나마 여기까지 올 수 있도록 이끌어주신 선후배였다. 빈말이 아니다. 같이 술 마시며 늦은 밤까지 토론했던 그 열정이 자신을 버티게 해준 큰 에너지였다. 배운 것도 많다. YMCA 연맹에서 실시한 간사학교, 아시아연맹이 말레이시아에서 실시한 간사학교, 부산 YMCA가 보내준 일본 기타큐슈 YMCA 연수와 연맹이 보내준 필리핀 어학연수 등이 없었다면 제대로 활동하기 힘들었을 것이다. YMCA에 들어오기 전인 1978년 영등포산업선교회에서 배운 인간관계훈련과 서강대 산업문제연구소의 교육, 대구에서의 공장 활동도 많은 도움이 되었다.

YMCA에 있는 동안은 정말 열심히 했다. 본의 아니게 가족에게 미안하다. 퇴직한 후에 가만히 생각해 보니 YMCA에 근무하고 있을 때는 바쁘다는 핑계로 전혀 관심을 두지 않은 분야가 많았다. 조금씩 넓혀나가기 위해 도서관, 음악감상, 미술 전시회 등 여기저기 다녔다. 그동안 전혀 참여하지 않았던 인혁 재단이나 민간인학살 희생자유족회 분들도 만났다. 나이 70살이 가까워서였다. 늦어도 너무 늦었다. 정작 그들이 힘들고 외로울 때 손 한번 잡아 주지 못했다. 합법, 비합법운동을 모두 하는 건 힘든 일이라고 변명해 보긴 하지만 어두운 시절에 그들과 함께 한 분들에게 미안하다. 이제 남은 시간에는 조금이나마 보탬이 되는 활동을 해야겠다.

자서전을 다 쓰고 보니까 이런 이야기가 왕창 빠져 있다. 살아오면서 비록 크게 후회하는 일은 많지 않지만, 외면하고, 실수하고, 처신이 미흡하여 상대에게 상처 준 적도 있다. 회원 지도력이 우선으로 중요하다는 생각 때문에 지역의 긴급한 현안에 함께하지 못한 경우도 있었다. 총량제 개념으로 보면 잘한 게 있으면 당연히 잘못한 것도 있기 마련이다. 자서전을 미화하려던 건 아니었지만, 하다 보니 이 책에 그런 내용이 별로 없다. 다음엔 보충해야겠다.

이제 YMCA를 퇴임한 지 15년이 지난 시점이 되어서야 없어지려는 희미한 기억을 이런 모양으로 정리해 보았다. 후배들에게 쓸데없는 뻥튀기나 자기 자랑처럼 보일까 봐 조심스럽다. 그리고 세상을 바꾸자고 가본 적이 없는 길을 함께 걸어온 동역자들에게, 특히 내가 근무했던 부산, 진주, 창원 YMCA 선후배들에게 고맙다는 인사를 드린다. 책으로 나오기까지 여러 가지 부족한 부분을 메꾸어주신 분들에게도 감사드린다.

## 1. 달성공원 도랑가에서 태어나다

할아버지 고향은 칠곡군 석적면 망정리인데 결혼해서 대구로 나와 침산 쪽에 사시다가 돌아가셨고, 그다음에 달성동으로 이사왔다. 달성공원 근처다. 도심지에 있는 달성공원은 토성이다. 산성이 아니고 도심지 안에 있는 성이니까 조금 독특하다. 성을 일일이 쌓아서 만든 모양이다. 인근 동네 어린이들의 놀이터였다. 나도 이곳에서 많이 놀았다. 달성공원 정문에서 시내 쪽으로 주택가가 있는데 공원에서 150~200m 정도 거리다. 주택가를 가로질러 도랑이 시장 쪽으로 흐르고 있었는데 그 도랑가에서 태어나서 도랑에서 물놀이하고, 물고기 잡고 놀았다.

아버님 형제분이 3남 1녀이다. 제일 큰아버님께선 동생들을 잘 돌보시는 분이셨다고 한다. 할아버지가 일찍 돌아가셔서 가장 역할을 하신 것 같다. 그런데 안타깝게도 총각 시절에 사고로 돌아가셨다. 둘째 큰아버지 전동술은 철도청에 근무하시면서 해방 직후 철도 파업도 하셨는데, 6 · 25 때 돌아가셨다. 2024년 10월경 국방부 유해감식단의 팀장에게 확인한 바로는 8사단에서 일병으로 근무하시다가 1951년 3월 10일의 전투에서 전사했다고 한다. (군번 0156066, 서울 위패 번호 6-03-077) 그다음이 고모 전선이이다. 젊어서부터 집안 살림을 책임질 정도로 생활력이 강한 분이셨고, 일찍 혼자가 되어 할머니, 아버지와 같이 살았고, 아들이 한 명 있었으나 어려서 죽었다고 한다. 넷째 막내인 아버지 전영훈은 차량정비공장에 다니면서 기술을 배우다가 6 · 25 전쟁이 나서 하사관으로 가셨다. 군에서도 공병이나 병참 쪽에 근무하셨고, 제대 후에도 대구에서 오랫동안 차량 정비업을 하셨다.

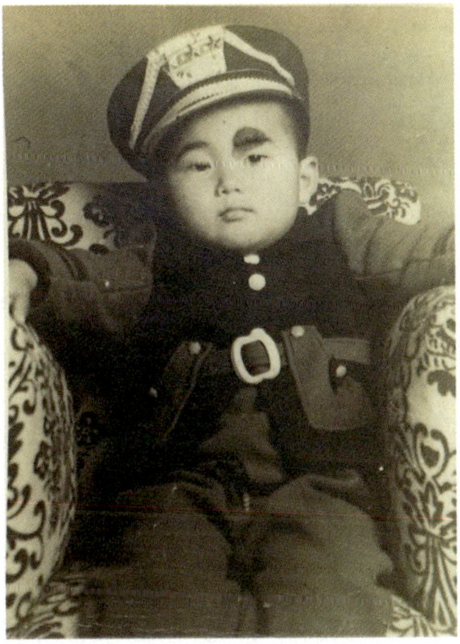

근데 첫째 큰아버지는 미혼으로 돌아가셨으니까 어쩔 수 없는데 둘째 큰아버지는 장가 가서 딸만 둘 낳고 전쟁터에서 돌아가셨으니, 양자를 들이려고 했다. 모두 큰집에 아들이 있어야 한다고 생각한 거다. 결국 아버지의 첫째 아들인 내가 큰아버지에게 양자로 가게 되었다. 큰집에는 누님이 둘 계셨는데 지금은 모두 돌아가셨다. 큰어머님은 일찍 재가하셔서 딸 둘과 함께 대구역 근처에서 사과 장사를 하셨다. 아버지는 직업군인으로 타지에서 오래 계시다 보니 이혼하게 되어 나는 두세 살 때부터 고모님 집에서 자랐다. 고모님 혼자 계시는 입장에서 나를 친자식처럼 키우셨다. 그러니까 외동으로 귀하게 컸다. 그런데 집에는 항상 혼자니까 공부나 진학문제가 있을 때도 의논할 사람이 마땅치 않았다. 그래서 친구 집이나 교회에 자주 들르기도 했다. 근데 때리면서까지 공부를 시키시지도 않았고, 학원도 강제로 보내시는 분은 아니었다. 내 기억에 중학교 때는 기초를 다지는 게 필요하다는 생각에 『삼위일체

메들리』라는 책으로 공부하는 영어학원을 몇 달 다닌 게 전부였다. 영수학원에 매달리기보다 태권도, 합기도 도장을 여러 번 다녔다. 물론 숙제했냐? 시험공부했냐? 등의 잔소리는 있었다.

아버님은 따로 떨어져 살기도 했고, 바람도 많이 피우셨다. 차량 정비를 자영업으로 했다. 고모집 근처에서도 했고, 대명동 계명대학교 근처 미도극장 옆에서 꽤 크게 직원도 두고서 하기도 했다. 나는 주말에 걸어서 동생 만나러 가기도 했다. 친동생은 3명, 3명을 합해 6명이다. 내 바로 밑의 동생과는 나이 차이가 10년 정도 된다. 3명은 대구에, 또 3명은 미국 LA에 살고 있다. 엄마가 서로 다르다. 별로 교류가 원활한 건 아닌데 그래도 그동안은 큰일 있을 때나 명절에 가끔 보는 정도이다.

## 2. 동네 친구가 학교 친구, 학교 친구가 동네 친구

나는 어릴 때 혼자였으니 다들 그렇겠지만 동네 애들하고 많이 놀았다. 일요일에는 교회 주일학교에 다녔고, 주말에는 달성공원에 올라가고 병정놀이도 자주 했다. 공원 둘레에 해자처럼 물길이 있었고 공원 안에서는 낭떠러지처럼 높았다. 이 절벽에 병정놀이 본부를 만들어 친구들과 많이 놀았다. 동네에 친구들이 많았다. 또 매년 정월 대보름이 되면 줄을 멘 깡통에 숯을 넣어 빙빙 돌리는 쥐불놀이를 했다. 공원을 한 바퀴 돌면 뒤쪽에는 비산동이고, 앞쪽은 달성동, 왼쪽은 대신동이었다. 몇 개 동에 걸쳐 있다. 거의 공원은 동네 친구들의 놀이터였다. 지금은 일제 강점기 신사도 없어졌고, 공원 주변 도랑도 복개되어 완전히 모양이 달라졌다. 집 앞의 도랑은 여름철 홍수가 나면 돼지 새끼 같은 것도 떠내려왔다. 다음날 날씨가 개이면 상류에서 물고기도 내려왔다. 신발 벗고 도랑으로 내려가서 고무신을 이용하여 물고기도 잡고 놀았다. 집 앞이 도랑이다. 도랑과 집 사이에 좁은 길이 있었는데 술에 취한 사람 비틀거리다가 혹은 자전거 타고 가다가 도랑에 빠지는 사람도 있었다. 학교 쪽으로는 대자연예식장이 있었고, 시장 쪽으로는 동시 상영하는 달성극장이 있었다. 극장에서 도로를 건너면 파출소와 금수세탁공장이 있고, 그 뒤에 자갈마당이라 불렀던 사창가가 있었다. 500여m 떨어져 있었다.

동네 공터에서 친구들과 모여서 '무궁화꽃이 피었습니다'라는 놀이와 비석 치기도 하고, 말타기를 특히 많이 했는데 벽에 한 놈이 딱 서서 다리를 벌리면 거기에 머리를 대고 허리를 구부렸다. 다른 친구들은 뛰어가서 그 위에 올라타는 놀이였다. 다른 방식의 말타기도 있었다. 한 명의 목을 양쪽에 2명이 팔로 끼고 세 명이 한 주가 되어 같이 움직이는 말이다. 구부린 말을 올라타는 건 같지만 움직이는 말이어서 훨씬 재미있었다. 타려고 하다가 말의 뒷발에 차이기도 했다. 이런 식으로 동네와 공원에서 친구들과 아주 잘 지냈는데 그건 집과 내가 다니는 수창초등학교, 계성중 · 고등학교가 모두 가까웠고, 이사를 하지 않았기 때문에 가능했다. 학교 친구가 동네 친구고, 동네 친구가 학교 친구였다. 그러니까 집에서 역 쪽으로 도로를 건너서 800m쯤 가면 수장초등학교가 있다. 앞산 쪽으로 걸어서 대신동 서문시장을 지나면 계성중학교였다. 10여 분 걸렸다. 이러니까 중학교, 고등학교에도 동네 친구가 많고, 초등학교는 물론이다. 그렇게 지내다 보니까 뭐 공부는 대충 했고, 친구들하고 많이 놀았다.

경제적으로는 그렇게 궁핍하지는 않았다. 우리 집에 땅은 넓지 않았지만, 방이 6, 7개였다. 서너 가정이 복닥대며 살았다. 마당이 작았다. 그래도 어릴 때는 감나무도 두 그루고, 대문 옆에는 오래된 석류나무가 있었다. 우리집 별명이 석류나무집이었다. 작은 화단도 있었다. 그런데 내가 크면서 지출이 생기니까 방을 계속 늘렸다. 월수입이 없으니까 주로 방세 받아서 생활비에 충당했다. 나중에는 담장을 헐어서 가게를 만들어 세를 놓기도 했다. 고모님이 구두쇠였다. 김장철이 되면 시장을 한 바퀴 돌아 시래기를 주워 왔고, 집 근처의 술도가에 가서 막걸리 지게미를 얻어 와서 설탕을 섞어 먹기도 했다. 그러면 배도 부르고, 얼큰하기도 했다. 대부분 동네 친구는 비교적 살기 괜찮은 것 같은데 한 친구의 아버지가 매일 구루마 끌고 나가서 노동일을 하셨다. 굉장히 고생한다는 글을 일기장에 적기도 했다. 중학교 때 특별히 자주 만난 친구가 있었는데 경북 의성에서 대구로 공부하러 온 친구였다. 다른 친구들은 모두 점심 식사하는 시간에 그 친구는 교내 식당에서 일하느라고 바빴다. 항상 점심을 늦게 혼자 먹을 수밖에 없었다. 나는 가끔 그 친구를 기다렸다가 같이 먹기도 했다. 자연히 남은 시간에 먹다 보니 오후 수업 시간을 맞추기가 바빴다. 그 친구는 식당에서 일하고 근로장학금을 받았고, 일간지 신문을 돌리기도 했다. 고등학교 때도 동네 친구들하고 굉장히 친하게 지냈다. 당시에는 저녁 늦게까지 학교에 있을 수가 있었다. 학교 수업을 마치고 집에 와서 저녁 먹고 나면 동네 애들 몇 명이 우리 집 앞을 지나가면서 내 이름을 부르면 나와 가지고 같이 학교에 갔다. 학교에는 고3용의 독서실이 따로 있고, 그 외의 학생들이 이용하는 큰 독서실도 있었다. 밤늦게까지 학교에 있다가 집에 돌아왔다. 거의 그렇게 지냈는데 그렇다고 공부를 열심히 하는 것도 아니었다. 만화도 보고 놀기도 했다. 담장 옆으로 플라타너스 나무가 많았다. 나무 타고 놀기도 하고, 탁구 치고 놀기도 했다.

## 3. 해방 20년이 지나 입학시험 때 되살아난 '천인침'

당시에는 중학교를 시험 치고 들어갔다. 초등학교 때 성적은 중간쯤 했는데 진학 중학교 선택은 일찌감치 의논해 놓았다. 집에서 걸어 다닐 수 있는 학교가 계성중학교 하나뿐이었다. 입학시험 칠 때의 특이한 기억이 있다. 그때는 중학교 입학도 시험 쳤고, 고등학교 때도 시험 쳤다. 시험 치러 갈 때마다 윗옷 안에 실을 꿴 바늘로 뜸을 떠주셨다. 밖에서는 안 보이도록 옷 안쪽에 뜸을 몇 번 뜨셨다. 처음 보는 일이라 내가 "어머니 그게 뭡니까?"라고 물으니 "몰라도 돼. 그냥 하는 거야."라고 말씀하셨다. 지금 생각하니까 그게 '천인침'이라는 것이었다. 뭔가 기도하는 마음으로 간절히 원하는 마음을 담는 거다. 일본의 전통이라고 하는데 일제 강점기에는 「천인침」이라는 영화도 있었다고 한다. 태평양 전쟁이 일어났을 때 우리 여학생들은 학교에서 천에 뜸을 떠서 전쟁터로 가는 군인들의 윗옷에 붙이거나 배에 둘렀다고 한다. 심지어 여학생들이 길거리에서 지나가는 여성들에게 한 뜸씩 뜨게 할 정도였다. 요즘 가두 서명대와 비슷한 거다. 천인침을 몸에 지니면 전쟁터에서 총알이 비껴간다는 믿음이 있었다. 시인 노천명이 쓴 「천인침」이라는 시도 있고, 춘원 이광수는 만인침도 하자라고 말했단다. 고모님이 어릴 때 해본 건데 그걸 해방된 지 20여 년이 지나서 내 입학시험에 적용했다. 비록

천 명은 아니었지만 고모님의 정성이 가득 담겨 있었다. 우리들 어머님이 새벽에 장독 위에 정화수 떠 놓고 두 손을 모으셨던 거랑 같은 마음이다. 이런 기도가 은연중에 내 마음에도 자리 잡았던 것 같다.

중학교 때 배운 과목 중에서 국어, 사회, 역사 같은 과목은 좋아했다. 한문 외우는 것이 재미있었다. 학이시습지 불역열호 등의 문장이나 고사성어는 대부분 중학교 때 배웠다. 그 당시에는 학교 과목에 한문이 있었고, 신문도 국한문혼용이어서 신문 보면서도 한자 공부를 했다. 수학, 과학 등은 별로 흥미가 없었던 것 같다. 중학교 때 생각나는 건 삼총사라 불렸던 친구들과 탁구장이다. 학교에서도 치고, 탁구장에 가기도 했다. 여자 친구는 없었다. 고모님께서 이성 문제에 굉장히 엄격하셨다. 학교 공부 마치고 집에 와서 씻고 책 보고, 공부하는 게 전부였다. 굉장히 엄격하게 하셔서 특별히 여학생하고 사귀지 않았다. 교회 친구들이 있긴 했지만 대부분 동네 친구여서 따로 만나는 것도 생각하지 못했다. 고모님께서 아들이 하나 있었는데 어릴 때 죽었다. 그래서 그 사랑을 나한테 모두 쏟았기 때문에 내가 그 부담을 안고 큰 셈이다. 어렸을 때 사랑을 많이 받고 컸다. 어릴 때부터 다닌 동네 교회에서 받은 안 좋은 기억은 새벽에 통성 기도하는 거였다. 기도할 때마다 큰 소리로 우는 분이어서 어지간히 죄를 많이 지은 분인 줄 알았다. 그런데 매번 엉엉 울면서 기도하다가 기도 시간이 끝나면 언제 울었느냐는 식이어서 당황스러웠다. 주일학교는 초등학생 전부터 다녔던 것 같은데, 풍금에 맞춰서 찬송가 배운 게 생각난다. 성탄절 때는 미 공보원에 가서 찬송가도 불렀었지. 중학교 때까지 교회를 열심히 나갔지. 교회 가는 건 어머님께서도 적극 찬성했다. 왜냐하면 크게 빗나갈 리가 없다고 믿었기 때문이다. 그러다가 고등학교 입학하면서부터 점점 안 다녔다. 너무 보수적인 분위기여서 갑갑했던 것 같다.

고등학교도 중학교와 같은 울타리 안에 있었다. 서울대학교 진학을 위한 특별반이 편성되어 있어 학기마다 학생 이동이 조금씩 있었는데 나도 어느 학기에는 특별반에 갔다가 다음 학기에는 일반 반으로 바꾸기도 했다. 학교 성적이 고 정도였던 셈이다. 고등학교 3학년 때 교련 반대 데모를 했다. 거의 전교생이 운동장에 모여 학교 밖으로 나가기 위해 줄을 지어 교문 쪽으로 갔다. 그러나 선생님들이 교문을 지키고 있어 나가지 못하고 구호를 외쳤다. 주변에서는 걱정스러운 눈으로 선생님들은 우리들을 지켜보셨다. 그러다가 해산하고 교실로 돌아와서 책상을 문 앞에 쌓아 다른 사람이 못 들어오게 했다. 바리케이드를 친 거다. 조금 있으니 담임 선생님이 들어오시려고 했는데 교실 문을 열 수가 없었다. 선생님은 문을 열라고 하시는데 학생들은 "꺼져라"라는 등의 평소와 다른 말을 내뱉었다. 그래서 한동안 실랑이를 하다가 내가 친구들에게 "이제 우리의 의사 표현을 했으니 이 정도에서 끝내자. 우리가 선생님과 싸우는 게 목적이 아니지 않느냐."라고 했다. 별다른 반대가 없어서 친구들과 같이 책상을 치웠다.

## 4. 객지에서 친구와 놀며 시작한 대학 생활

어릴 때부터 장래 어떤 인물이 되겠다는 간절한 꿈은 없었다. 대학 갈 때도 공대를 가게 된 건 내가 고등학교 때에 만난 선배님의 권유였다. 동네에 있던 합기도 도장에서 자주 만난 선배님이었다. 우리집에서

길 건너에 도장이 있었다. 운동할 때 서로 마주 보고 경기를 하는 대련을 그 선배님과 같이 하면서 여러 가지 기술도 배웠다. 그 선배님이 지도를 많이 해주셨다. 그분이 건축업을 하셨는데 좋아 보였다. 그러니까 내가 집안의 어르신을 보고 '나도 저렇게 살아야지'라는 생각은 못 하고 밖에서 찾은 셈이다. 그래서 학과를 선택할 때 건축과를 선택했다. 대학을 졸업하고 건축 회사에 취직해서 돈을 벌어야겠다, 저희 집안에서 돈 벌 사람은 나밖에 없다고 생각했다. 대학을 인천으로 갔다. 인하대학을 가게 된 동기 중의 하나가 건축도 건축이지만 또 하나는 집에서 조금 벗어나고 싶었다. 그 당시에 한양대 하고, 인하공대 두 군데를 견주다가 공대만 있는 인하대가 더 좋아 보여서 선택했다. 하여튼 집에서 나와서 객지에서 생활한다는 게 해방감도 느낄 수 있었고, 내 생활의 전체를 스스로 생각한 대로 산다는 게 재미있었다. 고향이 같거나 같은 동문 친구, 선후배와 자주 만나서 놀았다. 방학이 되어도 대구로 내려가지 않고 인천에서 일거리를 찾아서 그냥 있었다. 1학년 때는 주로 대구 계성고등학교 출신들끼리 모여서 놀았다. 객지에 왔으니까, 하숙을 해도 한 집에서, 한 동네에서 했다. 월말에 향토 장학금을 집에서 보내오면 그거 갖고 술도 먹고 놀러 다니기도 했다. 그때만 해도 니나노 술집이니까 술도 먹고 노래도 부르고 기숙사 학교 후문에 있는 당구장에 자주 다녔다. 1학년 때는 주로 그렇게 시간을 보냈다. 1학년 여름방학 때 학보사 친구들하고 나랑 4명이 각자 자기 자전거를 타고 보름 정도 걸려서 인천에서 출발해서 영등포를 거쳐 천안, 추풍령, 영동, 부산까지 갔다. 이 경험이 내 인생에 큰 도움이 된 것 같다. 한 명은 짐 자전거에 텐트를 싣고, 또 한 명은 다른 용품을 싣고서 그냥 달리는 거다. 첫날, 텐트에서 자는데, 다리에 쥐가 나서 모두 자다가 벌떡벌떡 일어나기를 여러 차례 했다. 그러다가 맑은 개울이 나타나면 풍덩 들어가서 물놀이를 하기도 했고, 또 상갓집이 눈에 띄면 들어가서 밥을 얻어먹기도 했다. 이때 친구들은 지금까지 서로 연락하고 지낸다.

동년배보다 1년 늦은 1971년도에 대학교에 입학했는데 한창 유신헌법 개헌을 위한 대국민 홍보를 많이 하던 게 생각난다. 학교에 입학하자마자 학보사에서 신입생 4명을 불러 모아 좌담회를 하고 학보에 게재한 게 인연이 되어 학보사 기자를 지원했다. 근데 1학년 때 학보사 기자 생활을 하는데 하루는 공대 건물 앞에서 100여 명의 학생들이 농성하고 있었다. 난 그때만 해도 뭐 저런 걸 다 하나? 이런 생각을 하면서 지켜보다가 취재하려고 물으니 교련 이야기도 하고, 유신헌법 이야기도 했다. 그때까지만 해도 교련과목은 싫어했지만, 유신헌법에 대해서는 아는 게 없었다.

1학년 때는 동아리 활동은 안 하고 학보사 수습기자를 하면서 학교 당국이나 학생회, 대의원회를 많이 다녔다. 내가 들어갈 때는 공대였고, 2학년 때부터 종합대학이 되어 비로소 인문 · 사회과학을 알게 되었다. 전국 대학 학보사 기자들의 모임도 산정호수에서 있었고, 자체적으로 방학을 이용한 연수회가 만리포, 북평 등의 바닷가에서 있었다. 방학 때는 건축 노가다 경험도 한 달 정도 했다. 2학년 때 KSCF를 알게 된 것 같다. 인하대 KSCF 회장이었던 김용순이와 하숙집이 가까웠다. 자주 만나서 친해졌다. 자기 집이 서울인 것 같은데 학교 옆에서 하숙했는데 굉장히 성실하고 열성적이었다. 그 친구가 학사단 활동을 내게 권유했다. 어릴 때 집 앞에 있는 교회도 다녔고, 계성중 · 고등학교가 미션 스쿨이니까 수양회도 1년에 한 번씩 하고, 성경 과목이 있어서 성경도 배우니까 자연스럽게 기독교 문화에 익숙해 있었다. '한국을 새롭게!'라는 학사단 구호도 매력이 있었다. 학사단 활동으로 서울 종로5가의 기독교회관에서 공부도 하고, 실제 노동 체험활동도 했다. 학습할 때 본 책 중에 부강석 선생님이 쓰신 『학생과 사회정의』에서 느끼는 바가 많았고, 흑석동의 성공회대학에서 저녁에 모여 현대사 공부를 한 것도 시야를 넓혀주었다. 그러고 나서 1년 후배인 황의신이랑 학사단 활동의 일환으로 인천 판유리공장에 들어갔다. 안재웅 선배님이 신경을 많이 써주신 것 같다. 감리교단 소속인 인천 도시산업선교회 조화순 목사님을 통해서 인천 판유리공장에 일용공으로 일했는데 이게 아주 중요한 경험이었다.

## 5. KSCF 학사단 활동의 일환으로 노동 체험

만석동이라는 아주 유명한 판자촌에 방 한 칸을 구해서 한 달간 자취생활을 했다. 그곳은 함석, 양철, 나무껍질이나 두꺼운 박스를 엮어서 만든 집이었다. 2층이었는데 올라가는 계단의 삐그덕대는 소리 때문에 항상 불안했다. 자그마한 방안에는 귀여운 쥐도 다니고, 물이 얼 정도로 생활하기가 불편했지만 새로운 경험이기도 했다. 그때 조화순 목사님과 전영환 목사님이 가끔 오시기도 하고, 우리가 산업선교회 사무실로 가기도 했다. 사무실은 시내 쪽으로 걸어 나와야 했는데 마당이 없는 작은 초가집이어서 특이했다. 새마을 운동으로 인해 시골 초가집 지붕이 거의 대부분 슬레이트 지붕으로 바뀌어 농촌에서도 초가집을 보기 힘든 시절이었다. 사무실과 모임을 할 수 있는 두세 개의 방이 있었다. 이곳에서 내

또래의 유동우 씨를 처음 만났다. 대화 출판사에서 『어느 돌멩이의 외침』이라는 책을 낸 분이다. 당시로서는 낯선 노동조합 활동을 했던 분이다. 동일방직 소그룹 활동하는 아가씨들도 만났다. 무슨 특별한 이야기를 나눈 것은 아니고, 그냥 자기소개를 하는 정도였다. 사무실 주변은 일반 주택가인데 유일한 초가집이어서 눈에 잘 띄었다. 이때의 노동 체험이 인연이 되어 그 후에도 선교회 실무자들을 자주 만났다. 동일방직 노동자그룹을 담당한 최영희 씨와 언더 실무자인 김근태 씨였다. 만나서 초청 강연회 같은 행사를 의논하기도 했고, 저녁때 동인천역 앞에서 만나서 막걸리를 마시기도 했다. 골목 안에 있는 막걸릿집인데, 앉는 좌석은 아예 없고, 그냥 서서 몇 잔 마시고 나오는 게 전부였다.

그 후 만석동 판자촌은 소설가 김중미와 조세희의 소설로 많은 사람들에게 인문학적 상상력을 갖게 한 곳이기도 하다. 소설가 김중미의 『곁에 있다는 것』은 서로 다른 처지에 놓여있는 세 명의 여고생이 같은 장소를 이야기하고 있다. 소설은 지우 이야기, 강이 이야기, 여울이 이야기, 우리 이야기의 4부로 전개된다. 이 소설의 무대인 '은강'이 조세희의 『난장이가 쏘아올린 작은 공』과 같은 장소이다. 조세희와 이를 이은 김중미의 '은강'은 실제로 '인천시 중구 만석동'이다. 김중미는 1970년대와 2000년대를 비교하면서 달라진 것과 달라지지 않은 것을 보여준다.

"내가 사는 곳은 소설 『난장이가 쏘아올린 작은 공』이 무대인 은강이다. 이제는 서울의 위성도시가 아니라 광역시가 된 인천의 은강구, 그곳에 1970년대의 '난쟁이 가족'과 다름없는 우리 가족이 산다. 1970년대와 달리 2000년대 은강에는 대학을 나오거나 고등학교를 졸업한 노동자들이 늘어났고, 판자촌 대신 빌라와 아파트가 들어섰지만 은강은 그때보다 중심부로부터 더 멀리 밀려났다. 은강이 떠밀려 간 건 아니다. 성공하고 싶거나 돈이 있는 사람들이 은강을 떠나 새로 만든 신도시에 자리 잡고 중심을 이동시켰다. 그렇게 은강은 버려진 곳이 되었다. 그러나 은강에는 여전히 영희네와 닮은 난쟁이 가족들이 살고 있다. 『난장이가 쏘아올린 작은 공』의 영희와는 달리, 나와 내 친구들은 공장 대신 그 공장에서 가까운 고등학교에 다닌다. 그러나 우리 삶이 소설 속 주인공들과 크게 다를 것 같지 않다. 배를 곯지 않는다고 가난이 없어진 건 아니다."* 10여 년 전에 옛 생각을 하면서 박종렬 목사님, 강우경 후배와 함께 만석동의 판잣집을 찾으러 다녔는데 내가 머물렀던 집은 찾지 못하고, 텅 빈 동일방직 건물과 철거 위기에 직면한 선교회의 2층 콘크리트 건물에 가보았다. 초가집은 오래전에 없어졌다고 했다.

2학년 때까지만 해도 내가 중 · 고등학교를 졸업하고, 대학생이 된 건 부모님을 잘 만나고 내가 공부를 열심히 해서 된 거라고만 생각했다. 그런데 인천 판유리를 다니고, 전혀 다른 삶을 사시는 조화순 목사님과 유동우 씨, 선교회 실무자를 만나면서 내가 현재 대학생으로서 이 자리에 있게 된 건 내가 알지 못하는 많은 분의 덕택이라는 생각을 했다. 전태일의 죽음에 대해서도 알게 되면서 말하자면 이때부터 사회의식을 하게 된 것이다. 사회로부터 혜택을 받았으니, 뭔가를 사회적인 환원을 위해 좋은 일을 해야 한다는 막연한 생각을 했다. 그러니까 전에는 대학을 졸업해서 돈 벌어서 잘 먹고 잘살아야겠다는 생각만 했는데 그렇게만 생각하는 건 너무 이기적이라는 생각을 한 것이다. 그게 대학교 2학년 때였던 것 같다. 내 삶에 있어서 세상을 보는 눈, 어떻게 살 것인가

---

* 김중미, 『곁에 있다는 것』, 창비, 2021년

하는 문제는 대학생 시절의 학보사와 KSCF로부터 큰 영향을 받았다. 학보사 편집국장을 하면서 직접 정보기관과 맞닥뜨린 경험도 큰 자극이었다. 그러나 아직 세상을 어떻게 바꿔야 하는지는 막연했다. 2학년 2학기, 3학년 1학기 때에 사회과학 공부를 하기 시작했다. 그땐 주로 관심 있는 친구들하고 모여서 선배들의 지도를 받으며 경제사, 민족경제론, 현대사에 관한 책을 보았는데 서중석 선배님을 처음 만나기도 했다. 당시에는 금서목록이 이제 서울 종로 5가에 가서 목욕 기도회에 참석하기도 하고 명동의 대성회관에서 금요강좌를 듣기도 했다. 이 당시에 감동적인 외국인 두 분을 알게 되었는데 독일의 본회퍼 목사님과 미국의 빈민 운동가 알린스키였다. 본회퍼는 히틀러를, 트럭을 운전하는 미친 운전수에 비유하며 나라를 살리기 위해서는 미친 운전수를 끄집어 내려야 한다는 분이셨다. 알린스키는 은행이 빈민지역에 관심을 두게 하려고 주민들이 100원씩 예금하기 위해 줄을 서는 합법적인 방법으로 두 손, 두발 들게 하신 분이다. 수십 년이 지나서 미국 대통령인 버락 오바마와 힐러리 클린턴이 자신의 정치적 스승이 사울 알린스키라는 언론보도를 보고 깜짝 놀랐다. 알린스키는 마피아가 설치던 1930년대의 시카고에서 도시빈민운동에 투신했던 급진주의 좌파다. 힐러리 클린턴은 자신의 졸업 논문에서 알린스키의 사상에 크게 영향을 받았고, 알린스키의 조직에 직접 참여했다가 정치에 입문했던 오바마는 알린스키와의 인연을 강조하며 대통령에 당선됐다.* 우리도 이런 대통령이 있으면 좋겠다.

대학 생활을 시작할 때가 유신 초기여서 학내 사찰이 처음 시작할 때

---

* 급진주의자여, 일어나라, 김우재, 한겨레신문 2020년 1월 14일 26면

였다. 입학 다음 해에 종합대학이 되었는데 학교 분위기가 훨씬 다양해졌다. 매일 형사 두 명이 학교로 출근했다. 학생과에서 정보를 구하고 요시찰 학생과 가깝게 지내는 게 하는 일이었다. 한 명은 정보2계장이었다. 맹 계장이라는 분인데 전혀 모난 성격이 아니었다. 거의 매일 만나다 보니 인간적으로 가까워져서 조심해야겠다는 생각이 들기도 했다. 그러다가 시내에서 반정부 시위나 행사가 있을 때면 이놈들이 하숙집에 아침부터 와서 깨우다시피 할 정도로 밀착 방어했다. 그게 내가 특별히 요란스러워서가 아니고 인하대에 요시찰 학생이 몇 명이 안 된 거라 그러니까 이들이 굉장히 못살게 굴었다. 같이 있어야 한다고 사정할 때도 있었다.

그러다가 1974년, 민청학련사건이 일어나기 전이었는데 내가 학보사 편집국장 하면서 경인 지역 학보사 기자들이 교류하기 시작했다. 그때 인상적인 기자가《아침 편지》로 유명해진 연대 학보사 고도원이다. 그리고《월간 다리》,《월간 대화》지 등을 보기도 하고,『들어라, 양키들아』 같은 책도 보았다. 점점 송건호, 이영희, 김동길, 한승헌, 황석영, 조세희 등의 책도 읽기 시작했다. 내가 대학생 시절에 가장 영향을 많이 받은 분들은 재야인사들이다. 대개 1961년부터 1992년까지 권위주의 체제 통치 기간에 있었던 민주화운동을 이끌었던 분들이다. 그분들이 쓴 책을 읽으면서 현실을 제대로 알게 되었고, 어떻게 살아야 한다는 걸 배웠다. 5 · 16 군사쿠데타 이후 등장한 재야 1세대는 그 이전까지 있었던 좌파와는 이념적으로나 조직적으로나 전혀 관련이 없는 새로운 세력이었다.* 이 시기에 혁신계라고 불리던 좌파는 박정희에 의해 민주화 세

---

* 부산민주운동사편찬위원회,『부산민주운동사』1권, 부마민주항쟁기념재단, 2021년, 193쪽

력을 탄압하는 명분으로 이용되면서 실제보다 부풀려 공산주의자로 조작하여 희생되었다. 재야 1세대 리더라 할 만한 사람들은 대부분 국가 형성 시점에서는 반공주의로 무장한 보수적 인사들이었다. 함석헌, 장준하, 안병무, 문익환, 백기완, 계훈제, 리영희 등 한국 재야 1세대의 주요 인물들이 거의 전부 북한 출신, 기독교, 반공 민족주의 계열의 인물이다. 박명림 교수는 이러한 반공적, 보수적 기원을 갖지 않았다면 이들이 권위주의 정권의 이념공세를 방어하기란 매우 어려웠을 것이라고 한다.* 분단 한국에서 좌파, 용공이라는 이념공격은 천형과도 같은 낙인찍기에 해당하였기 때문이다. 이런 배경으로 인해 대학 시절부터 시작된 학생운동과 그 후의 60세까지 계속한 시민운동에서도 사상문제에 대해서는 적극적이지 않았다. 인혁당재건위 사건이나 간첩단 사건에 연루되는 것을 피한 것이다. YMCA에서 퇴직한 후에 곰곰이 생각해 보니 억울하게 간첩으로 몰려서 고생하고, 아버지가 빨갱이라고 왕따당하며 고통받은 이들의 아픔을 외면한 것이었다. 전쟁 전후 시기의 민간인학살 문제도 관심을 두지 않았다. 뒤늦게 나이 70이 지나서야 조금이라도 관심을 가져야겠다는 생각을 비로소 하고 있다.

나는 1974년 1학기 초에 1인 단식투쟁을 했다. 본관 5층에 있는 학보사 편집실에서 그동안 있었던 학보편집에 대한 부당한 간섭에 항의하며 대학 언론의 자유를 요구하는 단식이었다. 공감하는 후배들이 학교 건물에 현수막을 걸기도 했다. 5일 정도 지났을 때였다. 중앙정보부 인천분실로 잡혀갔다. 민청학련이 터지기 전이었다. 그런데 조직적으로 민청학련과 연계되지 않았지만, 인하대에 뭔가 있을 것이라고 보고 연

* 박명림, 박정희 시대의 민중운동과 민주주의, 한국과 국제정치 24-2, 2008년, 234~236쪽

행해서 조사한 것이었다. 갇혀 있으면서 주로 학보 편집과 관련해 간섭 받은 내용, 다른 지역으로의 활동 반경이라든가 학내에 어떤 동아리와 긴밀한지, 민청학련과 관계가 있는가 등에 대해 조사를 받았다. 질문이 불순하다거나 아는 게 없다는 식의 대답 때문에 옥신각신하였다. 이때는 고문을 당하지는 않았다. 구타도 없었다. 그런데 혼자 갇혀 있는 것 자체가 고역이었다. 그때 내 기억에 발이 퉁퉁 부어서 신을 신을 수 없을 정도라 아주 고생했다. 학교에서도 이렇게 잡혀간 게 거의 내가 첫 케이스니까 나올 때는 학생과장과 직원들이 와서 고생했다며 음식점에 가서 소고기 불고기를 잘 먹었다. 내 추측에는 민청학련으로 잡혀가는 학생이 있을까 봐 학교에서 걱정을 많이 했던 것 같고, 그때만 해도 중앙정보부에 붙잡혀 가는 건 처음 있는 일이었다. 석바위에 있는 중앙정보부에서 한 보름 정도 있다가 나오면서 자연스럽게 학내 시위에 참여하게 되었다. 당시의 인하대 학생운동권은 KSCF와 흥사단 등이 앞장섰다. 내가 학보사 편집국장이었고, 총학생회 회장이 부산 출신의 후배였다. 이렇게 인하대 학생운동 1세대가 되었다.

학보사 2년 후배인 아가씨와 친하게 지냈다. 문과대 국문과 학생이었다. 학보사 기자 하면서 글도 잘 썼다. 나는 공돌이인데 문과 분위기는 많이 달라서 좋게 보였던 모양이다. '샘'이라는 문학동아리의 다른 여학생들과도 친하게 지냈다. 인천의 클래식 감상 다방인 신포동의 짐다방이 단골이었다. 졸업하기 전에는 탈춤 동아리도 만들었다. 그때는 학생운동을 열심히 했다. 아가씨의 아버님이 학생과 교직원이었고 남동생도 같은 학교 학생이었다. 학교 당국이 나를 굉장히 위험하다고 보고 있었다. 내가 대학을 졸업하고 한신대 대학원 들어갈 때쯤부터 부모님의 반대가 본격적이었다가 긴급조치 위반으로 징역을 산 게 결정적이었다. 그래도 내가 징역 살 때는 책을 넣어주는 식의 최소한 뒷바라지는 그 아가씨가 해주었다. 일일이 말 못 하고 혼자 마음고생을 많이 했으리라고 생각한다.

내가 졸업할 때까지 동인천경찰서 정보계장인 맹 계장이 계속 학교 출입을 해서 꽤 서로를 잘 아는 사이가 되었다. 그래서 잡혀간 후배 일로 나한테 연락할 정도였다. 방위 받으러 대구에 있을 때였는데 급한 일이 생겼으니, 인천으로 와달라고 연락이 왔다. 1년 후배인 강우경이 경찰서에 붙잡혔는데 같이 방법을 찾아보자는 이야기였다. 맹 계장은 부모님을 설득해서 각서 같은 것을 받아주면 자기가 풀려나올 수 있도록 노력하겠다고 약속했다. 그 말을 듣고 우경이 부모님을 만나러 신포동에 있는 가게에 갔다. 마침 아버님, 어머님 두 분 다 계셨다. 아버님께 각서만 써주시면 나올 수 있을 것 같다고 조심스럽게 말을 끄집어냈다. 아버님께서는 다 큰 아들의 행동에 아버지가 나서는 것도 내키지 않고, 또 아들이 한 일이 정당한 일인데 무얼 쓴다는 거냐며 안 하시겠다고 하셨다. 옆에 계시는 어머님의 안색이 달라지셨다. 기어이 자기 고집대로 한다는 불만이 얼굴에 나타나 있었지만, 아무 말씀도 하지 않으셨다. 그래서 전전긍긍하다가 각서 내용을 임의로 고쳤다. 잘못했다는 내용은 넣지 않았다. 고친 내용을 보여드렸더니 마지못해 도장을 찍어주셔서 무사히 풀려나왔다. 그 후배는 인하대를 졸업하고, 인천에서 책방도 한 적이 있고, 장신대에 갔다가 목사 안수받고 구로동에서 민중교회 목회를 했다.

나는 위험하긴 했지만, 중간에 제적당하지 않고 학교를 졸업할 수 있었다. 친구들은 골칫덩이라서 졸업시켜 주었다는 농담도 있었다. 졸업을 앞두고 1975년 12월경이었다. 그러니까 건축과를 졸업하고 진로를 어떻게 할 것이냐를 고민했다. 현장 활동을 해야겠다는 생각으로 아예 건축사 시험도 포기하고, 한국신학대학에 들어가기로 마음을 정했다. 내가 출석하고 있던 대구 수석교회 라길동 목사님도 권하셨다. 일반대학 졸업생이 들어갈 수 있는 MD 과정의 대학원이었다. 그렇게 된 데에는 이제 서남동 목사님의 민중신학, 안병무 교수님의 『역사와 증언』, 문동환 목사님의 『맹 부인의 눈물』 등이 큰 영향을 끼쳤다. 그래서 조금 더 파고들기 위해 먼저 현장을 가보기로 했다. 1976년 1월 첫째 주 일요일 예배를 김진홍 목사님이 중령교에서 하는 활빈교회를 갔다. 전날 비가 많이 와서 동네 전체가 진흙투성이였다. 마누라 없이는 살아도 장화 없이는 못 산다는 동네다. 1월 첫째 주인데 워커라고 부르는 목이 긴 전투화를 신고, 전투복을 입고 볼품없는 작은 설교대에 서서 새해를 전투적으로 살자는 설교를 했다. 판자촌 교회에서 선동적인 설교를 하는데 내가 이때까지 다녔던 교회와 달랐다. 계성 중 · 고등학교에서 배운 기독교에 대한 이미지하고도 완전히 다른 모습이었다. 세상을 바꾸는 새로운 모델인 것 같았다. 활빈교회에 참석하고서 내가 내린 결론이 옳았다고 생각했다.

## 6. 유신정권을 정면에서 반대한 예언자의 목소리

유신정권은 1974년 1월 8일, 개헌 청원 서명운동에 대한 조치로 긴급조치 1, 2호를 선포하였고, 이로부터 불과 18일 만인 2월 25일 서울지검 공안부는 문인과 지식인을 포함한 간첩단을 적발했다고 발표했다. 긴급조치의 발동과 함께 본격적인 민주화운동에 대한 탄압과 간첩 조작 사건을 계속 만들고 있었다.* 나는 한신대 대학원에 입학했다. 모든 게 새로웠다. 교수님의 강의와 배우는 과목도 재미있었다. 2인 1실의 기숙사 분위기도 좋았다. 친구들도 역사적 사명감이 충만한 것 같았다. 룸메이트가 안요한 선생이었다. 시각장애인인데 나이가 나보다 10년 정도 연상이었다. 정상적인 생활을 하다가 서서히 시작해서 점점 빨리 시력을 잃으신 분이다. 짧은 기간이었지만 생활 속에서 헬퍼의 역할을 조금 했다. 장애인과 같은 방 생활과 장거리 외출은 상대에 대한 또 다른 배려가 필요하다는 걸 배웠다. 내가 징역살이할 때도 정을 주셨고, 졸업 후에 장애인과 사회를 연결하는 목회와 점자도서관을 운영하신 분이다.

한신대학원을 지원키로 결심한 1975년은 박정희 유신정권의 악랄함이 점점 심해지던 시기였다. 74년의 민청학련과 인혁당재건위 사건을 조작하여 공포정치임을 노골적으로 과시하고 나서 나라가 긴급한 상황에 처한 것도 아닌데 긴급조치를 1호부터 줄줄이 공포했다. 아마 본인의 처지가 긴급했던 모양이다. 어디로 튈지 알 수 없었다. 그래서 75년도는 운동권의 소강상태였다. 추이를 지켜보며 숨 고르는 시기라서 겉으로는 조용했다. 지내놓고 보니까 멀리 뛰기 위해 무릎을 굽히는 시기였다. 드디어 국민을 꼼짝달싹 못 하게 얽매는 75년도 긴급조치 9호가 나왔다. 숨 쉬는 것조차 주변의 눈치를 봐야 하는 시절이었다. 그때 침묵을 깨는 포효 소리가 들렸다. 맑고, 힘찬 예언자의 외침이었다. 바로 1976년 3 · 1절 명동 사건이다. 이 사건으로 한신대 교수님들이 대거

---

* 『한국민주화운동사 연표』, 민주화운동기념사업연구소, 도서출판 선인, 2006년, 255쪽

잡혀들어갔는데 석방하라는 목소리가 이어지지 않았다. 메아리가 울려퍼져야 한다고 생각하고 있었다. 그러던 중에 하루는 기숙사 동료들과 함께 학교 앞에서 막걸리를 한잔했다. 한 명은 나보다 한 살 많은 박남수고, 또 한 명은 한두 살 적은 최갑성이다. 두 친구는 학부생이었다. 같은 또래의 3명이 앉아서 주거니 받거니 술을 먹다가 자연스럽게 3 · 1절 명동 사건 이야기를 나누었다. 제자된 입장에서 스승님이 갇혀 있는데 아무런 목소리를 안 내는 것은 있을 수 없는 일이라는 생각을 똑같이 하고 있었다. 그래서 학기 초에 목소리를 내자고 합의하고, 곧바로 성명서를 쓰기로 합의했다. 성명서의 요지는 유신헌법 철폐, 구속 인사 석방이었다. 기숙사로 돌아와서 성명서를 작성하고, 이튿날 전철을 타고 세 명이 인천도시산업선교회(이하 산선)에 갔다. 조화순 목사님은 계시지 않았다. 프린트를 하기 전에 먼저 사무원 아가씨에게 타자를 쳐달라고 부탁했다. 내용을 보더니 목사님께 말씀드렸느냐고 물었다. 나는 말씀드렸다고 거짓말을 했다. 학교로 돌아와서 다음 날 새벽에 채플실에 뿌려놓았다. 한신대학은 채플실이 있어서 항상 기도하는 학생들이 있었다. 곧바로 학교에는 비상이 걸렸고, 경찰이 기숙사를 수색할 예정이라는 말이 돌았다. 어떻게 알았는지 교수님이 보자는 연락이 왔다. 가보니 서너 분이 앉아 계셨는데 마치 면접 보는 분위기였다. 학교가 곤욕을 치르고 있는데 자퇴하거나 제적할 수밖에 없다고 난처한 학교 당국의 입장을 설명했다. 나는 당연히 해야 할 일을 했으니, 자퇴는 하지 않겠다고 대답했다. 자퇴는 자기 잘못을 인정하는 것 같았기 때문에 그런 말을 했다. 내 말이 끝나자 한 분은 학교 사정이 어려워진다고 하고, 또 다른 분은 해야 할 일을 한 것 아니냐고 말했다. 결국 나중에 복학하기 위해서는 제적당하는 것보다 자퇴가 좋다는 조언에 따라 자퇴

서에 서명했다. 이 방을 나오면서 어떻게 내가 했는지를 알았는지 이상하다고 생각했다.

기숙사로 돌아와서 짐 정리를 하고 나서 당분간 몸을 피해서 추이를 보기로 했다. 제일 먼저 전철을 타고 인천 산선으로 갔다. 나 때문에 조화순 목사님에게 피해가 있을까 봐 걱정도 되었다. 몸을 피하기 전에 먼저 찾아뵙고 말씀을 드린 다음 피하기로 했다. 인천에 있는 사귀던 아가씨에게도 오라고 전화했다. 산선에 도착하니 조 목사님이 계셨다. 프린트하기 전에 미리 말씀드리지 못해 죄송하다고 말씀드렸다. 조 목사님은 "뭐 그런 일 갖고 그러냐면서 괜찮다"라고 했다. 인사를 드리고 나오는데 밖에는 나를 잡기 위해 서너 명의 형사들이 기다리고 있었다. 당시는 모든 전화가 도청된 것이다. 수갑을 찬 채로 그들의 차를 타고 곧바로 서울 남산의 중앙정보부로 갔다. 떠나는 차를 걱정스럽게 쳐다보셨다. 나는 이분들을 보며 언제 또 만날 수 있을까? 라고 생각했다. 중정 지하실에서 며칠 지내다가 성북경찰서 유치장으로 옮겨 조사를 받고 서대문구치소로 갔다. 전체 지휘를 중앙정보부가 하는 것 같았다. 공범 3명 중에 내가 제일 먼저 잡혔다. 1년 선고를 받고 서대문교도소에서 징역을 살다가 안양교도소로 옮겨서 출소했다. 공범 세 명이 같이 만난 건 수십 년이 지나서였다. 몇 년 전에 『한신대 민주화 운동사』를 쓴다는 연락을 받고 한신대 좌담회 자리에서 오랜만에 만났다. 너무 아쉬워서 따로 날짜를 정해 최갑성 목사가 있는 전주에서 다시 모여 회포를 풀기도 했다.

## 7. 출소 후 서울 신촌과 금호동에서 야학을 하다

안양교도소에서 출소할 때 대구 고모님과 인천 친구들이 찾아와서 생두부를 먹이며 환영해 주었다. 곧바로 대구로 내려왔다. 교도소에서 콩독이 올라서 살이 허옇게 통통 부어 있었다. 누가 봐도 징역 살고 나온 걸 알 정도였다. 집에 있으면서 콩독을 빼야 했다. 대구에 고모님이 계시는 집은 마당이 손바닥만 한 30평 미만의 작은 집이었다. 방이 3개인데 전세 놓을 때도 있고 그냥 비워놓을 때도 있었다. 이때는 비어있어서 고모님 혼자 계셨다. 몇 달 지나서 콩독이 어느 정도 빠지고 나니까 이제부터는 답답하고 심심했다. 특히 맨날 용돈을 타서 써야 하니까 힘들었다. 대구에 있는 동안에 경북대, 계명대, 간전의 KSCF와 연결되어 주로 학습모임에 참석하는 식으로 활동을 했다. 얼마 후 서울에 있는 친구인 임명구에게 부탁해서 1인 출판사 쪽의 비정규직으로 월급쟁이를 시작했다. 짐작건대 사장님은 혁신계 출신인데 전화만 한 대 두고 운영하는 출판사였다. 주로 수필집을 만드는 일이었는데 원고를 받으러 시인 조태일, 신경림 선생을 만나러 다녔다. 몇 달 있다가 인천 친구인 임명구가 다니고 있는 월간 진학사에 들어가서 수험잡지를 만드는 일을 했다. 종로1가에 사무실이 있어서 가끔 먹었던 감자탕과 청진동 해장국이 지금도 그립다.

진학사에서는 정규직이라 생활이 안정적이었다. 종암동에 있는 어머님 집에 머물면서 처음으로 어머님과 친해지는 시간을 가질 수 있었고, 여동생 둘과도 시간을 같이 보내기도 했다. 직장을 다니니까 오히려 시간 여유가 생겼다. 신촌 로터리에 있는 교회에서 운영하는 검정고시 야학에서 봉사활동을 시작했다. 검정고시 야학을 해 보니 한계가 있었다. 학생들은 검정고시 공부를 하기 위해 야학에 오고, 대학생들은 검정고시 공부를 가르치기 위해 왔다. 오로시 검정고시가 목표였다. 다음 달에 고시가 있다는 발표가 나면 그때부터 비상이었다. 일요일에도 시험 공부시켰다. 물론 그건 그것대로 의미가 있긴 하지만 나는 다른 성격의 야학을 해 봐야겠다는 생각으로 신촌 야학을 그만두었다.

그러다가 박남수와 뜻이 맞아 금호동 산동네에서 생활 야학을 시작하면서 바빠졌다. 빈민 야학이었다. 박남수가 전도사로 있었던 천은교회에서 장소를 빌려주었다. 1978년 경이었다. 산동네 골목을 다니면서 학생 모집과 가정방문도 하고, 대학생들을 모아서 프레리의 피억압자를 위한 교육과 한국 경제와 현대사에 관한 공부도 했다. 이 당시 읽은 책 중에 하월곡동의 판자촌에 계셨던 허병섭 목사님의 『스스로 말하게 하라』는 책이 감동적이었다. 『민중교육론』, 파울로 프레리의 『페다고지』, 구테에레즈의 『해방신학』 등을 많이 읽었다. 야학에 오는 학생들은 거의 금호동 일대의 피혁이라든가 봉제 공장에서 많이 왔다. 야학 이름은 '시정의 배움터'였다. 구미 산선 때문에 대구로 내려간 후에 야학은 천은교회에서 나와서 약수동의 형제교회로 옮겼다. 그때는 청계천 노조와 연결되어 활동했다. 지금도 강학들과 졸업생들이 모일 정도로 친하다.

그러던 중에 현장에 연관된 신학공부를 조금 더 하고 싶어서 기회를 찾던 중에 제적된 학생들을 위한 기장 총회 산하의 교육기관이 있는 걸 알게 되었다. 서대문에 있는 선교교육원이었다. 원장님은 안병무 박사님이 하시다가 서남동 목사님이 새로 맡으셨고, 문익환, 문동환, 이우정, 이문영, 박현채, 송건호, 정창렬 등 3 · 1절 명동 사건에 관련되신 분들이 많았다. 동료들은 YH무역, 반도상사 등의 노조 활동과 쟁의가 활발한 현장과 밀접하게 연결되어 있었다. 선교교육원에 다니다가 영등포 산업선교회에서 실무자를 찾는다는 소식을 들었고, 활동 지역이 구미였다. 내 고향이 구미와 가까운 대구라는 걸 아는 동료들이 나를 추천했다. 영등포 산선이 구미 산선을 개척하고 실무자를 찾고 있었다.

## 8. 구미 산선 활동으로 주식회사 서통 노동자 불법 해고

구미 산선에는 고애신 전도사가 먼저 파견되어 있었다. 나는 구미로 내려가기 전에 먼저 서강대 산업문제연구소의 노조 간부 교육을 이수했다. 1개월 과정인데 서강대 안에서 숙식하는 합숙 교육이었다. 그 교육을 받고 영등포 산선에서 또 한 달 가까이 동아리 활동을 지원하는 일종의 보조실무자 실습을 하였다. 그다음에는 대구로 내려가서 제3공단에 있는 선학 알미늄에서, 이현공단에 있는 자동차부품 생산업체에서 노동 체험을 6개월 정도 하고 난 뒤에 구미 산선으로 출근했다. 매일 대구에서 출퇴근했다.

서울에서 처음 내려왔을 때는 계명대학 앞의 한양서점에서 야학교사를 모집하여 학습모임을 시작했다. 서점 주인인 박명규 선생이 많이 도와주었다. 1979년부터 원대공단의 원대 감리교회, 노원성당 등에서 메아리 야학을, 이현공단의 제3교회에서 만남의 야학을 운영했다. 메아리는 경북대, 계명대, 영남대 학생들이, 만남은 계명대, 동산간전의 KSCF가 주축을 이루었다. 간전은 동산간호전문대학을 그렇게 불렀다. 그때

권형민이 하는 내당교회 다운야학, 종로 쪽의 가톨릭 회관에서 하는 생활 야학이 있어서 야학연합회를 만들 정도로 규모가 있었다. 교사로 참여하는 대학생들 간의 교류도 활발했고, 야학 운영 매뉴얼 작성, 공동교재 개발, 연합 MT 개최, 졸업 이후의 활동 문제 등을 함께 연구하기도 했다. 근로기준법, 노동조합법 등에 대해서는 영남대 법학과 강사였던 박홍규 교수가 자주 도움을 주었다. 기존 노동조합과도 연결하는 것이 언젠가 필요할 거라는 생각에서 연합노조 활동을 하던 김병구 선배를 알고 지냈다.

나는 구미로 출근하기 전까지는 야학을 열심히 하다가 구미로 출근하고부터는 야학에 시간을 낼 수가 없었다. 구미에서 노동자 동아리를 만들기 위해 자그마한 노래집을 만들고, 주말이면 노동자들과 금오산에 놀러 가기도 했다. 자원봉사자를 확보하기 위해 구미에 사는 대학생들을 만나기도 했다. 그러다가 공단지역의 노동 실태 설문조사를 하는 과정에서 부당해고가 발생했다. 사실 구미 산선은 제대로 활동도 하기 전부터 산선이라는 이름으로 인해 정보기관의 감시를 받는 처지였다. '선 파워'라는 건전지 만드는 주식회사 서통에서 설문조사를 못 하게 하자 노동자 권영숙이 항의를 했고, 회사 측은 해고했다. 다음날부터 출근 투쟁을 시작했는데 회사 부근은 형사들만 어슬렁거릴 뿐 출근하는 직원들은 눈길 한 번 주지 않고, 회사 정문으로 들어갔다. 회사에 복직 요구를 하고, 노동부에 부당노동행위 신고를 했지만, 아무 소용이 없었다. 회사 측은 아예 대화할 생각을 하지 않았다.

복직을 위해서는 이 사건에 대한 여론이 조성되어야 회사가 조금이라도 신경 쓸 것으로 판단하고 대구에 있는 단체들의 협조를 알아보기 시작했다. 먼저 대구 EYC 이태룡 회장하고 해고자 복직을 위한 기도회를 개최했다. 경찰과 정보기관은 대단히 민감한 분위기였다. 비슷한 시기에 원대염색공단에 있는 한일 섬유라는 업체에 노동조합을 만들었다. 야학 재학생들이 주축이었다. 연합노조 김병구 선배의 소개로 섬유노조 조직부장을 알게 되어 창립총회를 섬유노조 사무실에서 할 수 있었다. 사전방해가 있을까 봐 전날에는 퇴근해서 각자 자기 집에 가지 않고 여관에서 같이 자기도 했다. 조합등록증은 노동부로부터 받았으나 회사 측의 방해가 극심하여 조합원 탈퇴가 속출하였다. 조합원 김순임은 죽겠다고 자기 동맥을 끊기도 했다. 전태일의 죽음과 허병섭 목사님의 『스스로 말하게 하라』에서 감명을 받고 노동자들의 의식이 깨어나 스스로 나서서 우리 사회의 주인이 되어야 한다는 생각으로 시작한 일이었으나 이런 일이 생겨서 마음이 아팠다.

이런 활동을 하다가 이번에는 반공법 위반으로 경북 도경 대공분실을 거쳐 대구 화원구치소에 구속되었다. 대공분실의 구상은 거창했다. 큰 종이에 불순 조직 계보를 그려놓은 그림에 꿰어 맞추기 위한 조사를 했다. 수사관들은 억지 진술을 받기 위해 무리하게 조사했다. 나한테는 무지막지하게 고문했고, 후배들에게는 협박과 회유를 했다. 긴급조치로 잡혔을 때는 문익환, 문동환 목사님에 대한 안 좋은 진술을 받으려고 하고, 대학원생 신분이라 잠 안 재우기와 구타하는 정도였는데 경북 도경 대공분실에서는 몽둥이는 보통이고 물고문을 두 번이나 당했다. 나 때문에 잡혀 오는 후배들이 있는 것 같아서 더 조심스러웠다. 다행히 야학에 대한 조사는 하지 않았고, 학생운동 출신들과의 만남에 대한 조사가 많았다. 박정희 대통령의 궁정동 총격 사건이 일어난 시점이었는데 송치된 후의 검찰 분위기는 거칠지 않았다. 화원구치소까지 넘어갔다가 결국 기소 만기일에 무혐의로 풀려났다.

대구 화원구치소에서 나오니까 형사들이 자주 집으로 왔다. 정기적인 체크였다. 그래서 후배들과의 만남을 줄이고, 공장에 들어가려고 용접을 배우러 용접학원에 다니기도 했고, 검정고시 학원에서 강사 노릇을 하기도 했다. 물론 일요일에는 동인교회 여규식 목사님, 수석교회 나길동 목사님을 만나면서 교회 청년 활동을 했다. 출소한 지 6개월 정도가 지났을 때였다. 1980년 5월 18일, 5 · 18 예비검속으로 연행되어 대구 50사단 헌병대에 한 달간 구속되어 있다가 나왔다. 용접 배우던 것도 중단하였고, 학원 강사도 계속할 수 없었다. 대구 YMCA 실무자였던 김수태 목사님과 함께 '역사적 예수'에 관한 스터디 활동을 시작했고, 용돈을 벌기 위해 대구 YMCA의 빈 공간을 이용하여 복사실을 운영했다. 한 장, 두 장 복사해 주고 돈 받는 거니까 장소임대료가 있으면 불가능한 일이었는데 YMCA 건물에서 1층에서 2층 올라가는 계단 중에 사용하지 않는 계단이 있었는데 방향이 꺾이는 코너의 여유 공간을 막아 창고로 사용하고 있던 것을 나한테 무료로 임대해 주었다. 거기에 복사기 하나 두고 야학에 같이 참여했던 경북대 여학생과 같이 운영했다. 현재의 마누라다. 실제로는 내가 하는 일을 거들어주는 게 아니고 오히려 내가 거드는 식으로 주객이 바뀌기도 했다. 주로 근처에 있는 곡주사에 가서 후배들과 놀기 일쑤였다. YMCA 뒷골목이 연매시장인데 그곳에 학생 운동가들이 거의 맨날 모이는 막걸릿집이 있었다. 이름이 곡주사인데 운동권 학생들의 단골 술집이었다. 거기가 대구지역 학생운동의 산파 역할을 했다고 해도 과언이 아닐 정도였다.

## 9. 1981년, 부산 YMCA 청년-Y 담당 간사로 시작하다

이런 생활을 하고 있는데 대구 YMCA 김수태 목사님이 나에게 "전 선생이 YMCA 활동을 하면 잘할 것 같다"라는 말을 한 적이 있었다. 좋은 뜻으로 해주는 말이어서 반가웠다. 나도 대구에서 언더(Under) 활동을 계속하는 건 무리라는 판단을 하고 있을 때였다. 얼마 후 YMCA 연맹의 이창식 간사님이 대구로 오셔서 먼저 YMCA에 들어와서 활동하고 있는 동료들 이야기를 하면서 부산에 자리가 있으니 진지하게 생각해 보라고 하였다. 그러면서 총무님이 고등학교 선배님일 텐데 일단 한번 만나보라고 했다. 얼마 후 부산 YMCA 임신영 총무님이 올라오셔서 대구 YMCA 2층에 있는 기청다방에서 만났다. 아주 후덕한 인상이었다. 하는 일이 뭐냐고 물으니까, 처음에는 청년-Y 담당 간사인데 동아리가 7~8개가 된다면서 사회개발부 부장으로 근무하면서 차차 새로운 사업도 할 수 있을 거라고 하였다. 이때껏 하던 방식과는 다르게 공개 합법 기구로 그 나름의 장점이 있을 것 같았다. 월급도 있으니, 생활도 안정적일 거라는 생각도 했다. 사실 뷔페라는 음식이 있다는 걸 YMCA에 들어와서 처음 알았다.

1981년 2월부터 부산 YMCA 청년-Y 담당 간사로 일을 시작하고, 5월에 결혼했다. 원대동 염색공단에서 메아리 야학할 때 1기 교사로 경북대 학생들이 많이 왔는데 그중에 김지숙이라는 학생이 있었다. 마음이 맞아서 연애를 하기 시작했다. 다행히 그 집에서 반대를 안 하셨다. 처형은 조금 걱정을 하시긴 했지만, 본인들이 좋다면 괜찮다는 장모님의 지지 선언으로 무사했다. 계명대학교 학생 운동하는 처남이 있었다. 군대 갔다가 붙잡혀서 남한산성에서 징역 살기도 했고, 5 · 18 때 내가 먼저 50사단 헌병대에 잡혀갔다가 나오니까 처남이 잡혀 들어갔다. 나는 아는 헌병을 통해 비공식 면회를 하기도 했다. 결혼은 내가 출석하고 있던 수석교회에서 나길동 목사님의 주례로 했다. 결혼식 후에는 목말을 태워서 시내를 행진하기도 했다. 아내 김지숙은 다니던 경북대학교를 휴학하고 부산으로 내려와 YMCA에서 가까운 수정동 산복도로에 있는 김인환 선배 집에서 신혼살림을 시작했다. 김인환 선배는 YMCA 청소년 부장으로 같이 근무하고 있었다. 비어있는 단칸방에 이불장, 옷장을 넣을 때는 대구에서 장모님이 직접 내려오셨다. 이제 매달 월급도 받고, 아내도 있어서 마냥 즐거운 시간이었다. 연말에 첫째 아들인 여민이가 대구 파티마병원에서 태어났다. 처 이모가 잘 아시는 신부님께서 찾아오시기도 했다. 다음 해에 마누라가 학교에 복학했다. 졸업할 때까지 처가에 있으면서 학교에 다녔으니 여민이도 장모님께서 키우셨다. 학교를 졸업하고 나서 다시 부산으로 내려왔다. 부산에서 생활하는 동안 수정동, 해운대 우1동, 아미동, 감천동, 영주동 등을 옮겨 다니며 6군데서 셋방살이를 했다.

보수적인 부산 YMCA에서 잘 근무할 수 있었던 것은 이사였던 최성묵 목사님과 김동수 박사님, 김광일과 같은 분들이 계신 덕분이었다. 힘들어할 때마다 격려해 주셨고, 울타리가 되어 주신 분들이다. 최성묵 목사님은 YMCA 총무 출신이시고, 역사편찬위원장이셨다. 그리고 이 어른하고 같이 활동하셨던 김동수 박사님은 부산대 의대 교수이셨고, 월남하신 분인데 영락교회 장로셨고 통일 운동에도 열심히 하셨다. 김광일 변호사님은 선이 굵은 분이신데 유명한 인권변호사로 항상 민주화 운동에 앞장서시면서 지역 청년들과 호흡을 함께하신 분이셨다. 그리고 이사는 아니지만 노무현, 문재인, 이흥록 변호사, 청년-Y 출신의 박상도 선배님이 있어서 든든했다. 박상도 선배는 Y 실무자도 한 적이 있으며 낙동교회에 출석하고 있었는데 현실 돌파력이 대단한 분이셨다. 또 한 가지는 사회개발위원회라는 자문기구를 조직했다. 우리 사회의 변화를 바라는 각계각층으로 구성했다. 부산 출신이 아니어서 아는 사람도 없고, 지역 사정도 몰랐으며, YMCA 활동을 처음 시작하는 나의 한계를 보완하기 위해서였다. 윤정규라는 의식이 있는 소설가, 인권에 관심이 많았던 황대봉 목사, 해직 기자인 조갑제 등이었다. 조갑제 기자는 그때만 하더라도 신발공장 노동 실태를 르포로 썼다. 나중에는 월간조선 편집장을 했다. 주식회사 풍영, 나이키 등의 신발공장을 대상으로 노동 프로그램을 해야겠다는 생각을 한 것도 조갑제 위원의 르포를 보고 난 후였다.

청년-Y와 함께 동아리 활동을 같이하면서 와이즈멘 지원을 받아 시민중계실과 근로청소년 교실을 개설했다. 근로청소년 교실은 야간에 운영해야 하고, 공단이 멀리 있어서 회관이 있는 초량에서 하는 건 불가능했다. 그래서 공개 기구의 장점을 활용하여 장소를 여러 군데 확보

했다. 동사무소 2층, 문현동, 토성동, 반송과 사상공단, 서구 하단에 있는 교회 등. 부산이 해안을 중심으로 가로로 긴 도시이고, 워낙 커서 사상공단만 있는 것이 아니라 여러 군데 있으니까, 야학도 다섯 군데, 여섯 군데를 한꺼번에 개설했다. 동아대, 부산대, 수산대에 교사를 모집하면 50명씩 지원했다. 예비 학습 과정을 한두 달씩 거친 다음, 지역별로 반 편성을 했다. 처음에는 6개월 과정이었다. 꽤 오래 운영했는데 1987년 이후의 민주화 과정에서 부산 지역에 미친 영향이 컸다. 공장으로 들어간 대학생도 있었고, 민주화운동에도 열심히 참여했으며 부산여성노동사회, 부산여성회 등을 만들어서 활동하는 청년들도 있었다. 지금은 사회적 기업 부산협의회 활동을 하는 후배도 있다. 같은 시기에 전국 YMCA에서 노동 프로그램을 하는 데가 대구, 마산, 인천, 성남, 목초, 순천 등 여러 군데 있었다. 대구는 신대균, 이상점 간사를 중심으로 야학뿐만 아니라 졸업생 소그룹 활동도 했고, 마산에서는 황주석, 정혜란 간사를 중심으로 '사랑의 Y 형제단'을 조직적으로 운영한 것으로 기억한다. 나중에는 연맹에서 노동조합 간부 교육을 한시적으로 했다. 이때 연맹에 전담 간사도 있었고, 기획과 운영 과정에 전국의 간사들이 모여 연맹 노동 프로그램의 방향과 내용에 대한 실무자 회의를 여러 차례 했다. 이 중에서 황주석 간사가 했던 '사랑의 Y 형제단'이 지역 활동가를 많이 배출했다.

나는 부산에서 7년 정도 있으면서 야학뿐만 아니라 졸업생 소그룹 활동, 『노동법 해설』이라는 책을 발간한 장병국 선생을 초청하는 교양강좌, 설과 추석 때의 문화행사 등을 했다. 그리고 1987년도에 진주 YMCA에 가서는 연맹의 노동조합 간부 교육과 연계해서 진주 노동자들이 참여할 수 있게 산청에서 했다.

청년 Y, 고교 Y 활동에서 인상적인 것은 MT에서 했던 촛불 의식이었다. 손에 들고 있는 촛불을 보면서 자기 자신을 살펴보고, 자기의 미래를 생각하는 조용한 시간이었다. 그리고 그 촛불을 Y 마크로 만든 상징에 차례차례 꽂고 이렇게 모인 Y 마크를 보며 아침이슬이라는 노래를 함께 부르는 건 특별한 시간이었다. 감동해서 눈물을 흘리는 회원들도 있었다.

## 10. 시민중계실 법률상담에서 만난 노무현 변호사

당시 사회 부조리로 억울하게 피해를 당하는 시민의 아픔을 함께하는 시민중계실이라는 프로그램을 서울 YMCA가 처음으로 운영하고 있었다. 부산 Y가 두 번째로 시작했는데 서울 Y 오재관 간사한테 많이 배웠다. 변호사와 연계하여 시민들로부터 신뢰를 받았으며 피해 규모가 큰 주제에 대해서는 시민논단을 통해 여론화하였다. 예를 들어 곗돈, 전세보증금, 보험 사기 등이었다. 이 세 가지가 80년대에 서민들을 울리는 주범이었다. 나중에는 시민중계실이 사법연수원생들의 공식 실습장소가 되기도 했다. 이 프로그램을 전국 Y가 시작하는 데 도움을 주기 위해 연맹에서 매뉴얼과 홍보물을 만들었다. 상담 카드 양식부터 시작해서 상담원 모집, 교육과목 등이 포함된 책자를 만드는 일을 열심히 거들었다. 물론 서울 Y의 경험이 중요했다. 당시에 제일 상담이 많으면서 해결책이 전무한 게 전세보증금 문제였다. 피해자에게 "보호받을 방법이 없습니다"라는 말을 할 때마다 시민중계실 상담원의 마음은 찢어질

듯 아팠다. 결국 이 아픔이 모여서 해결책을 만들어냈다. 전국 시민중계실의 피해사례를 모아서 국회에 법률제정 청원을 했고, 법제위원회가 나서서 주택임대차보호법을 만들었다. 시민중계실의 상담 카드가 결정적인 역할을 했고, 이 일에 서울 YMCA가 앞장을 섰다. 우리 모두의 큰 기쁨이었다. 물론 그 후 보증 금액을 올리는 법 개정에도 열심히 했고, 보호 효력 발생 시기를 전세 입주일로 하는 법 개정에는 마산 YMCA가 앞장을 섰다.

시민중계실을 통해 노무현 변호사를 만났다. 힘없는 서민들이 당하는 문제를 조금이라도 줄이기 위한 예방책으로 변호사 무료 법률상담 활동을 열심히 했다. 초창기 법률상담 변호사는 김광일, 이흥록 등이었는데 이분들은 그 당시 정치 일선에 섰던 사람들이었다. 하루는 김광일 변호사가 젊고 좋은 변호사를 소개해 주겠다고 했는데 그분이 노무현이었다. 당시에 민사 소송으로 잘나가는 변호사로 여름철 주말이면 광안리 해수욕장에서 요트도 타는 평범한 모습이었다. 사는 곳이 광안리였다. 그 집 아들, 딸은 전부 YMCA 캠프 단골이었다. 개인적인 성품은 굉장히 소탈하고 솔직했다. YMCA에서 전세 피해에 대한 무료 법률상담을 한다고 홍보를 하면 사람들이 줄을 섰다. 그 당시만 하더라도 변호사 문턱이 워낙 높으니까 무료 상담의 인기가 좋았다. 3층에 있는 시민중계실 사무실 안에는 상담용 작은 방이 두 개 있었다. 사무실 앞의 복도에서 기다리는 분 중에 한 분이 들어오면 상담원이 먼저 상담해서 사건 요지를 상담 카드에 작성했다. 그다음 순서는 작성된 카드를 보면서 상담실에서 변호사 상담을 하는 식이었다. 한번은 노 변호사가 상담하다가 나를 불렀다. 법전을 봐야겠다고 하여서 가져다드렸더니 찾는다고 책상을 이리 넘기고 저리 넘기고 했다. 상담을 다 마치고 난 다음

에 내가 "아니 변호사님이 법을 몰라서 찾으면 어떡합니까?"라고 말했더니 "전 부장이 뭔가를 모르네. 변호사가 아는 것은 모든 법률의 자세한 내용이 아니고 사건과 관련 있는 법률이 여기쯤 있을 거라는 것이다."라고 말했다. 사실 두꺼운 법전의 내용을 모두 알 도리는 없다. 자신이 모른다는 것을 전혀 숨기지 않는 솔직한 성격이었다.

또 한 가지는 역시 사건 예방 차원에서 MBC 라디오가 정기적으로 전화상담을 하거나 유형별 주의 사항을 설명해 주는 프로그램을 방송했다. 어느날 사례 위주로 보험약관 설명을 내가 먼저 하고 나서 법률 조항을 인용하는 전화상담은 노 변호사가 하는 순서였다. 내가 방송을 다 하고 방송실을 나오니까 노 변호사가 다음 순서를 기다리고 있었다. 그때 PD가 출연료를 나에게 주면서 얼마 되지 않아서 미안하다고 하였다. 나는 출연료는 필요 없었다. 왜냐하면 피해 예방을 하려면 언론에서 자주 피해사례를 방송하는 것이 대단히 중요하기 때문이었다. 이런 방송을 오래 하기를 바라는 입장이었다. 그래서 봉투를 되돌려 주면서 짜장면이라도 동료들과 드시라고 말했다.

며칠 후 노 변호사가 방송실에서 본 일을 이야기했다. "전 부장, 왜 그렇게 하나요? 받은 출연료를 다시 주면 안 되지." 그래서 나는 "왜 그러십니까? 내 돈이라도 줘가면서 해야 할 일이잖아요. 그래야 피해자가 덜 생기지요."라고 말했다. 그러나 사고 예방은 다른 문제라면서 "돈봉투를 돌려주는 건 주는 사람을 시험에 빠트리는 거"라고 말했다. "처음에는 안 받는 게 당연했는데 너도나도 계속 돌려주면 그때부터 안 주는 사람이 이상하게 보이는 법이다. 그런 식으로 변하게 돼 있다. 정상이 비정상이 되는 거다. 당신이 YMCA에 있는 사람인데 그런 식으로 사람을 시험에 빠지게 하면 어떡하냐?" 미처 생각하지 못한 부분이었는데 고맙고 따가운 지적이었다. 내 인생에서 잊지 못할 3가지 충고 중의 하나다.

이런 식으로 YMCA 활동을 계속했는데 하루는 시민중계실에 온 노무현 변호사가 혼잣말로 투덜대는 일이 있었다. 부산대 학생들이 시위하다가 붙잡혀 간 부림사건 변론을 맡았을 때의 일이다. 이때 시국사건 변론을 처음 맡았다. 부산구치소에 가서 면회하고 오는 길이었다. "전 부장, 내가 그동안 변호사 생활하면서 고마워하고 미안해하는 사람들은 많이 만났는데 이번 부산대 학생들은 자기들이 잘했다고 하니 참 이상하다. 변호사인 내가 잘못하고 있다고 하니 어처구니가 없다. 내가 이런 느낌을 받으면서 변호를 계속 맡아야 하겠나?" 물론 나한테 답을 들으려고 묻는 건 아니었다. 그냥 해보는 넋두리였다. 나는 무슨 일이 있었느냐고 물었다. "학생들이 말이야, 자기들이 본 책을 얘기하면서 나한테 봤냐고 묻는데 나는 책 이름도 처음 듣는 책이었다. 그러면서 지금 세상을 어떻게 보느냐가 중요한 데 변호사인 내 생각이 틀렸으니, 변론도 걱정스럽다는 거야. 참 기가 차네." 그러고 나서 몇 주 후에 만났더니 학생들이 이야기했던 책을 열심히 보고 있었고, 점차 학생들이 우리 사회를 보는 시각이 옳다고 생각하기 시작했다. 노 변호사는 정치의식이 없을 때부터 기본적으로 의협심이 많았다.

시민중계실 활동을 계속한 것도 힘없는 서민들이 자기 전 재산을 날리는 현실에 분노하기 때문이었다. 억울하게 당하는 일을 그냥 지나치지 못하는 순수한 의협심과 뭔가 잘못된 현실을 바꾸어야 한다는 정의감이 있는 분이었다. 그런 에너지가 있는 분이니까 맨땅에 헤딩하는 식으로 정치판에도 뛰어들었다.

## 11. 진주 YMCA 시민논단은 진주 지역운동의 산파

그 후 1987년에 진주 YMCA 사무총장으로 옮겼다. 진주는 낯선 고장이었다. 그런데 초기부터 환영은커녕 나를 싫어하는 사람들이 있었다. 정보기관에서 공작한 것 같은데 두 가지 작전이 나를 둘러싸고 벌어졌다. 하나는 진주교육청을 통해서 여름 캠프 활동과 아기 스포츠단을 사교육법 위반이라며 불법이라는 공문이 보냈는데 이의 신청하고, 지역사회 여론이 들끓자 없던 일이 되었다. 또 하나는 직접적인 것이었는데 여러 가지 트집을 잡아 YMCA 이사회에서 사무총장 해임 표결을 했다. 아슬아슬했다. 2차 투표까지 가서 결국 해임안이 부결되었는데 이게 YMCA 유지 지도자들의 물갈이를 촉진하는 계기가 되었다.

진주에서 내가 추진했던 대표적인 사업이 시민논단이었다. 그때그때의 지역 이슈를 주제로 공론화하는 프로그램이다. 관련 당사자들이 모여 대안을 찾고, 갈등 당사자들을 한 자리에 불러내기가 쉽지는 않았다. 잘될 때도 있고, 실패할 때도 있었다. 다루었던 주제는 좁은 도심지의 시외버스 주차장 문제로 발생하는 교통문제, 수돗물 이대로 좋은가, 지역언론 등이었다. 수질 문제 토론회는 논단 이후에 관심 있는 시민들의 후속 모임이 지속되어 '남강을 지키는 시민모임' 발족으로 이어졌다가 진주환경운동연합으로 바뀌었다. '지역 자치와 지역언론'이라는 주제의 논단 역시 후속 모임이 발전하여 진주신문 창간 준비위원회로 이어졌고, 많은 시민의 참여로 주간지로 창간하였다. 오랜만에 지방자치가 부활한 시기에 의정감시단을 시작하기도 했고, 청소년회관 부지선정 문제로 의회와 갈등이 일어나기도 했다. 지역단체들과 연대해 의장실 점거 농성까지 했는데 진주 시내 고등학교 교장단 협의회에서 우리 주장에 찬성하는 5단 통광고를 경남일보 신문에 게재함으로써 의회도 우리가 원하는 곳에 청소년회관을 설치하도록 결정하였다.

진주에서는 매년 가을에 개천 예술제라는 큰 행사를 하는데 며칠 앞두고 남강에서 물고기 수천 마리가 죽는 사고가 터졌다. 이 문제에 대응하여 10여 개 단체들이 모여 물고기 장례 시위를 하고 '남강을 살리는 사회단체연합'을 결성하여 매년 활동했다. 시민단체 간의 상설연대기구인 진주시민단체협의회를 만들어 단체 간의 교류와 지역 현안에 대한 공동 대응을 조직화했다. 그런데 15년 정도 한 조직에 있다 보니 개인적으로도 타성에 젖는 것 같았고, YMCA도 변화가 필요한 것 같았다.

## 12. 창원 YMCA회관 건물을 대표적인 생태건축물로 건축

마침 창원 YMCA에 자리가 있어서 2002년에 옮겼다. 창원은 경상남도의 중심도시로 도청 소재지이며 인구도 제일 많았다. 가장 골치 아픈 문제가 시내버스의 수입금 부정과 난폭운전이었다. 시내버스 개혁운동을 여러 단체와 연대하여 전개하다가 2006년부터는 대안으로 준공영제와 버스급행시스템(BRT) 도입을 주장했다. 녹색교통 차원에서 교통약자를 위한 도로 환경 개선과 학교 주변의 위험한 교통문제 등을 모니터링하기도 했다. 재작년부터 국토건설부의 지원으로 창원시에서 BRT보다 한 단계 앞선 슈퍼 BRT를 도입해서 현재 1단계 구간이 완성되어 버스 중앙전용차로제를 시행하고 있다. 지방의제 기구인 녹색창원21실천협의회 회장을 8년 정도 하면서 마을만들기 운동을 열심히 했다. 참여하는 위원들과 사무국의 손발이 잘 맞았다. 지역주민의 노력으로 특색있는 마을을 만들기 위해 관련 조례부터 만들었다. 그리고 창원시의 모든 읍면동에 마을만들기 추진위원회를 구성하고 자문과 지원을 열심히 했다. 물론 예산은 창원시가 편성했다. 그리고 1년에 한 번씩 여러 읍면동 마을만들기 조직의 사례발표와 경연대회를 했다. 빗물 조례도 만들었다.

자체 건물이 없어서 셋방살이하던 창원 YMCA가 자체 건물을 짓기로 했다. 기왕이면 생태건축의 모델을 만들어야겠다고 생각했다. 회원들의 의견과 지역의 생태건축 역량을 모아나갔다. 마산 Y의 허정도 이사장의 협조가 컸다. 신삼호 건축사, 창원대 건축과 이강주, 유진상 교

수의 자문, 경남에너지와 건설업체의 시원으로 건축계획을 수립했다. 예를 들면 하중을 받는 기둥은 콘크리트로 하고, 벽체는 전부 황토 벽돌로, 옥상과 벽면녹화, 옥상의 빗물을 모으는 빗물 저금통 설치, 자연채광, 자연통풍 최대화, 물 안 쓰는 화장실 등의 생태건축 자재와 기술을 도입했다. 태양광을 설치하기 위해서 아예 건축설계에서 지붕을 남쪽으로 30도 각도로 경사지게 만들었다. 이런 계획과 멋진 생태건축물 조감도를 실은 홍보물을 만들어 '벽돌 한 장씩'이라는 구호로 모금 운동을 전개했다. 모금은 목표금액을 무난히 달성했다. 모금 과정에 참여한 어느 초등학생은 실제 벽돌이 필요한 줄 알고 자기 아버지에게 졸라서 실제 벽돌을 사서 갖고 오기도 했다. 어린이의 정성이 담긴 벽돌이라 많은 사람을 감동시켰다. 이런 내용을 수시로 메일링 서비스로 열심히 회원들에게 보내는 게 모금 분위기를 무르익게 해주었다.

이제 YMCA회관이 건축잡지, 환경잡지에도 나고, 부산, 경남지역 대학교 건축과 학생들의 견학장소가 되었다. 초등학생들이 견학 오면 구석구석을 다니면서 풀 수 있는 생태건축문제지를 나누어 주기도 했다.

상도 많이 받았다. 도 건축상 은상도 받고, 전국의 생태건축물 우수상도 받아서 기념패를 회관 1층 입구에 붙여놓았다. 회원들도 자부심을 가지는 기회가 되었다. 굉장히 힘들긴 했지만, 개인적으로도 뿌듯한 일이었다.

2010년, 전국연맹 사무총장 공모에 참여하면서 발표한 「한국 YMCA 전국연맹의 비전과 과제」에서 '지역 YMCA와의 소통, 화합과 지원기능의 강화'를 강조했다. 특히 운동 비전을 실천하기 위한 8가지 향후 과제에서도 전국의 60여 개 YMCA의 균형 있는 발전을 위한 노력은 전국연맹의 존재 이유라고 강조했다. 구체적으로는 지역 YMCA 사업위원장의 연맹 위원회 참여, YMCA 광역협의회를 제도화하여 전국연맹과의 관계를 공식화하고, 광역협의회 기준 회칙 제정을 제시했다. AOS 차원의 후보자 토론회가 2010년 12월 2일 대전 YMCA 강당에서 있었다. 당시 연맹 이사장은 차선각, 사무총장은 이학영이었다. 연맹 이사회의 선출을 앞두고 한국 YMCA 경남협의회는 12월 14일 자로 입장문을 발표하고 실행이사회가 후보자 단수 추천하는 것은 재량권을 넘어선 과도한 권한 행사라고 주장하였다. 입장문에는 없지만 향후의 제도적 개선으로 실행이사회 구성은 추천 이사보다 지역 파송 이사의 비중을 높여야 한다는 제안을 공식 · 비공식 기회에 하였다.

이렇게 회관 건축을 마치고 몇 년 후 연맹 사무총장 선출 과정을 거친 다음 2010년에 퇴임했다.

## 13. 2010년 퇴임 후에 햇빛발전협동조합, 경남협동조합협의회 활동

2010년에 YMCA에서 퇴직했으니 벌써 14년이 지났다. 2010년은 내 나이가 61살 되는 해였다. 몇 년 전부터 내가 근무했던 창원 YMCA와 인근의 마산, 진주, 김해의 후배들이 모두 든든한 후배들이어서 60살 넘어서까지 앞에서 할 필요가 없다고 생각했다. 공연히 거치적거리기만 할 뿐이었다. 고맙게도 후배들의 정성이 담긴 기념패도 만들어 주고, 퇴직 후에 심심할까 봐 돈을 모아 휴대폰을 아이폰으로 사주었다. 사용법을 익히려고 여러 단체에서 하는 휴대폰 활용 강좌를 들으러 다니기도 했다. 몇 달 지나고 나서부터 앞으로 뭘 할 건지를 생각하다가 별다른 약속도 안 하고, 이런저런 모임에도 안 가고, 여태까지 내가 안 해본 거를 해야겠다고 생각했다. 그동안 한 우물만 파느라고 옆을 보지 못했다는 반성을 한 것이다. 예를 들어서 오페라 근처에 가본 적도 없고, 무용이니 재즈도 쳐다보지 않았다. 문학, 음악, 미술, 서예도 마찬가지다. 이렇게 생각하니 갑자기 할 게 많아졌다. 주로 창원에 있는 문화예술회관의 행사, 문학관 미술관의 전시회, 인문학 강좌 등을 다니면서 여유 있는 시간을 보내고 있었다. 근데 김두관 씨가 경남도지사로 선출되고 난 후였다. 나는 그때도 그렇고 지금도 정당에는 가입하지도 않았다. 그동안 살아오면서 누구에게 미안한 일이 몇 가지 있는데 그중의 하나가 노무현 대통령이 총선에서 떨어지고 민주당 경남지구당 위원장을 할 때 같이하자고 이야기했었는데 나는 "시민운동은 누가 하나요?"라며 참여하지 않은 게 미안했다. 그 당시 노통이 굉장히 힘들 때였다. 이렇게 평소 정당 일에 앞장선 것도 없고, 거든 일도 없었으니, 민주당이 집권한 도정에도 별로 참여하지 않았다. 신문을 보니 김두관 지사가 태양광을 대대적으로 보급하겠다고 공언하면서 미국의 큰 태양광업체와 양해각서를 체결했다. 반가운 일이라고만 생각했다. 그런데 그 업체가 엉터리여서 결과적으로 도지사가 부도를 낸 셈이었다.

어느날 전창현으로부터 만나자는 연락이 왔다. 민주당 도지사 선거에 깊이 참여했던 후배다. 대뜸 태양광을 보급할 좋은 기회이므로 어렵게 당선된 도지사를 도와주는 셈 치고 에너지협동조합에 참여해 달라고 했다. "지난해에 국회를 통과한 협동조합기본법이 금년 12월부터 시행될 것이니 태양광 보급을 협동조합 방식으로 하는 일이 의미가 있다"라고 설명했다. 후배들은 바쁜데 선배님은 퇴직 후에 그냥 보고만 있을 거냐며 실무는 자기들이 할 테니 이름만이라도 올려놓자는 것이었다. 순진하게도 그 말을 그대로 믿고 참여했더니 웬걸 조합 만드는 일부터 만만치가 않았다. 기본법이 발효되고 처음 하는 일이니까 민간도 경험이 없고, 공무원도 어떻게 할 지를 모르는 형편이었다. 우선 조합 사무실은 김용기 교수의 협조로 창원대 안에 있는 사회적 경제 중간 지원조직의 사무실에 둘 수 있었다. 기본법이 발효되기 전부터 협동조합 창립 준비모임, 발기인 모집, 발기인 대회 등의 수순을 밟으면서 조합원을 조직하고, 분위기를 만들었다. 거의 매일 사무실에 나가 준비를 해서 조합신고를 했다. 경남에서 굉장히 빨리 등록했다. 열 번째 안쪽이다. 전국에서 서울햇빛발전협동조합이 1호이고 경남이 2호이다. 김두관 씨가 도지사일 때는 지붕에 태양광 패널을 설치할 만한 공공건물을 도청 공무원과 함께 찾기도 했다. 민관의 협력 분위기가 좋았다. 그러다가 대선 경선에 나가기 위해 도지사직을 사표내고 나니 아예 소통이 안 될 정도

였다. 결국 도청 공무원들의 협조를 못 받으면서 고생하다가 창원시의 협조로 두세 군데 공공건물 옥상에 태양광 패널을 설치하여 생산된 전기를 팔았다.

당시에 햇빛발전협동조합뿐만 아니라 다양한 협동조합이 만들어졌는데 다들 고생이 많았다. 기본법이 통과된 지 얼마 안 되는 초기라서 그렇기도 했다. 도청에는 협동조합 업무를 담당하는 계도 없었다. 그냥 공무원 한 명이 다른 업무를 보면서 협동조합 설립신청서 접수 업무만 보는 정도였다. 경남 전역에 70여 개의 협동조합이 있었다. 서로 연락해서 43개 정도가 모여서 경남협동조합협의회를 만들고 내가 초대 회장을 맡았다. 도내 18개 시군을 다니면서 협동조합에 관한 강의도 많이 했다. 행정의 지원을 원활히 하기 위해 도의회 여영국 의원에게 협동조합 지원 조례안을 주고 발의해 달라고 부탁했더니 굉장히 적극적으로 의정활동을 해서 통과되었다. 이제 협동조합 설립뿐만 아니라 임원 교육, 판로개척을 위한 활동, 협동조합의 날 행사 등의 행사를 계속할 수 있었다. 도청에는 사회적 경제과라는 부서가 만들어졌다. 이어서 시군

차원에서도 협동조합협의 혹은 사회적경제협의회 등이 속속 만들어졌다. 그때마다 다니면서 시 · 군청 단체장이나 공무원을 만나기도 하고 창립식에 참석해서 축사를 하기다.

그다음 순서는 햇빛 발전의 전국 조직을 만들어 기획재정부와의 소통 통로를 확보하는 일이었다. 활동하고 있는 전국 시 · 도 광역 협동조합협의회와 의료, 생협, 학교, 에너지 등의 업종별 협동조합협의회가 모여서 전국협동조합협의회 창립준비위원회를 만들고 준비 위원장을 맡았다. 조직의 근간은 지역과 업종이라는 두 가지 축이었다. 1년여 준비를 해서 창립을 하고 공동대표제로 운영했다. 창립 과정에서 특히 유영우, 박강태 회장의 역할이 컸고 특히 신협중앙회가 여러 가지 도움을 주었다. 임원 연수도 대전에 있는 신협중앙회 연수원에서 했다. 햇빛 발전의 경우도 여러 지역에서 협동조합이 만들어져서 서울에 모여 전국 조직을 만들었다. 서울과 안산, 인천이 주축이었다. 창립 과정에서 서울의 박승욱, 안산의 이창수 이사장의 노고가 많았다. 초기에 내가 회장을 맡고, 박승욱 이사장이 상임이사를 맡았다. 시민발전협동조합 전국연합회라는 명칭으로 활동하면서 산업자원부의 태양광 업무를 담당하는 부서와의 정례적인 회의도 했었고, 관련 법률을 개정할 때도 활발히 의견을 제시했다.

## 14. 60대 후반이 되어서 수필가로, 람사르재단 대표이사로

YMCA 퇴직할 때쯤부터 매월 한 번씩 신문 칼럼을 쓰기 시작했다. 그러던 중에 진해 흑백 다방 보존 활동에서 만난 마산의 원로 시인 김미윤 선생의 권유로 뜻하지 않게 수필 분야에 등단했다. 나보다 6살 정도 많은 분이었는데 지역 문단에서는 마당발로 통하는 분으로 흑백 다방의 주인인 유택렬 화백과 생전에 굉장히 친한 사이였다. 나는 첫째 손자가 태어났을 때 아들의 부탁으로 이름을 짓는 과정을 「이름 짓기」라는 제목으로 수필을 썼다. 이걸로 신인상도 받고 문단 활동을 하면서 경남작가회의의 경남작가상, 경남민족예술인총연합으로부터 공로상도 받았다. 요즘은 많이 쓸 때는 한 달에 대여섯 개를 게재할 정도로 바쁘고, 원고청탁이 없을 때는 내가 쓰고 싶은 주제를 붙들고 관련 사실을 취재하거나 관련 인물을 만나서 인터뷰하는 일이 바쁘다. 신문 칼럼은 이제 14년간 빠지지 않고 매달 쓰고 있다. 그러다 보니 칼럼니스트로 불리기도 한다. 그때그때의 사회적 현안에 대한 의견을 쓰는데 독자들의 평이 괜찮은 편이다. 박근혜 탄핵이라든가, 검찰 공화국, 채상병 사건 등을 다루었다.

퇴직하고 10년쯤 지났을 때였다. 경상남도 출연기관인 람사르환경재단에 2020년 11월 1일부터 대표이사로 출근했다. 도지사가 김경수였다. 사무실이 경남 창녕군 유어면의 우포늪 옆에 있었다. 재단에 근무하면서 잘한 일은 첫째 창원에서 매일 출퇴근하면 소요 시간이 서너 시간은 족히 걸릴 것 같았다. 70 넘은 나이에 그렇게 낭비하기 싫었다. 처음부터 원룸을 얻어서 우포늪 옆에서 살았다. 두 번째는 TV를 연결하지 않았다. TV를 아예 안 보니까 시간이 많아서 좋고, 신경질 낼 일도 별로 없어서 정신 건강에도 큰 도움이었다. 그렇게 2년 3개월 정도 임기를 마쳤다. 그리고도 도시로 나가지 않았다. 그동안 우포와 정이 들어서 빈집을 하나 빌려서 그냥 창녕군에 주저앉아 살고 있다.

## 15. 내게 소중한 세 가지와 닫힌 마음을 열려는 노력

현재 내가 갖고 있는 물건 중에 자랑하고 싶은 몇 가지를 소개한다. 하나는 작은 철조망 조각이다. 마산의 여성 화가가 야생을 그리기 위해 부대의 허가를 받고 DMZ 안을 여러 번 드나들었다. 마침 몇 년에 한 번씩 철조망을 교체할 때 여러 두루마리를 갖고 왔다. 미술평론가인 황무현 교수가 그걸 똥그란 형태로 작게 끊어서 여러 개 갖고 있었다. 내가 몹시 부러워 하니까 나에게 서너 개를 주었다. 지역의 젊은 목사님께 자랑했더니 교회 십자가에 면류관처럼 걸고 싶다고 해서 드렸다. 모두 통일을 위한 기도가 잘된다고 하였다. 또 하나는 빨간 벽돌이다. 마산 중앙동에 있었던 일제 강점기의 청주공장 건물이 빨간 벽돌로 지어진 건물이었다.

공장 건물이 여러 개가 있었다. 마산 중앙동 마을만들기 추진위원회가 청주공장 보존 운동을 한창 하고 있을 때여서 나도 자주 가보았다. 일제 강점기에 이곳에서 생산된 술이 만주까지 올라갈 정도로 유명해서 '물 좋은 마산'이라는 말이 유행했다. 그런 역사가 깃든 곳이고 마산에 남은 일제 식민지 지배의 증거물이라는 의미에서 주민들이 보존하려고 했으나 매입자가 모텔을 짓는다고 절반 정도를 부수어서 큰 충격이었다. 보존에 대해 창원시는 아무런 관심이 없었다. 소식을 듣고 급하게 철거 현장에 갔더니 역사교육 현장으로도 충분한 빨간 벽돌 건물은 처참하게 부서져 있었다. 아픈 마음을 달래면서 폐허에서 뭔가 남은 게 있는지를 찾다가 다행히 제 모양을 잃지 않은 벽돌들을 만났다. 철거당한 자기 역사를 고스란히 보여주고 있었다. 이것도 인연이라 생각하고 집으로 가져왔다. 이 일을 계기로 마산역사문화보전회가 만들어지고, '중앙동 작은 박물관'도 동사무소 앞에 차려졌다.

또 하나는 내가 5 · 18 때 대구 50사단 헌병대에 구금되어 있었는데 그 사실이 헌병대 수용자명부에는 없는데 어머님이 쓰신 가계부에 적혀있다. 1년에 한 권씩 쓰시는 가계부다. 여기에 5월 18일, 6월 15일에 내가 50사단 헌병대에 간 게 적혀있다. 버스 타고 다녔으니 버스 차비와 용건이, 내가 풀려난 날에는 '석이 나오는 날'이라고 간단히 적혀있다. 그래서 어머님의 유품 중에 10년 치 10권 가계부는 나에게 특별한 의미가 있어서 소중하게 보관하고 있다.

내가 살아온 70여 년을 되돌아보니 본의든, 본의가 아니든 내 안에 맺힌 것도 있고, 내가 또 다른 사람에게 상처를 준 경우도 있다는 생각이 들었다. 평소에는 잘 드러나지 않는 구석진 곳에 똬리를 틀고 앉아 있었다. 그걸 어떤 식으로든 풀어야 마음이 가벼워질 것 같았다. 그래서 될지 안 될지는 모르지만 먼저 내 마음속에 자리 잡은 미움을 찾기로 했다. 나를 사찰하거나 고문한 사람을 찾으려고 했는데 다행히 대학생 시절에 알았던 동인천 경찰서 정보계장 맹 계장이라는 분을 찾았다. 그분의 마지막 근무지인 청주경찰서 경비과를 통해 연락처를 알았다. 경찰서장으로 정년 퇴임하시고 인천에 계셨다. 어렵게 전화했더니 대뜸 내 이름을 부르며 알아보는 것이었다. 뜻밖이었다. 경상도 사투리가 심해서 억양이 인상적이었던 모양이었다. 그리고 첫 마디가 "전 선생 그때 일은 이해해 주길 바래요. 미안해요."라고 했다. 그동안 가끔 내 생각이 나더라면서 한번 만나자고 하였다. 이 말을 듣자마자 나는 수십 년 묵은 체증이 내려가는 걸 생생하게 느꼈다. 다른 말은 하나도 필요 없었다. 며칠 후 약속 장소인 인천 송도 관광호텔 커피숍으로 갔다. 창원에서 서울을 거쳐 인천까지 가면서 시간여행을 하면서 따뜻한 덕담을 나누어야겠다고 생각했다. 막상 얼굴을 보니 시간을 거슬러 올라가서 70년대 중반의 대학교 교정에서 만난 것 같았다. 자기가 아는 당시의 학생운동권 분위기라든가 하종강, 황의신, 허영판 그리고 학생회장 김종호, 문희탁 등의 이름을 모두 기억하고 있었다. 만나고 난 그날 저녁은 정말 편안한 잠을 잤다. 그다음에 나를 물고문한 형사를 찾으려고 했는데 결국 못 찾았다.

끝으로 '이제 남은 인생을 어떻게 살 것인가?' 하는 문제인데 뭐 특별한 내용의 인생 2모작 같은 거는 없다. 그런 궁리를 하고 싶지도 않다. 왜냐하면 원숭이의 경우 나무 타다가 떨어져 죽는 게 제일 행복할 거로 생각하기 때문이다. 원숭이가 제일 잘하는 게 나무 타는 거다. 제일 잘하는 걸 하다가 죽는 것과 난데없이 교통사고를 당하거나 물에 빠져 죽는 것을 비교해 보면 답은 명확하다. 그래서 나도 잘하는 게 있으면 그걸 열심히 하다 죽는 게 잘 죽는 길이다. 공연히 머리 싸매고 내가 노년인데 어떻게 할까를 고민하면서 새로운 걸 찾으려고 노력할 필요는 없다고 생각한다.

제5장

# 聽雨堂 정찬용의 삶

정찬용

돌아보면 나는 전남 영암군에서 태어나 어린 시절과 청소년기를 보냈고, 대학에 입학해서는 공부를 하기보다 학생운동에 뛰어들었다. 민청학련사건으로 투옥되었다가 석방된 후 줄곧 나는 YMCA 간사직으로 반평생을 보냈다. 노무현 대통령 시절 잠시 청와대 인사보좌관으로 일했던 경험과 그 이후 NGO 대사, 기아자동차 연수원장을 거쳤으나 그래도 내 삶의 터는 YMCA였다.

YMCA를 비롯한 시민단체는 나에게 봉사 의지를 키워준 터전이었고 리더십 훈련장이었다. 나는 권력의지보다 봉사 의지가 강하다고 스스로 자평하는 사람이다. 그것은 내 삶이 그럴 수밖에 없었기도 하지만 그 길이 보람된 길이라는 생각 때문이다.

리더십과 시민단체가 무슨 상관이냐고 할 사람도 있을 것이다. 그러나 내 경험으로는 시민단체 같은 조직에서 지도자가 되어 보는 일이 매우 중요하다. 정부나 행정기관, 대기업의 리더십은 일사불란하고 규율이 강력해서 웬만한 사람은 지휘권을 행사하는 데 큰 어려움이 없다. 우수한 인적 자원에 인사권, 예산권, 감사권이 보장되어 있어 지휘하기가 오히려 쉽다.

그러나 시민단체처럼 느슨한 조직에 그런 고급스러운 장치가 어디 있겠는가. 봉급을 주기도 어려운 판에 눈을 부라려봐야 헛일이고 탈퇴자만 늘어난다. 그래서 내 경험상 정부와 기업의 리더보다 시민단체 리더가 더 어렵다고 생각한다. 그나마 누가 잘 알아주지도 않는 일을 신념 하나로 밀고 나가야 할 때가 많으니 더 고달프다.

시민단체 리더는 강제력보다 공감이라는 자발성을 불러일으키는 리더십을 갖춰야만 한다. 부드러운 카리스마와 인간적 배려, 그리고 공감의 리더십이 시민단체 리더십의 요체다. 그것은 그것대로 충분히 존경받을 만한 가치가 있는 것이다. 내 삶이 그랬다.

이제 약식으로나마 내 삶의 발자취를 정리해 보면서 나와 삶을 함께한 한국 YMCA 동지들과 내가 일했던 거창, 광주 · 전남지역 시민운동권 동지들에게 감사드린다.

## 1. 아버지는 초등학교 선생님

나는 전라남도 영암군에서 태어났다. 우리 동네는 월출산이 있어 자랑스러운 곳이다. 월출산은 그리 높지 않지만 아주 아름다운 산이다. 말 그대로 달이 뜨는 산이다.

아버지는 국민학교(지금은 초등학교) 선생님을 하셨다. 우리 가족은 아버지가 전근하시면 이리저리 따라다녀야 하니 내가 다닌 초등학교만도 3곳이었다. 그런데 나는 중학교에 입학을 하면서부터는 한 학교만 다닐 수 있어서 참 좋았다. 초등학교에 다닐 때는 한 학교에 가서 친구들을 막 사귀어 놓으면 얼마 안 돼서 아버지가 전근하시고, 그럼 새 학교로 전학하여 새로 친구들을 파악하고 사귀어야 했다. 어떤 친구가 싸움을 잘하는지 어떤 친구가 거짓말을 잘하는지 파악하는 게 참 힘들었는데, 중학교에 가서 한 학교만 다니니까 그런 걱정을 할 필요는 없었다는 것이 내 삶의 큰 변화였다.

광산구 비아동 국민학교에 다녔다. 그런데 아버지가 선생님이니까 학교 선생님들이 상당히 좀 보호해 주고 좀 잘못해도 봐주기도 하였던 것 같다. 그러던 중 아주 좋은 친구를 만났다. 그 친구 이름이 홍기이다. 홍기는 3대 독자 외아들이다. 그러니 얼마나 귀한 아들인가. 홍기네는 열 마지기 논농사를 지었는데 모든 결실이 다 홍기를 위해 쓰였다. 나는 홍기만 따라다니면 걱정이 없었다. 홍기는 우리 아이들에게 필요한 모든 것을 다 가졌다. 내가 송정 서초등학교로 전학했어도 토요일 오후가 되면 홍기네 집에 갔고, 홍기 어머니가 감자를 삶아주는 등 온갖 간식을 다 만들어 주셨다.

광주 서중학교 2학년 시절(1967년)

뒤에 승철로 개명했고 성균관대학교 체육학과에 진학했다. 그는 체육학과 1회 입학생과 졸업생이 되었고, 졸업 후 조교를 거쳐 결국 성균관대학교 교수가 되었다.

나는 평범한 청소년이었다. 특기나 특성은 없었어도 공부는 좀 했다. 아버지 따라서 학교를 자주 옮겨 다녔어도 가는 데마다 항상 학교 성적은 1등이었다. 그러다가 송정 서국민학교를 가서 일제고사를 봤는데 내가 6등이었다. 나는 아주 충격을 받았다. 그때야 나는 나보다 공부 잘하는 애들이 있다는 것을 깨달았다. 담임 선생님은 당신 집에서 학생들을 모아서 공부를 가르쳤다. 그 선생님 집에 가면 철봉이 하나 있었는데 우리에게 늘 턱걸이를 연습시켰다. 선생님은 우리가 턱걸이를 잘 못 하면 뒤에서 엉덩이를 대빗자루로 탁 때린다. 그러면 그냥 쑥 올라간다.

고등학교 시절 기차 통학을 했다. 송정리에서 광주까지 좀 여유 있는 친구들은 버스 통학을 하고, 나머지는 한 달짜리 기차표를 끊어서 기차 통학을 했다. 늘 아침 6시 반 기차를 타야 하니까 5시에는 일어났다. 그러니 꽤 부지런해야 했다. 늦어서 첫 차를 놓치면 그다음 기차를 타고 가다가 광주역 언덕길에서 기차 속도가 느려질 때 기차에서 뛰어내려 학교까지 막 달려가기도 했다.

고등학교 시절 우리는 기차 타고 통학하는 학생들끼리는 은근히 동지 의식이 있어 함께 어울려 어른들 몰래 담배도 피우고 소주도 한 잔씩 먹고 했던 기억이 있다.

그 시절 우리 학교 선배인 조홍규라는 지역 국회의원이 있었다. 조홍규 의원 동생이 조재기라는 친구인데 재기는 힘도 좋고 싸움도 잘해서 우리는 늘 그를 대장처럼 따라다녔다. 그 애만 따라다니면 항상 재미도 있었고 먹을 것이 많이 생겼다. 지금 생각하면 약간 불량 학생들이었다. 우리는 그와 함께 학교 인근 튀김집에 다녔고, 함께 어울려 담배도 피워보고, 술도 한 잔씩 했다.

그 시절 나는 장래 희망이 뚜렷하지 않았다. 우리 아버지는 내가 공부는 잘하니까 서울대학교에 가라고 하셨다. 그때 나는 막연히 우리 아버지가 교사하셨으니까 나는 한 단계 높여 대학교수가 되겠다고 생각했다. 고등학교 시절 나는 국어, 영어는 잘했다. 수학은 그리 잘하지 못했으나 아무튼 큰 어려움 없이 서울대학교에 들어갔다.

## 2. 학창 시절

내 어릴 때 친구 홍기는 적극적인 사람이었다. 우리는 서울에서 학교에 다니는 동안 늘 같이 하숙했다. 홍기는 성균관대학교에 다니니까 혜

화동이나 명륜동에서 하숙을 하면 편한데도 우리는 언제나 청량리에서 같은 집에 하숙했고, 나는 서울대학교로, 홍기는 성균관대학교로 다녔다. 참으로 가까운 친구였다.

홍기는 나중에 성균관대학교 교수와 대한체육회 이사가 되었고, 나는 청와대 인사보좌관이 되었다. 홍기는 지금도 나에게 늘 전화를 해서 '야 너 어째 서울 안 오냐?' 하면 나는 '서울 가는 기차를 타는 역을 잊어버렸다?'라고 농담을 주고받는다. 그러면 그는 니 때문에 자기가 체육회 이사도 될 수 있었다고 늘 그런 덕담을 한다.

우리 아버지는 나하고 아주 성품이 비슷했던 거 같다. 주위에서는 내가 아버지를 닮아서 좀 호방하다고 한다. 호방하다는 평가는 일을 잘하지 못해도 마음이 넉넉하고 남하고 잘 노는 성격이라는 말이다. 뒤집어 말하면 자기만 잘 놀면서 집안 살림에는 별 관심을 두지 못한다는 흉이기도 하다.

아버지는 목포 상고를 나왔다. 목포 상고는 당시로서는 호남의 명문 고등학교였다. 아버지는 김대중 대통령의 목포 상고 2년 후배였다. 아무튼 아버지는 목포 상고를 졸업하고 전라도 금융조합(지금의 농협 같은)에 취직하셨다. 그런데 아버지 상사인 조합 상무가 성격이 난폭한 사람이라서 자주 다퉜고, 한번은 아버지에게 주먹으로 폭행을 가해와서 아버지도 같이 주먹을 한번 날렸는데 결국 그 사유로 아버지는 조합을 그만두셨다. 그 후 아버지는 초등학교 교사가 되셨고 평생 교직 생활을 하셨다.

원래 아버지 성품이 유하신 분이셔서 평생 나한테 '네 이놈' 하는 야단 한 번 안 치셨다. 나라고 왜 잘못을 안 했으랴마는 나에게 큰소리 한 번 안 하셨던 아버지였다.

나는 2남 4녀 중 둘째이다. 위로 누나가 한 분 있었다. 아버지 월급만으로는 우리 6남매를 다 공부시킬 수가 없었다. 그래서 누나는 중학교만 졸업하고 취직했다. 그 시절 다 그랬듯이 아버지는 누나에게 '너 돈 벌어서 동생들 공부시키거라'라고 하셨다. 착한 우리 누나는 아버지의 말씀을 잘 따랐고, 나는 누나 월급 타는 날이면 공장에 가서 기다렸다. 그럼, 우리 누나가 월급을 나한테 일부를 떼서 주고 옷도 사주고 그랬다. 내가 이렇게 잘 컸던 데는 우리 누나의 공이 컸다. 누나 덕에 나는 잘 컸고 대학교도 다녔다. 내게는 찬대라는 남동생이 있는데 어느 날 이 동생이 서울에 한번 놀러 와서 보고는 해양전문대학을 갔다. 아마도 우리 집 형편에 돈 안 들어가는 대학을 가려고 했던 것 같다.

## 3. 문우회 활동과 학생운동

나는 대학에 들어가서 국사학과를 가려고 했는데 성적이 모자라 제2지망인 언어학과를 가게 되었다. 나는 대학에 들어가서 나보다 2살 위인 유인태라는 선배를 만난다. 그는 후배들을 잘 보살펴 주었다. 그는 아버지가 방학동에서 제재소를 하였던 것 같은데 집이 꽤 부자였다. 우리는 유인태 선배만 따라다니면 걱정이 별로 없었다. 그는 포용력이 넓은 사람이었다. 그리고 집안이 넉넉하니까 후배들에게 밥도 잘 사주었다. 그래서 우리는 자연스럽게 유인태 선배의 영향을 많이 받게 된다.

그러다가 내 친구 나병식이 '우리 문우회라고 동아리를 하나 만들었는데 너도 같이하자'라고 권했고 그 후 나는 문우회 활동을 하면서 자연스럽게 학생운동에 가담하게 되었고, 각종 데모에 참여하게 되었다.

그 당시에는 '후진국 사회연구회'나 '문우회' 같은 이념 서클에 들어가 활동하면 바로 퇴학당하거나 징역 가는 정 코스였다. 그러니 우리는 늘 퇴학과 징역살이를 각오하고 있었다.

당시는 중앙정보부 직원들이 학교에 상주하면서 지냈다. 그때는 학생들이 데모하려고 하면 그놈들이 먼저 와서 잡아 가버린다든가, 어떤 놈이 반정부 데모를 모의하는가를 미리 파악해서 상부에 보고하였다. 그런데 그런 분위기가 일상이 되고 보니 오히려 학생들은 그놈들을 겁내지 않게 되었고, 오히려 더 활발히 활동하고 이슈가 있을 때면 데모도 하곤 했다. 그러다 잡혀가면 동대문경찰서에 가서 좀 두들겨 맞기도 하고, 경찰들이 앞으로는 데모하지 말라 하면 우리는 반성문 쓰고 나오고, 나와서는 또 데모하고 그랬다.

우리 과 선생님 중에 허웅이라고 하는 훌륭한 국어학자가 계셨다. 참 진중하신 분이다. 내가 하도 데모만 하고 다니니까 허웅 선생님이 하루는 나를 부르셔서 '정군! 언어학을 공부하려면 다른 학문보다 훨씬 더 시간을 많이 투자해야 하는데 자네는 그런데 관심이 없으니까 내가 추천서를 써 줄 테니까 정치학과 대학원을 가겠나?'라고 하셨다. 그래서 나는 선생님 앞에서 크게 반성하겠다고 말씀드리면서 언어학 대학원에 가서 만주어, 몽골어를 전공하는 학자가 되겠다고 말씀드렸다. 그렇게 약속하고 나서 나는 선생님 수업을 딱 1시간 듣고 바로 데모에 참석하였고 곧바로 잡혀갔다. 그 뒤로 내 인생에서 공부하고는 인연이 끊어졌다. 청와대 인사보좌관 발령을 받고 한글학회장이신 허웅 선생님께 인사드리러 갔더니 백성들 잘 보살피는 공무원 되라는 격려를 해주셨다.

아무튼 나는 당시 긴급조치에 걸려 보안법 위반으로 징역 20년 구형

민청학련사건으로 옥고를 치르고 출소하던 날 아버지와 함께

을 받았다. 군법에 따른 말도 안 되는 형량이었다. 아마도 국가 반역죄로 걸었던 것 같다. 1974년에는 인혁당(인민혁명당 재건위) 사건에 걸렸던 6명이 사형선고를 받은 지 하루 만에 사형을 당했던 엉망진창의 시절이었다.

## 4. 거창 지역사회와 YMCA 활동

나는 20년 형을 받았으나 실제로는 10개월 후 석방되었다. 막상 나오니 생계가 막막했다. 징역 살고 나온 사람이라 취직도 안 되었다. 그러던 차에 지금은 내 아내가 된 임미경 씨가 경남 거창고등학교의 교사로 오라는 초청을 받았다. 임미경 씨가 거창고등학교 교장 선생님에게 나보다 훨씬 국어 선생님을 잘할 수 있는 사람이 있다고 하면서 나를 소개했다. 그렇게 해서 나는 어느 날 거창을 갔다. 그때만 해도 거창은 아주 산골이었는데 기차 타고, 버스 타고, 택시를 갈아타고 가야 하는 오지에 가서 거창고등학교 전영창 교장 선생님을 뵈었는데 그는 참 대단한 분이었다. 면접을 마치고 나는 곧 거창고등학교 교사 일을 시작하였다. 사실 그때 나는 마땅히 할 일도 갈 곳도 없었던 처지였기에 거창고등학교 교사로 초청해 주신 전영창 교장 선생님께 무척 감사했다. 전영창 교장 선생님은 나를 교사로 초청하기는 했으나 내가 교사 자격증도 없고, 학생 운동하다가 징역도 살고 하였으니, 경찰서 정보과의 눈치를 봐야 했던 것 같다.

어느 날 교장 선생님은 나에게 '정 선생, 내일 나랑 저녁 먹으러 갑시다'라고 하셨고 이튿날 나는 교장 선생님을 따라 식당에 갔다. 그런데 막상 식당에 도착해서 보니 거창경찰서장, 정보과장, 보안대원 등 세 명이 나와 있었다. 그들은 은근히 나에게 신문하는 투로 질문을 해댔다. 나는 곧바로 '당신들이 뭔데 나를 이렇게 심문하듯 합니까'라고 항의하였다. 교장 선생님은 나에게 좀 차분하게 대하라고 타일렀다. 그때 함께 나왔던 거창경찰서장이 황활웅 서장이었다. 그는 멋쟁이 서장이었다. 그는 나보다 두 살 위였는데 서울 법대를 나와 경찰이 된 사람이었다. 그런저런 연유로 나는 그 후로 황 서장과 친하게 지냈다. 그리고 황 서장은 은근히 나를 보호해 주기까지 하였다. 그가 경찰서장이고 나보다 나이도 두 살 위니까 나는 늘 그를 형님이라고 불렀다. 그리고 그의 부인이 부산시립합창단 단원이라는 말을 듣고, 나는 황 서장에게 '형님, 합창단 한번 거창 촌사람들한테 보여줍시다'라고 제안했고 그가 자기 부인에게 부탁해서 '부산 여성합창단'이 거창에 와서 공연하기도 했다.

전영창 교장 선생님은 고향이 전라북도 무주였다. 무주하고 거창하고는 바로 접경이었다. 바로 언덕 너머는 전라북도 무주, 이쪽은 경상남도 거창이었다. 전영창 교장 선생님은 무주에서 자라서 일본에서 신학

전영창, 최경수 선생님과 함께

공부를 했다. 전영창 선생님은 공부를 마치고 돌아와서 거창에 호주 선교사들이 운영하던 미션 스쿨을 인수했다. 그분은 참 열혈 분이셨다. 머리가 하얀 백발에, 코르덴 옷을 입고, 항상 고무신을 신고 다니셨다. 그는 현직 교장임에도 불구하고 3선 개헌 반대운동을 직접 나서서 하셨고, 그러면 학생들도 다 따라나서서 함께 데모하곤 했다. 지금 생각해도 그분은 참 정의롭고 훌륭하신 분이다.

전영창 선생님은 미국에 가서 신학도 공부하고 오셨다. 성격도 독특한 데다가 차림도 아주 멋쟁이였다. 흰머리의 장발이었고 코르덴 옷을 입고 고무신을 신고 다니는 전국적으로 아주 유명한 분이었다. 그런데 그 무렵 누군가가 '거창고등학교는 나쁜 학교다'라는 소문을 퍼트리고 다녔다. 그러니까 전영창 교장 선생님은 우리 교사들에게 거창, 합천, 함양, 산청 등에 가서 그 지역 중학교에서 일등을 하는 학생들만 뽑아 오라고 하셨다. 그래서 우리가 각 지역으로 가서 학생들을 만나 '네가 인생을 제대로 살려면 거창고등학교에 와야 한다'라고 설득을 하고 다녔다. 그런데 그 당시 지역민들은 거창 농고를 제일 좋은 학교도 인정하고 있었다. 그래서 우리는 중학교를 졸업하는 아이들에게 '너는 거창고 가야 네 인생 새롭게 설계할 수 있다.' 설득했고 그 결과 각 지역에서 우수한 학생들이 거창고등학교로 왔다. 그렇게 지역에서 우수한 학생들을 모아놓으니까 거창고등학교 학생들이 서로 경쟁하고 또 도우면서 학교생활을 모범적으로 아주 잘했다.

그 당시 거창지역 국회의원은 김영삼 대통령 시절 좌 동영, 우 형우 하던 김동영 씨였고, 그는 김영삼 씨의 최측근 중 한 명이었다. 그 당시 내가 보기에는 김동영 의원은 뛰어난 정치인이었다.

한번은 내가 그에게 '김 의원님, 거창에 청소년 수련관을 하나 만듭시다'라고 제안했다. 그는 '그게 뭐야?' 하고 물었다. 그래서 내가 '거창에 YMCA 청소년 수련관을 만들자는 이야기입니다.'라고 하였더니 그는 '그것을 만들려면 돈이 얼마나 필요해요?'라고 하기에. 나는 큰 돈이 필요하다고 대답하였다. 그랬더니 김동영 의원은 그러면 정 총무가 국회로 한번 오라고 하였다. 그 후 날을 잡아 나는 명륜동 그의 집을 방문하였다. 그의 집에는 아침 일찍인데도 20여 명의 방문객이 먼저 와 있었다.

나는 한참 기다렸다가 그를 만났다. 내가 그에게 다시 한번 거창 YMCA 청소년 수련관을 짓기 위해서는 얼마만큼의 돈이 필요하다고 설명했다. 그랬더니 그는 즉석에서 경상남도 도지사에게 전화했다. 도지사에게 곧바로 '최 지사, 여기 거창 YMCA가

거창고 교사 시절 전성은 교장 선생님과

청소년 수련관을 하나 짓겠다고 하는데 한 2억만 해줘'라고 했다. 그러니까 도지사가 뭐라고 이의를 제기하는 것 같았다. 김동영 의원은 곧바로 '이 사람아, 내가 더 크게 갚아줄 텐데 뭔 소리야' 하고 다그쳤고, 도지사가 우리 통장으로 수련관 건축비를 송금했다. 나는 송금 확인을 한 후 '아이고, 감사합니다.'라고 절을 열 번이나 하고 그의 집을 나왔다. 지금 생각해 봐도 김동영 의원은 통이 큰 사람이었다.

당시 한국 YMCA전국연맹에서는 정책적으로 홍성, 해남, 거창의 농촌 YMCA 창립을 구상하고 있었다. 거창에는 전성은 교장 선생님이 계시니까 YMCA 창립이 가능하다고 판단했던 것 같고, 거창은 경상도 농촌의 거점이라고 생각했다.

거창고등학교에서는 내가 교사 자격증이 없으니까 나보고 학교 농장 일을 하라고 했다. 그래서 나는 학교가 운영하는 농장을 가봤다. 농장은 인근 야산에 있었는데 소를 키우기에 적합해 보였다. 그래서 돌아와서 교장 선생님에게 경쟁력이 있는 젖소를 키우자고 제안했다. 그래서 우리는 농장에서 젖소를 키웠고 젖소에게서 나온 우유를 대구에 나가서도 팔고 매일 우유에 납품도 하였다. 그러면서 우리는 자동차 운전학원도 운영하였다. 자동차 운전학원이 잘되어 돈도 제법 받았다. 그리고 마침 학교에 네덜란드에서 준 인쇄 기계가 있었는데 인쇄소도 운영했다. 나는 서울에 가서 인쇄 일거리를 가져왔다. 그런 와중에도 가끔은 다른 선생님들이 몸이 아파 휴가를 내면 임시 땜빵으로 학생들을 가르치는 일도 병행했다.

그렇게 내가 동분서주 일을 하고 있었지만, 당시 시국으로서는 학교가 나를 데리고 일하기에는 감당이 안 되었던 것 같다. 그러던 차에 한국 YMCA전국연맹 강문규 총무의 제안도 있고 해서 나는 거창 청소년 수련관을 세울 구상을 했다.

처음에는 그냥 거창 청소년 수련관이라고 간판을 붙였다. 얼마 후 거창고등학교 앞에다가 2층 건물을 하나 전세 내서 YMCA 청소년 수련관을 시작했다. 처음에는 청소년 수련관이라고 했다가 얼마 후 정식으로 거창 YMCA라고 현판을 붙였다. 처음에는 YMCA 일이 조금 조심스러웠는데 해보니까 뭐 청소년들을 대상으로 하는 일은 어른들하고 큰 관계가 없고 애들만 많이 와서 즐거우면 된다고 생각하면서 열심히 일했다.

내가 YMCA를 시작하고 나서도 정보당국의 많은 방해가 있었지만 그래도 거창 YMCA는 꾸준히 발전했다. 김동영 의원 등 정치인들도 많은 도움을 주었다. 당시 지역 사람들도 후원을 잘해주었다.

당시 거창에는 고등학교가 6개가 있었다. 거창군 내에는 특별히 학교가 많았다. 그 학교 청소년들이 YMCA에 와서 레크리에이션, 노래, 수련회, 토론회 등 동아리 활동을 하면서 신나게 놀았다. 그러면 우리 직원들은 지역에 있는 은행, 농협 등을 방문해서 청소년기금을 모금하였는데 기관들의 호응은 꽤 좋았다. 그런데 거창 대성여자상업고등학교 학생회장을 했던 순자라는 학생이 YMCA 활동에 푹 빠졌다. 그 순자 학생은 학생회장이었기에 학교 재단에 좋은 조건으로 취직이 보장됐음에도 불구하고 월급도 작은 YMCA에서 일하겠다고 했다. 꽤 당돌하고 통이 큰 학생이었다.

그 순자와 관련된 에피소드가 하나 있다. 나는 어느 날 경남은행 거창지점에 후원금을 모금하러 갔다. 내가 한 100만 원쯤 후원해달라고 했는데 은행 지점장이 그 돈이 있으면 고객 열 사람한테 밥을 대접할 수 있는 비용이라고 하면서 거절했다. 그리고 얼마 후 경남은행에서는 달랑 5만 원을 보내왔다. 그래서 내가 짜증을 내면서 '순자야, 경남은행은 가지 마라. 이래저래 해서 내가 속이 많이 상한다.'라고 했더니 어느 날 순자는 5만 원을 천 원짜리로 다 바꿔서 그 은행에 가서 우리 YMCA는 이런 돈이 필요하지 않다고 하면서 직원들에게 확 뿌려버렸다.

은행 처지에서는 젊은 소녀가 와서 은행에 돈을 확 뿌렸으니 참 황당하기도 했겠지만, 그 후로는 그 사건이 지역에 소문이 쫙 퍼지면서 거창 지역사회 기관들은 YMCA가 회비 요청을 하면 군말 없이 잘 도와주었다. 그래서 나는 지금도 가끔 순자와 통화하고 있고 또 그때 이야기를 하면서 한바탕 웃는다.

거창에서 내가 열심히 활동한 일 중에는 농민회의 일을 빼놓을 수 없다. 그 당시 한국 YMCA는 전국농민회를 지원하는 일을 주요 사업으로 하고 있었다. 당시의 정부는 노풍내경(박노풍의 이름을 딴 통일벼)이라고 하는 신품종 벼를 보급하고 있었다. 거창에는 '한들'이라고 하는 거창에서 제일 큰 들판이 있다. 어느 날 그 들판에서 노풍내경 시범사업을 하는데 이 행사에 군청 공무원들과 관내 이장, 새마을 지도자 등이 다 동원되었다.

그 당시 우리 농민회에는 표만수라고 하는 정말로 장한 사람이 있었다. 그는 집안이 가난해서 국민학교 2학년 중퇴를 했다. 그는 거창 아홉산 골짜기 맨 꼭대기에 초가집을 짓고 살았고 남의 논 소작을 부쳐서 먹고살고 있었다. 그러나 그는 심중이 굉장히 든든한 사람이었다. 내가 그를 크리스천 아카데미(원장 강원용 목사) 농민 교육에 참석하도록 소개했다. 교육장은 수원에 있는 '내일을 위한 집'이어서 그가 가는 날 차표를 차서 정류장에서 그를 기다렸다. 그런데 그가 끝까지 나타나지 않았다, 그래서 나는 그가 사는 집으로 찾아갔더니, 그는 자기 동네

**크리스천 아카데미 농촌지도자과정 참가자들,**
**한명숙, 이우재, 황한식, 장상환 씨 등의 모습**

에 어떤 청년이 그에게 거기 가면 빨갱이 되고 간첩 되니까 가지 말라고 했단다.

그 후 내가 다시 설득했더니 그는 그러면 한번 가봐야겠다고 하면서 결국 크리스천 아카데미 농민 교육에 가게 된다. 그는 농민 교육에 다녀와서 생각이 확 바뀌었다. 그는 교육받고 나서 '내가 못나고 못 배운 놈이 아니라, 바로 세상의 주인이구나!'라는 인식을 하게 되었고 그 후 그는 열성적으로 농민운동을 하였다.

그런데 표만수라는 농민이 농민운동을 열심히 하니까 농민들이 막 모이기 시작하였다. 같은 농민끼리 동질감이 생겼던 것 같다. 당시 농부들에게는 농지세가 가장 큰 부담이었다. 그때 정부는 다른 산업이 별로 없으니까, 농지세가 세수의 큰 부분이었고 그래서 농지세를 높게 책정했다.

그때 나는 '농지세란 무엇인가? 농지세가 왜 그렇게 높은가?'에 대해서 주로 강의했는데, 어느 날 나는 그 강의를 표만수 씨에게 해보라고 했다. 그는 처음에는 자기는 초등학교 2학년밖에 안 다녔고, 말재주도

거창 농민회 시절 모내기 작업

없는데 어떻게 강의하느냐고 망설였다. 그래도 내가 할 수 있다고 계속 용기를 주면서 강의를 부탁했다. 나는 그를 우리 집에 데리고 와서 몇 번 강의 훈련을 시켰다. 드디어 강의 일자가 다가오고 가지리 교회를 빌려 농민들 2, 30명을 모아놓고 강의를 하게 된다. 그는 '세금이란 무엇이냐? 국세와 지방세, 직접세와 간접세가 있는데….' 하면서 총론 부문에서는 강의를 잘하였다. 그런데 막상 농지세 계산 부분에 들어가서 산수 셈이 잘 안됐다. 그 순간 그는 순발력을 발휘해서 앞에 앉아 있는 나에게 '정 총무! 이런 계산은 비서가 해봐' 하고 당당하게 나를 시켰다. 나는 그가 그 순간 당황하지 않고 나에게 그렇게 농지세 설명을 시킬 수가 있었다는 것이 대단한 순발력이고 용기였다고 생각된다.

그뿐만 아니라, 온 동네 사람들은 그가 동네 무지렁이라고만 생각했는데 그렇게 강의를 잘하는 것을 보고 매우 놀랐다. 그날 그에게 강의를 들었던 친구 중에 민기현이라는 새마을 운동 지도자가 있었는데, 그는 동네 이장이기도 하고 논도 한 20~30마지기 짓는 사람이었는데 표만수를 평소에 무지렁이고, 학교도 못 다니고, 집도 가난하고, 말도 잘 못 하고 못생겼다고 생각하고 있었다. 그런데 이런 사람이 강의하고, 자기는 그 강의를 들었다는 게 도저히 믿기지 않았다. 표만수가 강의를 끝내고 나오는데 민기현이 그들을 막 끌고 가서 그에게 어떻게 하면 그렇게 강의를 잘할 수 있느냐고 물었더니 표만수는 농민운동을 하면 다 그렇게 된다고 가르쳐주었다.

## 5. 광주 YMCA와 시민사회 운동

여수 YMCA 이사장께서 연맹의 이남주 부장에게 여수 YMCA 총무감을 한 사람 추천해달라고 하였다. 이남주 부장은 나를 여수 YMCA 총무로 추천했다.

그래서 나는 거창 YMCA 총무직 사표를 내고, 살던 집도 정리하고 여수로 가기로 마음먹고 여수 YMCA 이사장을 만났다. 이런저런 이야기를 나누고 나서 정순계 이사장은 나를 여수 YMCA 총무로 받기 어렵다고 했다. 이유는 내가 운동권이고 데모꾼이라서 여수 YMCA 총무로는 적합하지 않다고 하였다.

그러고 나서 나는 광주 YMCA 명노근 이사장님을 만나 협의를 했고 결국에는 광주 YMCA 사회교육부장으로 일을 시작했다.

내가 광주 YMCA 일을 시작한 지 한 1~2년쯤 지났을 때가 마침 한국 사회에서 시민사회 운동이 막 활성화할 때였다. 나는 광주지역 시민운동권 선후배들을 설득해서 '광주시민단체협의회'를 창립하고 회장을 맡았다. 당시 참여시민단체는 YMCA, YWCA, 환경운동연합 등과 같은 지역 군소 자생 단체들이었다. 이렇게 광주지역 시민단체들이 협의회를 창립하니까 지역 기업들도 후원하기 시작하였고 우리는 지역 현안이 있을 때마다 성명서도 내고 함께 활동하였다.

## 6. 나와 노무현과의 만남

내가 노무현 변호사를 처음 만난 것은 거창 YMCA 총무를 하던 1985년쯤이었다. 하루는 부산 YMCA 전점석 간사가. 내게 전화를 해서 부산 YMCA 시민중계실 자문위원을 하는 노무현이라는 변호사가 부산 지역 노동자들을 모아 거창 수승대에서 수련회를 하려고 하는데 잘 안내해달라고 하였다.

당시 노무현 변호사는 판사 1년 만에 사표를 내고 변호사가 되어 바다와 관련된 사건을 맡아 변론을 잘하는 변호사로 알려져 있었다. 돈도 잘 벌고, 요트도 타면서 성공적인 삶을 살아가고 있었다. 그런데 부산 YMCA 시민중계실 자문 변호사가 되면서 노동문제 등 사회문제에 관심을 두기 시작하였다. 그래서 전점석 간사가 관련 사회과학책을 소개해 주면 금방 다 읽고 또 다른 책을 소개해달라고 하고 또 다른 책을 소개해 주면 금방 다 읽고 또 새로운 책을 소개해달라고 하였다. 이렇게 그는 이틀 만에 책 한 권씩을 읽었다고 한다.

수련회 날짜가 되어 노무현 변호사가 노동자 60여 명과 함께 거창 위천면 수승대로 수련회에 왔다. 그때 인상 깊었던 것은 함께 온 노동자들이 대개 20, 30대 노동자들이었는데 40대 노무현 변호사는 젊은 그들에게 존칭을 쓰며 두 손을 모으고 공손하게 대했다. 그는 공손한 모습으로 '여러분, 여기 물 좋고 산 좋은 곳에 왔으니 좋은 기운을 받아 우리 수련회를 잘하고 갑시다.'라고 하였다.

노무현 변호사는 나에게 '농촌 문제의 현실과 과제'에 대해 한 시간 강의해달라고 했고, 나는 성의껏 준비해서 강의하였다. 노무현 변호사는 내 강의를 경청했고 저녁에는 둘이 면사무소 옆 중식당에서 술도 한잔하면서 불의한 정부와 사회에 대해 많은 이야기를 나누었다. 그는 '부림사건'을 맡으면서 놀라운 경험을 하였다고 했다. 부림사건은 1981년 9월 부산 지역 민주 인사들을 정부 전복집단으로 조작해 22명을 구속한 제5공화국 최대 용공 조작 사건이었다. 이 사건에 대한 무료 변론을 맡으면서 노무현 변호사의 인생 항로가 완전히 바뀐다. 그는 그때부터 부산 지역에서 시국사건, 노동사건 등 인권변호사로 나서게 된다. 그 뒤, 잘나가던 조세 전문 변호사 일도 접고, 요트를 즐기는 일도 멈추게 되었다. 그는 이렇게 인권변호사로 나서면서 '난장이가 쏘아올린 작은 공'이라는 소설만 보아도 죄가 된다는 사실을 알았고, 고문이 실제로 일상적으로 자행되고 있다는 것도 알았다고 했다. 그러면서 자기가 불의한 현실에 너무 무감각했었다고 자책했다. 나도 농민들의 비참한 삶에 관해 이야기하면서 그와 깊은 마음을 나누었다.

그 후 내가 노무현 변호사를 또다시 만난 것은 1992년 대통령 선거 때였다. 3당 합당으로 탄생한 민자당의 김영삼 후보와 민주당의 김대중 후보 양강 구도로 치러진 선거였다. 한번은 그가 거창 영호강 둔치에서 김대중 후보 지지 연설을 했다. 그때 모인 인원은 한 20명 정도였지만 그는 공을 들여서 열심히 선거유세를 하였다. 나는 그에게 다가가서 '이런 소수를 놓고 유세를 합니까?' 하고 물었더니 그는 '그래도 해야지요. 김대중 선생밖에 이 나라 대통령감이 없지 않습니까?'라고 대답하였다.

나와 노무현 변호사는 그런저런 인연을 맺어가면서 살아가고 있었는데 2002년 12월 19일 노무현 변호사는 마침내 대한민국 대통령이 되었다. 사실 나는 노무현 대통령이 출마한 대선에서는 별로 도움을 드리지 못했다.

대통령 선거 며칠 후 노무현 대통령 당선인이 서갑원 의전비서관을 시켜 나에게 전화하였고 나는 진심으로 축하드린다고 전하라고 했다.

그리고 한 달쯤 지난 2003년 1월 28일 당선자는 광주를 방문했다. 미리 연락을 받은 나와 김수복, 윤한봉, 박화강, 이강, 박형선, 이학영, 정향자 등은 신양 파크호텔에서 당선자를 만났다. 그는 이미 대통령에 준하는 엄중한 경호를 받고 있었다. 나는 '아이고 당선자님 어서 오십시오' 하면서 노무현 당선자를 왈칵 끌어안았다. 그는 '그렇게 좋습니까?' 라고 하면서 웃었다. 잠시 덕담을 나누고 참석자들은 남북문제, 광주 5 · 18 민주화운동, 우리나라 정치 현안, 여성 문제 등등에 관해 대담을 나누었다. 그리고 그 자리에서 누군가가 '경상도에서는 문재인이라는 분이 청와대 수석으로 가신다던데 호남 지역에서도 청와대의 연결고리가 있어야 하지 않겠습니까?'라고 말씀드렸고 그는 선뜻 '좋습니다.'라고 대답하였다. 우리는 사전에 조율한 대로 이학영 씨를 추천했다. 그런데 그는 '이학영 님도 훌륭한 분인 줄 알고 있습니다. 그러나 이번에는 정찬용 총장이 갑시다. 인사보좌관 자리입니다.'라고 대답하셨다. 모두가 의외라고 생각하였다. 나는 한 6개월 후 한국 YMCA전국연맹 사무총장 일을 하기로 되어 있다고 대답하였다. 그랬더니 노무현 당선자는 '대통령을 그렇게 가볍게 보지 마세요. 정 선생이 청와대로 갑시다.'라고 하고 곧 자리를 떴다. 모임을 마치고 나는 집으로 돌아왔다. 아내와

**광주 YMCA 사무총장 이취임식 때**
**왼쪽부터 김학봉, 홍공희, 노성만, 이상점, 필자, 윤장현, 강행옥**

상의하니 아내는 평생 시민운동가로 살아왔으니, 앞으로도 시민운동가로 살다가 늙어서도 존경받는 시민운동권의 원로로 남기를 바란다고 했다. 나는 많은 고민 끝에 결국 노무현 당선자의 요구대로 대통령실 인사보좌관으로 가기로 마음을 정했다. 서갑원 의전비서관에게서 전화가 왔다 '어떻게 결정하셨습니까?' '대통령 모시고 일해 보렵니다.'라고 대답하였다.

2월 6일 광화문 정부중앙청사 별관 정권 인수위원회실에서 기자회견을 하게 되었다. 신계륜 인사특보가 나를 반갑게 맞아들였다. 나는 기자회견에서 참여정부의 인사 철학과 방향 등을 설명하고 기자들의 질문을 받았다. 내가 답변 시작부터 전라도 사투리를 쓰자 기자들이 박장대소하면서 웃었다. 그날 한 일간지 기자가 쓴 기자회견 제목이다.

> 촌닭이 갑자기 불려 와…… 난 盧 당선자와 비슷한 사람
> 민청학련 연루 1년 투옥, 거창고 교사…… 시민운동가

노무현 대통령으로부터 인사보좌관 임명장 수여

기자회견을 마치고 당선자를 만나러 갔다. 당선인은 한복을 입고 있었다. 나는 참모로서 예를 갖추고 정중하게 인사를 드렸다. 당선인은 나를 반갑게 맞아주면서 차분한 어조도 나에게 당부의 말씀을 하셨다.

'인사전문가도 전문학자도 아니고 경험도 없는 정 총장을 내가 인사보좌관으로 모신 것은 지금까지 그런 사람들이 오히려 인사를 망쳐왔기 때문입니다. 나나, 정 총장은 빚진 게 없는 사람입니다. 우리 두 사람이 힘을 모아 대한민국 인사를 잘해 봅시다. 우선 훌륭한 인사시스템을 운용해 주세요, 그리고 다음 정부에서도 귀중한 참고가 될 만한 인사시스템을 구축해 주세요. 끝으로 경향 각지에 묻혀있는 흙 속의 진주들을 발굴해 주세요.'

나는 당선인의 말씀을 들으면서 '대통령을 잘 보필하고 공정 인사를 해서 천하의 인재를 발굴할 것이다. 또한 청백리가 되어 참여정부의 성공에 한몫을 맡겠다.'라고 결심하였다. 그 후 나는 인사에 관한 공부를 하고 전문가들의 이야기를 경청하고, 정부 구조와 부처의 역할들을 공부하면서 최선을 다해 일했다.

2013년 첫 번째 인사 때 일이다. 모 부처의 차관을 선정하는데 A와 B

두 명의 후보자가 올라왔다. 나는 인사위원회에서 진지한 토론을 거쳐 A를 추천하게 되었다. 대통령께서는 B 씨가 유능한 사람이라고 하던데 다시 한번 살펴보라고 하셨다. 대통령께서는 B 씨를 잘 알고 계셨다. 인사위원회에서 다시 논의를 거쳤다. 인사위원회에서는 B 씨는 일을 잘 하니 개혁성이 없다는 결론이 났다. 그래서 다시 대통령께 A 씨를 추천하면서 인사위원회 검토 보고 내용을 말씀드렸다. 그랬더니 대통령께서는 '항명하는 겁니까?' 하시면서도 결국 A 씨를 발탁하셨다. 그 뒤로도 많은 인사 과정에서 대통령은 설사 자신의 의견과 다른 사람이 추천돼도 거의 인사위원회의 의견을 존중했고, 원칙대로 공정한 인사를 진행하셨다.

참여정부가 출범한 지 한 달도 되지 않은 2003년 3월 어느 날 당시 집권당인 '새천년민주당'의 중진 의원들이 상견례 겸 점심을 하자고 해서 만났다. 당시 정권 창출에 기여한 여당 의원들은 기대가 컸다. 그러나 당시 대통령의 대쪽 같은 인사원칙과 인사원칙을 철저히 지키는 내 이야기가 언론에 자주 보도되자 걱정이 되었던 것 같다. 그들은 나에게 '정 보좌관 우리 당에서 추천하는 분들을 잘 받아주셔야 합니다. 선거 과정에서 기여한 공로를 무시해서는 안 됩니다.'라고 하였다. 나는 '대통령께서 가장 중시하시는 것이 인사원칙입니다. 여러분은 노무현 대통령을 만드신 일등 공신들이고 참여정부 성공을 바라시는 분들이니 노무현 대통령의 인사원칙인 공정, 투명, 자율, 균형 인사가 잘되도록 도와주십시오'라고 대답하였다. 그들은 내가 답답했는지 화도 내고 자리에서 일어나서 나가기도 하였다. 나도 언성을 높여 '그러면 여러분들이 인사보좌관 하십시오. 저도 일어나겠습니다.'라고 하면서 결국 자리를 떴다. 결국 이런 일로 나는 내내 집권당 중진들과 서먹서먹하게 지

노무현 대통령 내외분과 청와대 뒤 북악산 산행

내게 되었다.

하루는 내 방에 두 사람이 찾아왔다. 그들은 대화 중에 봉투를 쓱 내밀면서 직원들과 식사나 하라는 것이다. 나는 천장을 가리키며 '내 방에는 감시카메라가 달려 있어요. 찍히면 우리 모두 죽습니다.'라고 하였더니 재빨리 봉투를 다시 거두어 주머니에 넣었다. 그 뒤로도 비슷한 일들이 계속 있었다. 나는 처음에 마음먹었던 대로 인사 청탁이나 돈봉투는 절대 사절하였다.

나는 인사보좌관이 되어 장 · 차관 인사를 할 때면 직접 후보들을 찾아가서 인터뷰하였다. 윤덕홍 장관 후보도 대구까지 가서 직접 인터뷰하였다, 그랬더니 대통령께서는 '정 보좌관 인사보좌관이 후보들을 오라고 하면 다 올 텐데 뭣 하러 일일이 찾아갑니까? 그렇게 일을 하면 언제 일을 다 할 수 있습니까?'라고 하였다. 그래도 나는 '일일이 찾아가서 나도 좋은 분을 모셔야죠.' 하고 대답하였다.

노무현 대통령께서는 참 통이 큰 분이었다. 하루는 어디서 소문을 들었는지 나에게 '정 보좌관, 술을 좀 많이 드신다고 하는데 술 좀 줄이세요. 드시더라도 한 자리에서 딱 석 잔만 드세요'라고 하셨다. 나는 '예 그렇게 하겠습니다'라고 대답하고 술을 좀 줄이려고 애썼다. 그런데 얼마 후, 대통령께서는 또 '정 보좌관! 요새도 술을 많이 드신다면서요?'라고 말씀하셨다. 그래서 내가 '저는 대통령님이 지시하신 대로 한 자리에서 딱 석 잔만 마십니다. 대신 짜장면 그릇으로 석 잔을 먹습니다'라고 대답하고 서로 웃었던 적이 있다. 아무튼 대통령께서는 나보다 4살 위인데 나에게는 동생 대하듯 참 편하게 대해 주셨다.

## 7. 후진양성의 길

나는 2년 남짓 대통령실 인사수석을 마치고 2005년 외교통상부 엔지오 대사가 되었다. 나는 영국 독일 프랑스 이탈리아 등등을 다니면서 여러 나라의 NGO를 방문하였다. 그때 나는 세계 여러 나라의 시민운동단체(NGO)에 대해서 참 많은 공부를 했다.

여수세계박람회 때는 정몽구 현대자동차 회장이 위원장이고 내가 부위원장을 했는데 행사를 성공적으로 마쳤다. 그때 가까워진 인연으로 내가 정부에서 일을 마친 후에는 기아자동차 인재개발원장을 했다.

기아자동차 인재개발원장을 마친 후 나는 광주로 돌아가서 '인재 육성 아카데미'를 설립해 후진양성에 주력했다.

나는 이 시점에서 나를 다시 한번 돌아본다. 1992년 6월, 광주 YMCA에서 청소년 부장으로 일을 시작해서 시민사업부장을 맡았다. 그 시절

인재 육성 아카데미 1기 생들과 기념사진

나는 아파트 하자 부실 실태조사, KBS 시청료 거부 운동, 외국산 담배 추방 운동. 총선 연대운동(후보자 낙천낙선 운동) 등등 광주지역 시민운동을 추진하였다. 그리고 광주 YMCA 창립 100주년을 맞이해서 〈광주 YMCA 비전 2020〉 선언, 시정지기단 출발 등 YMCA 시민운동을 하면서 시민들의 공감을 얻었다.

1998년 광주시민단체협의회가 만들어져 기존의 민족민주 운동과 더

엑스포 유치 활동 중 이만의 장관, 주승용 의원,
정몽구 회장 서갑원 의원과 함께

불어 중요한 시민사회 운동 흐름이 생겨났다. 그렇게 10년 정도 활동을 하고 나니, 운동의 목적 · 방법 등 궁금한 사항이 많아졌다. 그래서 이사님들의 적극적 후원을 받아 시민운동의 출발점인 유럽 견학을 3개월간 다녀오기도 했다. 영국의 내셔널트러스트, 독일의 환경운동(풍력/조력/지열/태양열 등 새로운 에너지 운동 등) 등을 돌아보면서 많은 것을 배웠다.

2006년에 여수 EXPO 유치위원회 상임 부위원장, 서남해안 포럼 대표, 현대기아자동차 그룹 인재개발원장을 거쳐 2009년 4월 3C(competence: 전문성, character: 품성, commitment: 헌신성)를 갖춘 인재를 키우는 사단법인 청년취업 아카데미를 설립했다.

국내외 여행도 많이 했다. 나는 "눈을 넓고 크게 뜨자"라는 생각으로 2012년 규슈, 2013년 북경, 2014년 상해, 2015년 싱가포르, 2016년 자카르타, 2017년 북규슈, 2018년 블라디보스토크, 2019년 중경 등을 청년취업 아카데미 청년들과 방문하였다.

돌아보면 YMCA를 비롯한 시민단체는 나에게 봉사 의지를 키워준 터전이었고 리더십 훈련장이었다. 나는 권력의지보다 봉사 의지가 강하다고 스스로 자평하는 사람이다. 그것은 내 삶이 그럴 수밖에 없었기도 하지만 그 길이 보람된 길이라는 생각 때문이다.

리더십과 시민단체가 무슨 상관이냐고 할 사람도 있을 것이다. 그러나 내 경험으로는 시민단체 같은 조직에서 지도자가 되어 보는 일이 매우 중요하다. 정부나 행정기관, 대기업의 리더십은 일사불란하고 규율이 강력해서 웬만한 사람은 지휘권을 행사하는 데 큰 어려움이 없다. 우수한 인적 자원에 인사권, 예산권, 감사권이 보장되어 있어 지휘하기

서남해안 포럼 대표 시절

가 오히려 쉽다. 그러나 시민단체와 같이 느슨한 조직에 그런 고급스러운 장치가 어디 있겠는가? 봉급을 주기도 어려운 판에 눈을 부라려봐야 헛일이고 탈퇴자만 늘어난다. 그래서 내 경험상 정부와 기업의 리더보다 시민단체 리더가 더 어렵다고 생각한다. 그나마 누가 잘 알아주지도 않는 일을 신념 하나로도 밀고 나가야 할 때가 많으니 더 고달프다. 시민단체 리더는 강제력보다 공감이라는 자발성을 불러일으키는 리더십을 갖춰야만 한다. 부드러운 카리스마와 인간적 배려, 그리고 공감의 리더십이 시민단체 리더십의 요체다. 그것은 그것대로 충분히 존경받을 만한 가치가 있는 것이다.

# 한국 민중 · 민주화 운동의 한가운데서

**YMCA 활동가 5인의 증언과 기록**

초판인쇄 2025년 11월 01일
초판발행 2025년 11월 01일

지 은 이 김준식 · 박병종 · 전점석 · 이상점 · 정찬용
펴 낸 이 채종준
펴 낸 곳 한국학술정보(주)
주 소 경기도 파주시 회동길 230(문발동)
전 화 031-908-3181(대표)
팩 스 031-908-3189
투고문의 ksibook1@kstudy.com
등 록 제일산-115호(2000. 6. 19)

ISBN 979-11-7457-264-6 03300


책에 대한 더 나은 생각, 끊임없는 고민, 독자를 생각하는 마음으로 보다 좋은 책을 만들어갑니다.